国家社科基金一般项目"'一带一路'背景下□□□□□研究"（18BFX213）阶段性研究成果

专利间接侵权
制度研究

李照东　著

知识产权出版社

全国百佳图书出版单位

—北京—

图书在版编目（CIP）数据

专利间接侵权制度研究/李照东著. —北京：知识产权出版社，2023.12
ISBN 978-7-5130-8168-9

Ⅰ．①专… Ⅱ．①李… Ⅲ．①专利侵权—研究—中国 Ⅳ．①D923.424

中国版本图书馆 CIP 数据核字（2022）第 080668 号

责任编辑：韩婷婷　　　　　　责任校对：谷　洋
封面设计：韩建文　　　　　　责任印制：孙婷婷

专利间接侵权制度研究

李照东　著

出版发行：	知识产权出版社 有限责任公司	网　址：	http://www.ipph.cn
社　址：	北京市海淀区气象路 50 号院	邮　编：	100081
责编电话：	010-82000860 转 8359	责编邮箱：	176245578@qq.com
发行电话：	010-82000860 转 8101/8102	发行传真：	010-82000893/82005070/82000270
印　刷：	北京建宏印刷有限公司	经　销：	新华书店、各大网上书店及相关专业书店
开　本：	720mm×1000mm　1/16	印　张：	16
版　次：	2023 年 12 月第 1 版	印　次：	2023 年 12 月第 1 次印刷
字　数：	261 千字	定　价：	89.00 元

ISBN 978-7-5130-8168-9

前　言

专利间接侵权制度是专利领域的重要制度之一。从世界范围看，知识产权制度比较完善的国家和地区大多已构筑了相对完善的专利权保护体系。就专利权保护而言，这些国家和地区既规定了传统的专利直接侵权行为，也规定了新兴的专利间接侵权行为。相比较而言，我国的专利间接侵权制度还不是很发达，或者说尚处在起步阶段。首先，在专利立法方面，专利间接侵权制度的构建已被提上日程。2015年12月2日，国务院法制办公室就《中华人民共和国专利法修订草案（送审稿）》（以下简称《送审稿》）向社会公开征求意见。《送审稿》第62条明确规定了专利间接侵权的归责情形、归责要件以及责任承担方式。2016年3月21日，最高人民法院发布了《最高人民法院关于审理侵犯专利权纠纷案件应用法律若干问题的解释（二）》（以下简称《专利纠纷解释（二）》）。根据《专利纠纷解释（二）》第21条的规定，对专利间接侵权行为的认定能够直接援引该条款。该解释现已根据2020年12月23日最高人民法院审判委员会第1823次会议通过的《最高人民法院关于修改〈最高人民法院关于审理侵犯专利权纠纷案件应用法律若干问题的解释（二）〉等十八件知识产权类司法解释的决定》进行修正，修正后的《专利纠纷解释（二）》于2021年1月1日开始实施。关于专利间接侵权的规则被继受，其内容并没有发生任何的改变。不过，《送审稿》第62条的情况则有所不同。现行《中华人民共和国专利法》（以下简称《专利法》）于2020年10月17日修正并于2021年6月1日开始实施，遗憾的是，专利间接侵权规则并没有被采纳。其次，在理论研究方面，专利间接侵权制度日渐成为专利法的研究热点之一，在学界引起了广泛讨论。专利间接侵权构成要件、专利间接侵权与专利直接侵权的关系、专利间接侵权行为与损害后果之间存在因果关系等基础理论问题都有一定的研究成果。最后，在司法实践方面，由于立法的缺失，有关专利间接侵权案件的司法裁判标准并不统一，由此引发了更多的理论和实践问题。厘清专利间接侵权与专利直接侵权、专利共同侵权之间的区别，构建符合我国国情的专利间接侵权制度具有重要的意义。

从专利间接侵权制度的历史发展进程来看，其起源于美国 1871 年 Wallace v. Holmes 案，该案确立了一个规则，即如果有人未经专利权人许可而从事制造或销售专用品的行为，将会被认为是专利侵权行为。后经半个多世纪的发展，美国于 1952 年修订《专利法》，将其正式写入法律，并建立了教唆型专利间接侵权和辅助型专利间接侵权的二元间接侵权结构。随后，德国、法国、冰岛、芬兰、挪威、日本、韩国等国家和地区也相继在专利法中加入了规制专利间接侵权行为的规则。关于我国的专利间接侵权制度，理论界和司法界的众多学者已经贡献了一定的研究成果，部分研究成果已反映在当前的立法文件或规范性文件中。虽然我国《专利法》并未明确规定专利间接侵权的含义，不同的学者亦有不同的定义，但比较明确的是，专利间接侵权行为与专利直接侵权行为、专利共同侵权行为之间有很大的差异，虽然它们三者之间有着紧密的联系，但并不能彼此涵括。专利间接侵权行为是独立于专利直接侵权行为而存在的。在专利间接侵权行为的构成要件中，应明确的是，专利间接侵权行为的主观方面须为故意，客观方面的产品要件应是与专利发明的实质性特征有关的产品。

法律的构建需要坚实的理论基础，专利间接侵权制度也不例外。首先是专利间接侵权制度的法哲学阐释。专利间接侵权制度建立的初衷就是保护专利权人的专有权利。因为，在社会中有很多可以依据自然规律产生的潜在的方法发明或产品发明，以某一个专利权人对自己的人身拥有所有权作为前提，这个专利权人从事的创造性劳动当然属于他自己，正是专利权人的创造性劳动将其成果从公有领域中发掘了出来，经过国家相关的程序认定之后，该专利权人就取得了一个独占性的专利权。当然，这个专利权人在取得一个专利权之后还留下了足够好、同样多的东西给他人，毕竟这个专利权人在从公有领域取得一部分划归己有之后，又把更大一个部分放进了公有领域之中。国家授予一个人专利权毕竟是出于节约资源和提高效率的目的，因此，这个人取得财产所有权不造成浪费。其次是专利间接侵权制度的法经济学解读。知识产权激励理论的运行机制一般是这样的：国家通过专利而授予专利权人以一定时间和一定空间合法的垄断权，这是一种必要的刺激，这种刺激对鼓励发明创造人的发明创造活动非常有必要；同时，国家通过对发明创造者发明创造的最终成果授予专有性的财产权，也可以激励发明创造者尽可能早地将其发明创造向社会公开，从而可以减少重复开发，对社会资源的节约是必要的手段。可以说，《专利法》正是对技术方案公开"对价"的衡平机制。这种制度设计的最终目的是鼓励更多的发明创造者将其聪明才智贡献到对社会整体有更大帮助的先进科学技术的开发中。专利制度的设计既可以让公众通过公开的途径尽早获悉这些发明的内容，也可以让专利在经过一定的独占期限之后进入公有领域，进而公众可以自由地进行利用。最后是专利间接侵权制度的民法学思考。专利间接侵权行为是一种侵权行为，这是对专利间接侵权的一种基本定性。专利间接侵权的来源就是专利共同侵权理论。无论是在各种法律文件中还是在司法实践中，专利共同侵权在专利间接侵权行为中都发挥着重要的作用。专利间接侵权行为对共同侵权规则进行了适度突破。

从比较法的视野来看，在专利间接侵权制度的构建上，美国、欧盟、日本均规定专利间接侵权行为人的主观过错必须是故意，间接侵权行为的对象必须是特定的产品。但是，在专利间接侵权的立法模式和专利间接侵权与直接侵权的关系上，各国和地区有所差异。就专利间接侵权立法模式而言，《德国专利法》和《美国专利法》均采用二元立法模式，即具体规定了教唆型专利间接侵权和辅助型专利间接侵权两种间接侵权的行为类型。而《日本专利法》则采用一元立法模式，即仅规定了辅助型专利间接侵权这一类型，而将引诱侵权纳入共同侵权的规制范畴中。就专利间接侵权与直接侵权的关系而言，《美国专利法》规定专利间接侵权的成立需要以专利直接侵权行为的存在为前提要件；《日本专利法》认为专利间接侵权行为的成立，并不需要以专利直接侵权行为的存在为前提要件。德国的司法实践也未将专利间接侵权与专利直接侵权行为挂钩。

我国目前对专利间接侵权行为的法律规制主要通过《中华人民共和国民法典》（以下简称《民法典》）第一编总则第 176～178 条、《民法典》第七编侵权责任第 1168～1172 条、北京市高级人民法院关于《专利侵权判定若干问题的意见》（以下简称《意见》）第73~80条、《专利纠纷解释（二）》第21条的规范性文件予以规定，同时，司法实践中对专利间接侵权的裁判案例也可划分为帮助型专利间接侵权和教唆型专利间接侵权两种侵权行为类型。但是，这些规范性法律文件以及司法裁判规则还不足以充分地保护专利权人的利益，法律规定和司法实践也存有诸多问题：第一，专利间接侵权并非一个法定概念。现有专利间接侵权的概念仅是学者的一种理论概括，正式的立法文件和司法解释并无此概念。第二，我国立法文件中未规定专利间接侵权的规则。现有调整专利间接侵权纠纷的文件中，法律位阶最高的是《专利纠纷解释（二）》第21条。第三，共同侵权规则并不能完全适用于专利间接侵权纠纷。第四，我国的专利间接侵权范围过大。第五，部分司法案例承认了专利间接侵权规则有域外适用的可能性。

在《专利法》中规定专利间接侵权制度可谓意义重大，大致来说，可从以下几个方面进行论述：其一，专利间接侵权制度可以给专利权人提供更全面的保障。虽然已经有专利直接侵权行为的存在，可是现实中更多的人通过绕开全面覆盖原则来实施侵犯他人专利权的行为。由此，专利间接侵权制度可以弥补直接侵权制度的不足，更充分地保护专利权人的合法权益。其二，专利间接侵权制度兼顾了不同当事人的利益，合理平衡了专利权人与社会公众之间的利益。从世界主要国家和地区的立法现状而言，构建专利间接侵权制度是社会经济发展、专利保护的必然趋势，我国当前的司法纠纷也反映了构建专利间接侵权制度的客观需求。就具体的制度构建而言，本书有以下建议：第一，明确专利间接侵权的概念；第二，我国《专利法》应仅规定帮助型间接侵权，因为帮助侵权更符合主流语境下的专利间接侵权，仅采取帮助侵权的一元立法模式，更具备合理性；第三，我国《专利法》不应规定专利间接侵权具有域外效力；第四，关于互联网空间中的网络间接侵权规则，建议对"必要措施"作进一步明确，对"通知—删除"规则作进一步完善。

目 录 CONTENTS

导　论

　　"专利间接侵权制度"是本书重要的讨论对象。在全国人民代表大会及其常务委员会颁布的规范性法律文件中出现"专利间接侵权"这样的术语之前，学术界已经有很多学者对此展开了研究。有学者认为："专利间接侵权行为是这样的一种行为，即行为人虽然没有直接侵权他人的专利权，但是通过诱使或帮助这样的方式对他人实施侵犯受专利权人专有权控制的行为施加影响。"❶还有的学者认为："首先需要肯定的是，专利间接侵权是一种作为与专利直接侵权相对应的不同类型的专利侵权行为而存在的。专利间接侵权的行为人并没有实施受专利权人专有权控制的行为，但是，之所以将其认定为专利间接侵权行为人，其背后的原因是专利间接侵权的行为人从事的诱导、怂恿、唆使等行为使第三人侵犯了专利权人真实有效的专利权。在这个过程中，专利间接侵权的行为人对专利直接侵权行为的发生起到了推波助澜的作用。"❷ 通过专利间接侵权定义中的核心部分，即"不是专利直接侵权""诱使、帮助"等关键词就可以看出来，专利间接侵权制度是在专利直接侵权行为之外，新增加的一种对专利权人利益的特别保护，即将某种不属于专利直接侵权的专利侵权行为定性为专利间接侵权。可以说，知识产权制度要想运行得好，必须对权利人获取私人利益给予充分的尊重。但是，"知识产权法上所设立的权利边界具有相对的稳定性，私人往往会出于追求利益最大化的目标驱使，

---

❶ 崔国斌. 专利法：原理与案例 [M]. 2 版. 北京：北京大学出版社，2016：749.
❷ 尹新天. 专利权的保护 [M]. 2 版. 北京：知识产权出版社，2005：509.

常常会冲破这种边界"❶。因此，知识产权制度要想良好地运行，"还要注意权利人的私人权利在受到侵害之后的救济"❷。

专利间接侵权制度的设计目的不仅是保护专利权人的权利，同时也蕴含了知识产权制度平衡的基因。但是，专利制度设计之初的良好初衷还是要面对现实的残酷冲击。我国的专利间接侵权制度在运行中还存在诸多的问题，甚至有时会产生这样的错觉，即我国的专利间接侵权规则"并不能有效发挥抑制个人原始冲动的目的"❸ 等。这些问题的存在都会影响专利制度平衡基因顺利发挥其作用。

因此，需要基于目前的立法和司法实践，构建具有中国特色的专利间接侵权制度，使之更好地发挥保护专利权人专有权的作用是当前面临的紧迫任务。

第一节　选题的背景和意义

一、选题的背景

知识产权法是利益平衡之法，其需要对各方主体的利益予以平衡的考量。现行《专利法》规定了专利权人所享有的种种权利，如"制造""销售"等，专利制度中蕴含的"权利用尽原则"对专利权人的权利给予了一定的限制；同时，未经专利权人许可而从事"制造""销售"等行为时，行为人会受到一定的制裁。"全面覆盖原则"是认定专利直接侵权行为时的准则，而科技的发展使社会公众在从事侵犯专利权人利益的行为之时可以更容易地避开这条规则。这样，专利制度中蕴含的微妙平衡在一定程度上被打破了。为了维持专利制度的平衡，必须对现有的专利制度进行一定程度的调整。因此，本书将"专利制度"作为选题之一。

---

❶ 吴汉东. 知识产权制度基础理论研究 [M]. 北京：知识产权出版社，2009：297.

❷ KESAN J P, GALLO A A. Why "Bad" Patents Survive in the Market and How Should We Change? The Private and Social Costs of Patents [J]. Emory Law Journal, 2006, 55：61.

❸ 波斯特马. 哲学与侵权行为法 [M]. 陈敏，云建芳，译. 北京：北京大学出版社，2005：1.

2016 年 3 月 21 日，最高人民法院发布了《专利纠纷解释（二）》（现已根据 2020 年 12 月 23 日最高人民法院审判委员会第 1823 次会议通过的《最高人民法院关于修改〈最高人民法院关于审理侵犯专利权纠纷案件应用法律若干问题的解释（二）〉等十八件知识产权类司法解释的决定》进行修正）。根据《专利纠纷解释（二）》第 21 条的规定，专利间接侵权行为的认定能够直接援引该条款。这是专利侵权判定和专利权救济领域的重大进步，有利于更好地保护专利权人权利、鼓励知识创新和促进技术进步。但是，需要引起注意的是，目前司法解释和未来立法可能选择间接侵权模式，因此间接侵权的发展历史以及国外立法例的分析相当重要，而相关法律之间的协调以及司法实践的现状等问题的研究仍有待深入，简单借鉴美国立法例的做法并不可取。专利法涉及专利垄断与反垄断问题，涉及专利权保护与社会公共利益之间的平衡问题，而间接侵权规则无疑会成为重要的平衡点。因此，立法者应对目前间接侵权司法解释的相关问题，特别是间接侵权的模式问题加以重视，以构建符合我国实际的间接侵权制度。

从司法实践的角度来看，专利间接侵权所存在的问题是制约我国专利制度未来发展的重要因素之一。如何恰当地认定专利间接侵权，全面地保护专利权人的合法利益，是司法实践面临的重大问题。近年来，国内外关于专利间接侵权的论著数量明显增加，一方面说明专利间接侵权已成为当下理论研究的热点，另一方面也说明研究方向逐渐从理论探讨转向制度设计。上述研究重点的转移，也在一定程度上反映了在研究逐渐深入的同时，诸多研究成果也试图形成"落地生根"的趋势。但是，国内对专利间接侵权制度的研究目前还存在诸多不足。

首先，专利间接侵权规则的范畴并不清晰。通说认为，间接侵权与直接侵权相对应，但并未给出间接侵权的准确定义。其次，专利间接侵权的专项立法缺失。虽然《专利纠纷解释（二）》第 21 条规定了专利间接侵权的相关内容，在一定程度上结束了司法审判中长期缺少专利间接侵权直接法律依据的困境，但修订后的《专利法》并没有采纳《送审稿》第 62 条关于间接侵权的内容，司法实践中仍没有明确的法条可以引用。最后，司法裁判标准并不统一。在《专利纠纷解释（二）》中同样也存在这种问题。在此前提下，如何选择优化路径也成为本书最后一章的重点内容。

这些问题的存在对于专利间接侵权制度的平衡作用的发挥以及专利产业的发展都有影响。

第一，我国专利间接侵权制度的缺失直接影响了实践中法院对相关案件的裁判。如果这些实践中所存在的问题不能被妥善地得到解决，那么，我国专利制度的发展与完善就会面临一系列的阻碍。如何准确搜寻到专利法的平衡点，平衡专利权人与社会公众利益之间的界限也是司法实践面临的重大问题。在司法实践中，所依据的标准是《专利纠纷解释（二）》第21条的规定。可以说，我国现行《专利法》和《专利纠纷解释（二）》对专利间接侵权规则的规定不完善对我国创新主体的创新热情具有负面影响。

第二，我国专利间接侵权规则的问题会间接地影响我国《专利法》所规定的立法宗旨❶的实现。我国专利间接侵权规则中存在的理论以及实践上的问题会将专利法中蕴含的平衡性打破，平衡性的破坏既会损害专利权人的私人权益，长远来看也不利于社会公众利益的保护。

第三，专利间接侵权规则中的问题会影响我国知识产权产业的良性发展。2005年，"知识产权产业"的概念第一次被美国学者斯维提出。2012年4月，美国商务部和美国专利及商标局联合发布的一份报告指出，知识产权密集型产业对美国的工业总值的贡献率达到了将近4成。❷ 一年之后，欧洲专利局也发布了一份类似的报告《知识产权密集型产业对欧盟经济和就业的贡献》，该报告通过一系列的数字显示了知识产权密集型产业的重要性：一是50%。50%这个数字显示的是从2008年到2010年，欧洲的知识产权密集型产业在行业中所占的比重。二是4.7万亿。4.7万亿描述的是欧洲的知识产权密集型产业的年产值。三是39%。39%这个数字描述的是欧洲的知识产权密集型产业增加值与国内生产总值的比例关系。四是26%。26%这个数字显示了欧洲的知识产权密集型产业对就业的贡献率。需要说明的是，美国以及欧盟上述数字的获得是需要前提条件的，这个重要的前提条件就是"高的知识产权保护水平"。

我国国家知识产权局在2015年发布了《中国专利密集型产业主要统计数

---

❶ 《专利法》第1条规定："为了保护专利权人的合法权益，鼓励发明创造，推动发明创造的应用，提高创新能力，促进科学技术进步和经济社会发展，制定本法。"

❷ U. S. Department of Commerce. Intellectual Property and the U. S. Economy：Industries in Focus [EB/OL]. [2017-12-16]. http://www.uspto.gov.

据报告》。这份报告显示，一是在拉动经济增长方面，专利密集型产业具有极强的能力，同时专利密集型产业在市场中也很具有竞争力。这个结论从以下几组数字中就可以看出：①26.7 万亿元。26.7 万亿元描述的是从 2010 年到 2014 年，我国专利密集型产业增加值。②11%。11% 描述的是①中的 26.7 万亿元占国内生产总值的比重。③16.6%。16.6% 描述的是我国专利密集型产业年均实际增长率。同时期我国的国内生产总值年均实际增长速度只有我国专利密集型产业年均实际增长速度的一半左右（8%）。二是 3.4% 与 10%。3.4% 与 10% 显示的是，从吸纳就业情况来看，在专利密集型产业中的就业人口占全社会的 3.4%，这 3.4% 的人口却创造了全国 10% 以上的国内生产总值。三是 2.5 倍与 2.2 倍。2.5 倍显示的是专利密集型产业新产品销售收入是同期非专利密集型产业的 2.5 倍；2.2 倍显示的是专利密集型产业出口交货值是同期非专利密集型产业的 2.2 倍。四是 1.3% 与 2.6 倍。1.3% 这个数字是从创新投入力度来分析的，专利密集型产业研发过程中的经费投入占主营业务收入的 1.3%。比重虽然不高，但是专利密集型产业研发却已经是非专利密集型产业的 2.6 倍。❶

第四，我国专利间接侵权规则存在的问题不予以解决就会影响国家知识产权战略纲要的实施。依法保护是《国家知识产权战略纲要》的一个关键性环节。知识产权制度的重要组成部分既包括版权制度，也包括专利制度，还包括商标制度等。因此，构建专利间接侵权制度就可以有效地保护专利权人的私人权益。实现了对专利权人合法的专有垄断权的保护，在一定程度上就是在贯彻执行我国的国家知识产权战略。

基于此，笔者将《专利间接侵权制度研究》作为博士论文的选题进行深层次的挖掘，希望通过论证探索出符合我国具体情况的专利间接侵权制度的构建路径。

二、选题的意义

（一）选题的理论意义

与物权不同，专利权是一种有期限的独占性权利。根据现行专利法律规

---

❶ 国家知识产权局：专利密集型产业对我国经济增长贡献显著 [EB/OL].（2016-10-28）[2023-01-15]. https://www.cnipa.gov.cn/art/2016/10/28/art_53_116829.html.

范的规定，发明专利权和实用新型专利权的保护范围都有一定的期限限制，分别为二十年和十年。在这个有限的时间范围内，专利权人可以从事"制造""使用""销售""许诺销售""进口"等行为。专利的独占性权利有其保护范围的限制。其中，"发明或者实用新型专利权的保护范围以其权利要求的内容为准，说明书与附图可以用于解释权利要求的内容。"❶专利权的权利是独占的，而专利却是公开的。这样的制度设计有利于社会公众在充分了解专利独占范围的基础上合理安排自己的各种活动，比如商业竞争和新技术的发明创造等。

保护专利权人的独占性权利只是专利法的重要价值之一，除此之外，其价值还包括维持社会公众利益与个人利益之间的平衡。专利法维持的这种平衡不是固定的，而是一种动态的平衡。尤其是在当前我国经济处于高速发展阶段的情况下，这种动态平衡更加具有实际意义。

本书在理论方面对专利间接侵权的基础性问题展开系统的阐释，在比较分析国内外专利间接侵权制度上，结合我国学界对专利间接侵权的各种观点，希望对我国正在进行的专利间接侵权立法提供理论上的支持。

（二）选题的实践意义

如前文所述，一部专利法是各种利益进行较量，进而达到平衡的结果。首先，对专利权人来说，专利法中是否规定专利间接侵权行为涉及其独占性专利权利的保护范围问题，与专利权人的利益密切相关。其次，对专利侵权人来说，专利法中规定的各种侵权行为是否科学有效，涉及其对行为产生"激励"还是"抑制"作用。如果"侵权所得"高于"违法责任"，那么，就不能够有效地制裁各种违法行为；如果"侵权所得"低于"违法责任"，那么，侵权人的违法冲动就会得到抑制。最后，对执法者来说，其在执法过程中要将当事人之间的利益纳入考量的范围，也要充分考虑"专利权人的利益"与"侵权人的制裁"。

在我国市场经济日益发达的今天，之所以要在专利法中考虑纳入专利间接侵权行为，就是为了维护专利权人的利益，促进自由竞争，从而达到既鼓励创新，又防止权利人滥用权利的目的。

---

❶ 《专利法》第64条第1款。

第二节　国内外专利间接侵权制度研究现状

坦率地说，从我国专利制度的整体来看，专利间接侵权制度的研究并不是一个具有独创性或新颖性的命题。[1] 在我国，"专利间接侵权的概念在 20 世纪 90 年代就已经出现在我国的司法实践中。"[2]

一、国内研究现状

国内研究现状可以分为立法现状和理论现状两个部分。立法现状可以概括为，我国的《专利法》中并不存在对专利间接侵权的明确规定；理论现状可以概括为，学界对此问题有一定的研究，但并不全面。

(一) 我国目前的立法现状

在原《专利纠纷解释（二）》实施（2016 年 4 月 1 日）之前，我国在司法实践中多依据"共同侵权规则"来应对专利间接侵权纠纷，相关法律主要包括《中华人民共和国民法通则》（以下简称《民法通则》）、《最高人民法院关于贯彻执行〈中华人民共和国民法通则〉若干问题的意见》（以下简称《民通意见》）以及《中华人民共和国侵权责任法》（以下简称《侵权责任法》）[3] 等。事实上，我国在 2000 年对《专利法》进行第二次修订时，国家知识产权局曾经考虑过在《专利法》中增加专利间接侵权的条款，但是国务院报全国人民代表大会常务委员会的《专利法》修改草案删除了这样的条款。其背后的深层次原因是：我国目前还是一个发展中国家，基于与世界接轨的考量，我国的《专利法》只需要达到国际公约《与贸易有关的知识产权协定》的最低保护标准即可。

---

[1]　本书通过万方数据知识服务平台以"专利间接侵权"为关键词在"学位论文"这种文献类型中进行检索后发现，从 2006 年到 2016 年，每年都有高校的硕士论文对此进行深入研究，共计 36 篇；以"专利间接侵权"为关键词在"期刊论文"这种文献类型中进行检索后发现，从 2006 年到 2017 年，每年也有众多的学者对此进行研究，共计 33 篇。

[2]　蔡元臻，何星星. 美国专利间接侵权主观要件评析［J］. 知识产权，2017（9）：89-96.

[3]　《民法通则》《侵权责任法》自 2021 年 1 月 1 日《中华人民共和国民法典》施行后废止。

《专利纠纷解释（二）》实施之后，其第 21 条可以作为司法裁判的依据。该第 21 条包括两款，其中，第 1 款属于"帮助型专利间接侵权规则"。根据该规定，对于产品发明而言，如果行为人"明知有关产品系专门用于实施专利的材料、设备、零部件、中间物等，即未经专利权人许可，为生产经营目的将该产品提供给他人实施了侵犯专利权的行为，权利人主张该提供者的行为属于侵权责任法第九条规定的帮助他人实施侵权行为的，人民法院应予支持"❶。第 2 款属于"教唆型专利间接侵权规则"。根据该规定，"明知有关产品、方法被授予专利权，未经专利权人许可，为生产经营目的积极诱导他人实施了侵犯专利权的行为，权利人主张该诱导者的行为属于侵权责任法第九条规定的教唆他人实施侵权行为的，人民法院应予支持"❷。同时，2021 年 1 月 1 日实施的《中华人民共和国民法典》（以下简称《民法典》）同样可以作为解决专利间接侵权纠纷的裁判依据。

此外，我国目前已经完成《专利法》的第四次修正工作，虽然专利间接侵权制度没有反映在我国现行《专利法》（颁布日期：2020 年 10 月 17 日；实施日期：2021 年 6 月 1 日）中，但是，在《送审稿》中却明确地规定了专利间接侵权制度，具体体现在《送审稿》的第 62 条，即"对于产品发明而言，如果行为人明知有关产品是专用性的诸如材料、设备、零部件、中间物等物品，即该产品只能是用于实施某种专利，但是行为人仍然为了生产经营目的将该专用性的物品提供给他人。一旦该第三人实施了受到专利权人专有权控制的行为，专利权人就可以依据《侵权责任法》第 9 条第 1 款的规定提起诉讼。"❸"无论是产品发明还是方法发明，在未经专利权人许可的前提下，如果行为人为了生产经营的目的实施了积极诱导的行为，该行为促使第三人实施了直接侵犯他人专利权的行为专利权的行为，那么，专利权人就可以依据《侵权责任法》第 9 条第 1 款的规定提起诉讼。"❹

（二）我国目前的理论研究现状

在对目前已经掌握的文献资料进行研读之后发现，理论界主要从"专利

---

❶ 《专利纠纷解释（二）》第 21 条第 1 款。
❷ 《专利纠纷解释（二）》第 21 条第 2 款。
❸ 《专利法修订草案（送审稿）》第 62 条第 1 款。
❹ 《专利法修订草案（送审稿）》第 62 条第 2 款。

间接侵权的概念""专利间接侵权的行为方式""专利间接侵权行为的对象"
"专利间接侵权与专利直接侵权的关系"等几个方面展开分析论证。

1. 关于专利间接侵权的概念

薛波主编的《元照英美法词典》将"专利间接侵权"解释为"共同侵
权"或"协助侵权","该术语主要用于专利法中,指某人在严格意义上并非
某一专利的侵权人,但因其帮助或唆使他人侵犯专利权而承担侵权责任;或
指在他人非法制造、使用、销售已获专利的发明过程中给予故意帮助。"❶

当然,关于"专利间接侵权行为"的定义,我国学者也提出了各具特点
的观点。程永顺认为,"专利间接侵权行为人并不是直接侵权专利权人专有权
的人,第三人才是实施专利直接侵权行为的人。可是,专利间接侵权行为人
在这个过程中从事的诱导、怂恿、教唆为第三人的专利直接侵权行为提供了
必要的基础。"❷ 尹新天的观点也与此类似,他认为,"首先需要肯定的是,专
利间接侵权是一种作为与专利直接侵权相对应的不同类型的专利侵权行为而存
在的。专利间接侵权的行为人虽然没有直接实施侵权行为,但是,之所以将
其认定为专利间接侵权行为人,主要原因在于其从事的诱导、怂恿、唆使等
行为使第三人侵犯了专利权人真实有效的专利权。在这个过程中,专利间接
侵权的行为人对专利直接侵权行为的发生起到了推波助澜的作用。"❸ 崔国斌
认为,"专利间接侵权通常指代的是,行为人没有实施专利直接侵权行为,但
是行为人的行为是导致专利直接侵权行为发生的重要因素。行为人在这个过
程中或是实施了引诱行为,或是在明知或者应知的情况下实施了帮助行为。"❹
张玉敏认为,"大致说来,专利间接侵权行为包括两种情形:第一,对于产品
发明而言,如果行为人明知有关产品是专用性的诸如材料、设备、零部件、
中间物等物品,即该产品只能用于实施某种专利,但是行为人仍然为了生产
经营目的将该专用性的物品提供给他人;第二,未经权利人许可,行为人基
于生产经营的目的实施了积极诱导的行为且促使第三人实施了直接侵犯他人
专利权的行为。"❺

---

❶ 薛波. 元照英美法词典(缩印版)[M]. 北京:北京大学出版社,2013:316.
❷ 程永顺. 中国专利诉讼[M]. 北京:知识产权出版社,2005:211.
❸ 尹新天. 专利权的保护[M]. 2版. 北京:知识产权出版社,2005:509.
❹ 崔国斌. 专利法[M]. 2版. 北京:北京大学出版社,2016:749.
❺ 张玉敏,邓宏光. 专利间接侵权制度三论[J]. 学术论坛,2006(1):141-144.

北京市高级人民法院发布的《关于专利侵权判定若干问题的意见（试行）》（京高法发〔2001〕229号）（以下简称《意见》）第73条指出："间接侵权，是指行为人实施的行为并不构成直接侵犯他人专利权，但却故意诱导、怂恿、教唆别人实施他人专利，发生直接的侵权行为，行为人在主观上有诱导或唆使别人侵犯他人专利的故意，客观上为别人直接侵权行为的发生提供了必要的条件。"

2. 关于专利间接侵权的类型

张玉敏和邓宏光认为，"大致说来，专利间接侵权行为可以包括两种情形：第一，对于产品发明而言，如果行为人明知有关产品是专用性的诸如材料、设备、零部件、中间物等物品，即该产品只能是用于实施某种专利，但是行为人仍然为了生产经营目的将该专用性的物品提供给他人；第二，无论是产品发明还是方法发明，如果实施行为没有经过专利权人许可，行为人为了生产经营的目的实施了积极诱导的行为，该行为促使第三人实施了直接侵犯他人专利权的行为。"❶ 徐媛媛认为，"我国的专利间接侵权的类型应该只包括辅助型专利间接侵权一种。"❷

由此可以发现，学界对专利间接侵权类型的认识并不统一。张玉敏和邓宏光认为，专利间接侵权类型既包括"辅助型专利间接侵权"，也包括"教唆型专利间接侵权"；而徐媛媛对我国未来专利间接侵权的范围秉持一种保守的态度，认为我国的专利间接侵权的类型应该只包括"辅助型专利间接侵权"一种。

3. 专利间接侵权的行为方式

朱丹认为，"在专利间接侵权行为方式上，应包括销售、许诺销售或进口等。"❸ 许浩明和李捷认为，"在以生产经营为目的的前提下，专利间接侵权的行为方式应该包括销售和许诺销售。"❹

4. 专利间接侵权的主观构成要件

关于专利间接侵权的主观构成要件，学者们的观点则相对一致。比如，

---

❶ 张玉敏，邓宏光. 专利间接侵权制度三论［J］. 学术论坛，2006（1）：141-144.

❷ 徐媛媛. 专利间接侵权制度的辅助侵权一元立法论［J］. 知识产权，2018（1）：80-83.

❸ 朱丹. 关于建立我国专利间接侵权制度的思考［J］. 人民司法，2009（1）：89-92.

❹ 许浩明，李捷. 论我国专利间接侵权制度的缺位与立法完善［J］. 河南工业大学学报（社会科学版），2016（1）：25.

赵元果和徐晓颖都认为，"专利间接侵权行为人有教唆或帮助他人实施侵权行为的主观故意。"❶

5. 关于专利间接侵权行为的对象

目前我国部分学者对专利间接侵权行为对象进行了研究。喻嵘、陈武和胡杰都在某种程度上认同了《意见》中专利间接侵权的客体概念。但是，喻嵘并不认为所有的物品都可以成为专利间接侵权行为的对象，他对物品的范围进行了限定，她认为："可以作为专利间接侵权行为对象的不能是具有实质性非侵权用途的产品。"❷ 那么，这里的"用途"指代的范围又是哪些呢？喻嵘进一步解释为："在经济、商业等方面具有使用可能性并且不能用作实施专利技术。"❸ 其实质还是"利益平衡原则"在客体范围中的体现。张玲的观点大不一样，她认为，"专利间接侵权行为的对象不应该局限于'专用品'的范围，还应该包括'非专用品'。"❹ 关于"间接侵权行为的对象"，张玲进一步解释说："除了不具有实质性非侵权用途，还应该具有在专利技术实施中不可缺少的实质性作用。"❺

6. 关于专利间接侵权与专利直接侵权的关系

关于"专利间接侵权行为"和"专利直接侵权行为"的关系，从本书目前掌握的文献资料来看，大致存在以下三种学说，即"独立说""从属说""折中说"。

（1）"独立说"

"独立说"认为"专利间接侵权行为"独立于"专利直接侵权行为"而存在，部分学者持此观点。比如，徐晓颖认为，"从属说"完全可以依据民法中的共同侵权规则予以解决，根本没有必要单独立法。正是因为专利间接侵权与传统民法中的共同侵权规则的差异，才使得在将来的《专利法》中规定

---

❶ 赵元果. 回顾：中国专利法的孕育与诞生 [J]. 中国发明与专利，2007 (2)：24；徐晓颖. 试论专利间接侵权的独立性：兼评《专利法修订草案（送审稿）》第62条 [J]. 广西政法管理干部学院学报，2016 (2)：80–87.

❷ 喻嵘. 也谈专利间接侵权 [C] //中华全国专利代理人协会会议论文集. 北京：知识产权出版社，2013.

❸ 喻嵘. 也谈专利间接侵权 [C] //中华全国专利代理人协会会议论文集. 北京：知识产权出版社，2013.

❹ 张玲. 我国专利间接侵权的困境及立法建议 [J]. 政法论丛，2009 (2)：41–45.

❺ 张玲. 我国专利间接侵权的困境及立法建议 [J]. 政法论丛，2009 (2)：41–45.

专利间接侵权显得有意义。● 张其鉴在分析我国应该采取"辅助侵权"一元立法的时候认为,"专利引诱侵权完全可以被我国的共同侵权规则所覆盖,无须单独立法。"❷ 徐媛媛也有类似的观点。❸

(2) "从属说"

"从属说"即"专利间接侵权行为"必须依附或者从属于"专利直接侵权行为"而存在。应当说,无论是在学术研究中还是在立法文件中,"从属说"都是主流的观点。比如,李明德认为,"只有出现第三人实施了专利直接侵权行为的时候,专利间接侵权行为才有适用的意义。否则,专利间接侵权行为就不存在。"❹ 程永顺认为,"如果不存在专利直接侵权行为,就根本无须讨论专利间接侵权适用。"❺ 杨立新认为,"专利间接侵权行为是与专利直接侵权行为不同的行为,具体是指行为人并没有从事直接侵犯专利权的行为,但是对直接侵权行为人进行了教唆、帮助或诱导等行为。"❻

(3) "折中说"

"折中说"是独立于"独立说"和"从属说"的另一种关于专利直接侵权行为与专利间接侵权行为的表述。"折中说",即是以"从属说"为原则,以"独立说"为补充来处理例外情形。对于"折中说"这种观点,有的学者认为,"虽然'折中说'的初衷是融合'独立说'和'从属说'的优点,但是,实际上'独立说'和'从属说'的缺点也往往会同时反映在其中。因此,我国不应该采用'折中说'。"❼ 应该说,学界采纳这种观点的学者不是特别多。

二、国外研究现状

美国、德国、日本的众多学者都对专利间接侵权制度进行了充分的关注

● 徐晓颖. 试论专利间接侵权的独立性:兼评《专利法修订草案(送审稿)》第 62 条 [J]. 广西政法管理干部学院学报, 2016 (2):80-87.

❷ 张其鉴. 我国专利间接侵权立法模式之反思:以评析法释〔2016〕1 号第 21 条为中心 [J]. 知识产权, 2017 (4):35-41.

❸ 徐媛媛. 专利间接侵权制度的辅助侵权一元立法论 [J]. 知识产权, 2018 (1):80-83.

❹ 李明德. 美国知识产权法 [M]. 2 版. 北京:法律出版社, 2014:108.

❺ 程永顺. 中国专利诉讼 [M]. 北京:知识产权出版社, 2005:111-112.

❻ 杨立新. 侵权法论(上册)[M]. 5 版. 北京:人民法院出版社, 2013:513.

❼ 贾小龙. 专利法需要怎样的"间接侵权":专利间接侵权若干基本问题探讨 [J]. 电子知识产权, 2008 (9):15-18.

和思考，并形成了很有价值的文献资料。目前已掌握的文献资料显示，理论界主要从以下几个方面展开了相关研究。

（一） 专利间接侵权的类型

谢尔登·W.哈尔彭教授认为，《美国专利法》在第 271 条 （b）（c） 款规定了两种间接侵权类型，分别是 "教唆型专利间接侵权" 和 "辅助型专利间接侵权"。❶ Patrick E. King 等也认为，将《美国专利法》第 271 条 （a） 款称为直接侵权行为、第 271 条 （b）（c） 款称为间接侵权行为已经成为惯例。❷乔希·瑞奇林斯基 （Josh Rychlinski）❸、斯蒂芬·W. 摩尔 （Stephen W. Moore）❹、马修·劳里 （Mathew Lowrie） 等❺也详细介绍了美国专利间接侵权的立法背景、法律规则以及美国专利间接侵权同中国专利间接侵权的区别与联系。

（二） 专利间接侵权的行为方式

《美国专利法》规定的 "辅助型专利间接侵权" 和 "教唆型专利间接侵权" 的行为方式是 "许诺销售" "销售" 和 "进口" 等。《日本专利法》规定的专利间接侵权行为方式是 "生产" "转让" 和 "进口" 等。《德国专利法》规定的专利间接侵权行为方式是 "许诺销售" 等。

（三） 专利间接侵权的行为对象

《美国专利法》将构成间接侵权行为的标的物限定为 "常用商品或者具有

---

❶ 哈尔彭，纳德，波特. 美国知识产权法原理 [M]. 宋慧献，译. 北京：商务印书馆，2013：297-298.

❷ KING P E, LAU T T, KENE G V. Navigating the Shoals of Joint Infringement, Indirect Infringement, and Territoriality Doctrines：A Comparative Analysis of Chinese and American Patent Laws [J]. Columbia Journal of Asian Law, 2012, 25 (2)：275-305.

❸ RYCHLINSKI J. Interactive Methods and Collaborative Reformance：A New Future for Indirect Infringement [J]. Mich. Telecomn. &Tech. L. Rev, 2013, 215.

❹ MOORE S W. A Last Step Rule for Direct Infringement of Process Claims：Clarifying Indirect Infringement and Narrowing Joint Infringement [J]. The Cleve land State Law Review, 2013, 61 (3)：828-860.

❺ LOWRIE M, LITTMAN K M, SILVA L. The Changing Landscape of Joint, Divided and Indirect Infringement：The State of the Law and How to Address It [J]. High Tech. L, 2011：65-106.

实质性非侵权用途"● 以外的商品，其范围比《日本专利法》要宽，后者限定的是"只能用于制造该专利产品或者只能用于实施专利方法的物品"❷；欧盟规定，专利间接侵权行为还包括提供相关方法、步骤的行为。

（四）专利间接侵权的主观过错

《美国专利法》对专利间接侵权行为的判定需要考量其主观要素。根据《美国专利法》第 271 条（b）（c）等条款的规定，都反映出要判定构成专利间接侵权行为，就必须在主观上有故意或者至少是过失。❸《日本专利法》中虽然没有明确出现对行为人主观过错的规定，但是"专利间接侵权行为的客体必须是只能用于实施专利技术的物品"❹ 就隐含了"故意"的基因。毕竟，如果某种行为所涉及的物品除用于实施某项专利技术之外，没有其他任何实际用途，那么"如果没有得到专利权人的许可，提供该物品的人诱导他人进行直接侵权行为的意图是很明显的，可以直接认定行为人具有诱导他人进行直接侵权的主观意图"❺。

（五）专利间接侵权与专利直接侵权的关系

《美国专利法》第 271 条（b）（c）款是从共同侵权行为发展出来的。共同侵权行为的各种类型中，不论是"教唆型专利间接侵权"还是"帮助型专利间接侵权"，都要有直接侵权行为人的存在，否则即难称"共同侵权"。因此，虽然法律条文未明确规定，但案例法明确指出，"无直接侵权的存在即无间接侵权"❻。但是，这种状况随着美国在 20 世纪 80 年代在专利法中增加第 271（f）条款而出现了松动的迹象。德国、欧盟规定构成专利间接侵权行为原则上应该以存在专利直接侵权行为为前提条件❼，但是存在着诸多的例外；

---

❶ CHISUM D S. Chisum on Patents [M]. New York：Matthew Bender，2009.
❷ 陈武，胡杰. 专利间接侵权制度初论 [J]. 知识产权，2006（1）：60-64.
❸ 康添雄，田晓玲. 美国专利间接侵权的判定与抗辩 [J]. 知识产权，2006（6）：86-90.
❹ 程永顺. 专利侵权判定实务 [M]. 北京：法律出版社，2002：5.
❺ 贺桂欣. 论司法实践中专利间接侵权的界定与处理 [J]. 河北职业技术师范学院学报，2000（1）：53-55.
❻ Aro Mfg. Co. v. Convertible Top Replacement Co.，377 U. S. 476（1964）；Golden Blount，Inc. v. Robert H. Peterson Co.，365 F. 3d 1054（Fed. Cir. 2004）.
❼ 程永顺，罗李华. 中美两国对专利侵权行为的规定比较：下 [J]. 电子知识产权，1998（6）：2-7.

日本的田村善之❶、青山纮一❷和增井和夫❸等详细介绍了日本专利间接侵权的立法旨趣、"独立说"与"从属说"，以及日本专利间接侵权制度的主要类型等重要内容。此外，马修·劳里（Mathew Lowrie）、凯文·M. 利特曼（Kevin M. Littman）和卢卡斯·西尔瓦（Lucas Silva）认为，"专利直接侵权之成立，必须符合全要件原则，就是就物之发明，行为人须有制造、贩卖、为贩卖之要约或进口物之申请专利范围请求项所载的全部构成组件；就方法发明，行为人须有使用该方法请求项所载的全部构成步骤。"❹

（六）专利间接侵权制度建立的必要性及其发展

日本学者冈田全启对专利间接侵权制度建立的必要性进行了论证，并认为"在牵涉侵权的准备性行为时，如放任不理，常常会发生以后的侵权事件"❺。斯蒂芬·W.摩尔（Stephen W. Moore）认为，"《美国专利法》第271条（b）款和（c）款中的专利间接侵权行为是不同于直接侵权的存在"，其实是"为了弥补第271条（a）款对专利权人保护的不足而出现的"❻。查理斯·W. 亚当斯（Charles W. Adams）认为，"美国的专利间接侵权制度的发展历程充满了各种曲折。"❼

三、目前研究存在的矛盾与不足

从本书目前收集到的资料来看，尽管众多学者对于专利间接侵权制度进行了多角度的分析和研究，但就总体而言，这些研究也存在互相矛盾和不足之处。

---

❶ 田村善之. 日本知识产权法 [M]. 4版. 周超，李雨峰，李希同，译. 北京：知识产权出版社，2011：248-254.

❷ 青山纮一.《日本专利法概论》[M]. 聂宁乐，译. 北京：知识产权出版社，2014：201.

❸ 增井和夫，田村善之. 日本专利案例指南 [M]. 李扬，等译. 北京：知识产权出版社，2016：206.

❹ LOWRIE M，LITTMAN K M，SILVA L. The Changing Landscape of Joint，Divided and Indirect Infringement：The State of the Law and How to Address It [J]. High Tech，2011：65-106.

❺ 冈田全启. 专利·商标侵权攻防策略 [M]. 詹政敏，杨向东，付文君，译. 北京：知识产权出版社，2005：248-254.

❻ MOORE S W，A Last Step Rule for Direct Infringement of Process Claims：Clarifying Indirect Infringement and Narrowing Joint Infringement [J]. Cleveland State Law Review，2013，61（3）：828-860.

❼ ADAMS C W. A Brief History of Indirect Liability for Patent Infringement [J]. Santa Clara High Technology Law Journal，2005，22（3）：369-402.

（一）目前研究存在的矛盾之处

从本书目前搜集到的资料来看，学界对德国专利间接侵权到底是不是一元论还存在不同的认识。比如，朱雪忠、李闯豪就认为，在欧洲只存在提供产品或提供物品这一种专利间接侵权；[❶] 邓宏光[❷]及汪中良[❸]等学者也持这种观点。可是，张其鉴[❹]却认为，《德国专利法》采用的是并非并列式的二元立法。

（二）目前研究存在的不足之处

1. 对我国专利间接侵权的研究不够系统

比如，贾小龙对专利间接侵权行为的概念、专利间接侵权与直接侵权的关系，以及专利间接侵权行为的类型进行了深入的分析，而对专利间接侵权行为的主观构成要件关注不够。[❺]张玉敏等对专利间接侵权的重要性以及专利间接侵权与直接侵权的关系等进行了论证，但是对国外专利间接侵权制度关注不够。[❻]李扬对帮助型专利间接侵权行为的法律构成进行了分析，而并未涉及引诱型专利间接侵权。[❼]

2. 对国外专利间接侵权制度的研究不够深入

我国的专利法中并不存在关于专利间接侵权的规定，因此，为了更好地维护专利权人的利益，我国应该考虑在合适的时候引入起源于国外的这项制度。国内学者更多地还是停留在对国外经验的介绍上，而对该制度的具体构成要件方面关注不够。比如，张成龙仅仅是对美国、欧盟和日本的专利间接

---

❶ 朱雪忠，李闯豪. 美国专利间接侵权默示许可抗辩的反思与借鉴 [J]. 法律科学：西北政法大学学报，2018（2）：179-190.

❷ 邓宏光. 我国专利间接侵权之制度选择 [J]. 西南民族大学学报（人文社科版），2006（4）：82-85.

❸ 汪中良. 专利间接侵权制度的立法构造—兼评《专利法修订草案（送审稿）》第62条 [J]. 黑龙江省政法管理干部学院学报，2017（2）：81-84.

❹ 张其鉴. 我国专利间接侵权立法模式之反思：以评析法释〔2016〕1号第21条为中心 [J]. 知识产权，2017（4）：36.

❺ 贾小龙. 专利法需要怎样的"间接侵权"：专利间接侵权若干问题探讨 [J]. 电子知识产权，2008（9）：15-18.

❻ 张玉敏，邓宏光. 专利间接侵权制度三论 [J]. 学术论坛，2006（1）：141-144.

❼ 李扬. 帮助型专利权间接侵权行为的法律构成 [J]. 人民司法，2016（16）：49-52.

侵权的立法例进行了一定程度的解释，而并没有辅之以相关的案例。❶ 如果不能对国外的制度进行深入的分析，那么，我国在将来引入该项制度的时候可供借鉴的对象就会偏少，这会对立法的质量产生影响。

3. 对专利间接侵权制度具体构建路径的关注不够

我国学者的现有研究表明，学者们关注的焦点更多是停留在对专利间接侵权的具体性质以及专利间接侵权与专利共同侵权的关系上，其结论更多地是对我国应该建立何种专利间接侵权的考量，而对专利间接侵权的具体构成要件方面关注不够。比如，闫文军、金黎峰就侧重于对现有专利间接侵权行为构成要件的分析之上❷，最后没有提出我国应该如何进行构建。

上述矛盾与不足给本书提供了一些研究的空间和可能性，本书计划在现状的基础上，对专利间接侵权问题进行拓展和研究。

第三节　总体思路、主要内容与研究方法

一、总体思路

本书的研究思路是：描述现状、把握趋势、发现问题、找出对策。具而言之，研究思路可以大致拆分为如下三个重要的步骤：

第一步：锁定论述对象，探索制度变迁。

首先准确界定专利间接侵权的内涵和要件，接着比较专利间接侵权与专利直接侵权的关系，以及在目前的司法实践中处理专利间接侵权纠纷的共同侵权规则等内容。

第二步：全面比较分析，评述制度差异。

作为一个在世界范围内广泛存在的制度，专利间接侵权制度可以从多个方面进行比较。首先，从宏观的历史发展的角度出发，对专利间接侵权制度从无到有再到完善这一过程进行比较分析。其次，从纵向分析的角度出发，

---

❶ 张成龙. 专利间接侵权国际立法比较 [J]. 江西社会科学, 2000 (6)：134-137.
❷ 闫文军，金黎峰. 专利间接侵权的比较与适用：兼评 2016 年最高人民法院司法解释的相关规定 [J]. 知识产权, 2016 (7)：47-53.

对美国、德国等国家和地区的专利间接侵权制度进行比较分析。最后，从微观的构成要件的角度出发，比较产生于传统民法上的专利间接侵权制度与共同侵权规则之间的区别与联系。本书把重点放在理顺专利间接侵权制度发展的历史轨迹、域外国家和地区的比较分析，以及专利间接侵权制度与相关制度的比较上。

第三步：发现制度问题，立足制度构建。

在比较分析的基础上，发现我国专利间接侵权的规则还存在专利间接侵权概念不明确、专利间接侵权没有明确规定在专利立法中、调整专利间接侵权法法律文件位阶比较低，以及互联网专利间接侵权规则不够细化等不完善之处，尝试找出构建我国专利间接侵权制度的恰当路径。

二、主要内容

研究思路厘清之后，本书围绕上述基本思路进行谋篇布局。概而言之，本书的篇章结构大致如下。

正文包括五章，此外，还包括导论和结语两个组成部分。其中，导论部分的主要内容是关于本书选题由来与意义、国内外研究现状、主要的研究内容与研究方法以及主要的创新之处。结语部分则是对全书的一个系统总结。

第一章是专利间接侵权制度概述。主要包括专利间接侵权的概念与构成要件、我国专利间接侵权制度的发展历程、我国专利间接侵权制度的立法状况、我国专利间接侵权类型梳理，以及网络环境下专利间接侵权制度的发展趋势等主要内容。在专利间接侵权的概念与构成要件这一节中，具体介绍了专利间接侵权的概念以及专利间接侵权的构成要件等内容。在我国专利间接侵权制度的发展历程这一节中，对我国《专利法》的历次修正中关于专利间接侵权的内容进行了梳理。在我国专利间接侵权制度的立法状况这一节中，详细介绍了《民法典》等专利间接侵权裁判依据的法律规范、专利间接侵权裁判依据的司法解释以及与专利间接侵权裁判有关的指导性文件。在我国专利间接侵权类型梳理这一节中，对我国目前司法实践中遇到的专利间接侵权的类型进行了类型化的梳理。第五节是网络环境下专利间接侵权制度的发展趋势。

　　第二章是专利间接侵权制度的理论基础。专利间接侵权制度有其坚实的理论构建基础。第一节是专利间接侵权制度的法哲学阐释。洛克的财产权劳动学说是专利间接侵权制度产生的根基；而利益平衡理论是专利间接侵权制度在构建过程中重要的考量要素。第二节是专利间接侵权的法经济学解读，主要包括知识产权激励理论、专利制度层面激励理论的分析以及专利间接侵权规则中的激励理论等几个层次。第三节是专利间接侵权制度的民法学思考，主要包括专利间接侵权的性质、专利间接侵权与专利直接侵权的关系以及专利间接侵权与专利共同侵权的关系等几个互相联系的部分。

　　第三章是专利间接侵权制度比较研究。本章选取世界范围内具有代表性的国家和地区的专利间接侵权制度作为分析对象。第一节是美国专利间接侵权制度。美国是世界专利间接侵权制度的起源地。专利间接侵权制度是在美国普通法中的判例的基础上逐步发展起来的，所以本书在论述美国专利间接制度的时候用了很大的篇幅。第二节是欧盟专利间接侵权制度。第三节是德国专利间接侵权制度。第四节是日本专利间接侵权制度。第五节是我国台湾地区的专利间接侵权制度。前面五节的论证结构基本是一致的，即相关概念的界定、发展历程、构成要件分析、间接侵权与直接侵权行为的法律关系等。第六节是从主观过错、行为对象、行为方式以及间接侵权与直接侵权之间的关系等几个维度对上述专利间接侵权制度进行比较。在比较分析上述文献资料后发现，尽管专利间接侵权制度在世界各国和地区普遍存在，但是由于各个国家和地区经济基础的不同，造就了这些国家和地区在专利间接侵权制度具体设计上的特色。各个国家和地区专利间接侵权制度的这些差异，可以为我国专利间接侵权制度的构建提供更有价值的参考。

　　第四章是我国的专利间接侵权制度存在的需要反思的问题。我国目前对专利间接侵权行为的法律规制通过《民法典》第 1 编总则第 176～178 条，《民法典》第 7 编侵权责任第 1168～1172 条，北京市高级人民法院的关于《意见》第 73~80 条，《专利纠纷解释（二）》第 21 条的规范性文件予以规定。同时，司法实践中对专利间接侵权的裁判案例也可划分为"帮助型专利间接侵权"和"教唆型专利间接侵权"两种侵权行为类型。但是，这些规范性法律文件以及司法裁判规则还不足以充分地保护专利权人的利益，法律规定和司法实践也存有诸多问题。

第一，我国立法文件中未规定专利间接侵权的规则。在现有调整专利间接侵权纠纷文件中，法律位阶最高的是《专利纠纷解释（二）》第21条，但是，其效力层级又不够。第二，《专利法》并未规定专利间接侵权也引发了一系列的问题，如专利间接侵权并非一个法定概念。现有"专利间接侵权"的概念仅是学者们的一种理论概括，正式的立法文件和司法解释中并无此概念。第三，我国的专利间接侵权范围尚存在争议。首先，《专利纠纷解释（二）》全面规定了"教唆侵权"和"帮助侵权"。其次，部分司法案例中承认了专利间接侵权的域外效力。第四，专利间接侵权构成要件不明确而引发的裁判不一。专利间接侵权构成要件不明确主要体现在两个方面：首先，专利间接侵权是否需要有专利直接侵权；其次，提供"专用部件"是否需要认定主观过错。第五，共同侵权规则并不能完全适用于专利间接侵权纠纷。在目前的司法实践中，法院在很多时候都运用共同侵权规则来应对专利间接侵权纠纷。客观地说，共同侵权规则虽然在专利间接侵权纠纷中发挥了重要的作用，但是因为专利间接侵权与共同侵权之间在侵权行为的认定因素，如主观状态等方面存在诸多差异，共同侵权规则并不能完全适用于专利间接侵权。第六，面对互联网环境下专利间接侵权情况的新发展，《专利法》在适用中就至少有以下问题：①必要措施不够明确；②未规定错误通知的法律责任；③"反通知—恢复"规则缺位。

理论与实践密不可分，理论阐述的最终目的应当是促进实践。因此，第五章在前述章节已经详细地对专利间接侵权制度进行历史考证、比较法分析论证的基础上，将论述的重点放在我国专利间接侵权制度的构建路径之上。第一节指出了构建我国专利间接侵权制度的必要性，主要包括以下几个方面：专利间接侵权制度具有重要存在价值、专利间接侵权制度的确立符合国际发展潮流，以及专利间接侵权符合司法实践需要。

三、研究方法

意大利法学者罗道尔夫·萨科认为，"在任何情况下，任何一门学科的表现形式都可以大致分为两个部分，一部分表现为科学，另一部分表现为方法。"[1] 事物往往是复杂的，要想准确和全面地认清一个具体的事物，对这个

---

[1] 萨科. 比较法导论 [M]. 费安玲，刘家安，贾婉婷，译. 北京：商务印书馆，2014：13.

事物进行全方位的分析就显得非常有必要，因为"若想发现法律的复杂性，就不能仅仅采用单一的手段，而必须采用多种多样的途径"❶。

基于此，在研究方法方面，本书将综合运用多种研究方法，以期能够取得具有创新性的成果。

（一）历史研究方法

所谓历史研究方法，具体是指"采用考订、训诂等方法研究历史上的法律和法律制度"❷。作为法学研究过程中最常采用的研究方法，在本书的研究中也发挥着重要的作用。要想准确反映世界专利间接侵权法律保护制度的演进脉络，就需要运用历史研究方法从源头分析这些概念和制度的产生、发展和完善的历程。同样，作为我国专利间接侵权依据的各种法律文件也并不是一开始就是如此，而是有其制定和完善的艰难过程，历史研究方法有其用武之地。

（二）比较研究方法

法学研究自然不能离开比较法的视野。"比较法或者法律之比较研究是研究法律、认识法律之一种方法"❸，"比较法旨在获取理论上的知识"❹。所谓比较研究方法，具体指的是"一种通过比较发现不同法系、不同国家的法律制度优点和缺点的方法"❺。本书在具体阐述我国专利间接侵权规则所存在的问题之前，通过比较分析的方法系统地比较分析了世界上具有代表性的国家和地区的专利间接侵权制度。

（三）案例研究方法

关于案例研究方法的重要作用，我国台湾地区民法权威王泽鉴先生在各种公开学术讲座中说过多次"不读判决的话，我不知道我能研究什么"。各种

❶ 波斯纳. 公共知识分子：衰落之研究 [M]. 徐昕，译. 北京：中国政法大学出版社，2002：13.
❷ 梁慧星. 法学学位论文写作方法 [M]. 北京：法律出版社，2006：78.
❸ 王泽鉴. 民法学说与判例研究（重排合订本）[M]. 北京：北京大学出版社，2015：21.
❹ 萨科. 比较法导论 [M]. 费安玲，刘家安，贾婉婷，译. 北京：商务印书馆，2014：25.
❺ 梁慧星. 法学学位论文写作方法 [M]. 北京：法律出版社，2006：78.

法律文本效果之优劣的试金石便是各级法院在适用法律条文解决专利间接侵权纠纷过程中形成的为数众多的司法判决书。本书选取的司法判决书在实践中都很具有代表性，对这些案例进行梳理分类，能够从中窥探专利间接侵权制度的产生、发展和完善的历程。

第四节　本书的难点和创新点

一、本书的难点

专利间接侵权问题是一个复杂的问题。专利间接侵权的认定需要回答专利权的保护范围问题。因为，专利权范围的扩张或者缩小都会影响专利权人、专利利用者与社会公众之间的平衡。专利间接侵权尚未在我国的《专利法》中予以明确的规定，对专利间接侵权的研究很多都停留在理论研究和司法并不统一的判决中，对专利间接侵权的限制的研究文献则更少。此外，关于侵权行为的要件在民法当中也不无争议，谈论专利间接侵权也会面临侵权构成要件的选择问题。

二、本书的创新点

作为知识产权制度重要组成部分的专利制度是对专利权人的私人产权进行保护的重要制度。作为专利制度不可或缺的构成因素之一——专利间接侵权制度更是为了应对侵犯专利权人利益的新型专利侵权行为而产生的。对专利间接侵权制度的思考一直是我国法学界学者关注的重点内容。本书在前人研究的基础上，试图从以下几个方面做一些有益的尝试和探索：

1. 对专利间接侵权的法律属性进行系统分析

无论如何定义"专利间接侵权"，都必须把握两点，即专利间接侵权行为的出现与专利直接侵权行为有很紧密的联系，以及专利间接侵权行为绝对不是专利直接侵权行为。之所以要将专利间接侵权行为人也纳入专利权侵权的范畴之中，是因为其在别人侵犯他人专利权（包括《专利法》第75条所规定的不视为侵犯专利权的行为以及《专利法》第11条所规定的反面，即非生产经营目的的情况）的过程中，专利间接侵权行为人所实施的各种行为对专利直接侵权行为的发生起到了推动的作用，与专利直接侵权行为之间有着很紧密的联系，但是，不可对二者等同视之。专利间接侵权是独立的专利侵权类型。为了响应国家"加强知识产权保护 让侵权者付出沉重代价"的政策号召，我国在将来对《专利法》进行第五次修改时，应当将专利间接侵权作为独立于专利直接侵权的侵权行为类型。这种设定的主要目的是防止虽然出现了实施专利技术的行为，但《专利法》并不认为其是专利直接侵权行为，从而有损于专利权人利益的行为的发生。

2. 对域外专利间接侵权的构成要件做详细分析

当前学者的研究主要集中于对某一个国家专利间接侵权的类型进行分析，而对专利间接侵权的构成要件的分析则不够深入。本书尝试对代表性国家和地区的专利间接侵权构成要件进行详细分析，在此基础上对这些构成要件进行比较，希望为我国专利间接侵权制度的构建提供一定的借鉴。概而言之，这些国家或地区的专利间接侵权制度存在如下特点：①间接侵权行为人必须是故意。②间接侵权行为的对象必须是特定的产品。③在专利直接侵权行为与专利间接侵权行为的关系方面，并没有统一的答案；在大多数情况下，在判定专利间接侵权行为时，需要存在专利直接侵权行为。

3. 尝试着提出我国专利间接侵权的构建路径

首先，我国的《专利法》只需要规定规制辅助侵权的专利间接侵权行为类型。虽然现在世界上的一些国家如美国和德国等既规定了辅助侵权又规定了教唆侵权，但是，笔者认为，我国未来的《专利法》只需要规定辅助侵权。究其原因，一方面，教唆侵权规则难以把握，需要法官在司法实践中综合判断，稍有不慎就会损害《专利法》之中的平衡性；另一方面，教唆侵权完全可以纳入共同侵权之范畴。其次，我国专利间接侵权制度的效力暂时不涉及域外。虽然我国出现过将专利间接侵权规则适用于域外的案例，但是在目前的环境下，我国的专利间接侵权制度的效力应暂不涉及域外。这一方面是出于我国产业政策的考量，因为《专利法》本身具有很强的政策属性，其目的之一在于激励国内相关产业的发展和进步。如果在这个时期就将专利权保护的范围扩展至国外，就会对我国经济结构的走势产生不利的影响。另一方面是由知识产权的法律特性所决定。因为除专有性和时间性等特点之外，知识产权还具有地域性的特征。不论是从理论还是从实践上，包括专利权在内的知识产权都具有地域性的特点。

此外，除上述基本观点的创新之外，在新资料的搜集和引用方面也能够反映出本书在创新方面的努力和积极尝试。

第一章

专利间接侵权制度概述

利益平衡是知识产权制度发展过程中的永恒主题。诚如一些学者所言："知识产权制度设计就是为了发挥其平衡器的重要作用，知识产权制度这个平衡器可以在平衡知识产权人的垄断利益与社会公共利益方面具有一定的生存空间，也可以在激励知识产权创造和对知识产品需求之间发挥重要的平衡作用。"❶ 专利间接侵权制度的缘起与变迁正是对利益平衡的一种制度回应。当制度的发展不能满足实践要求，而导致专利权人的利益不能得到有效保护时，则应从制度及立法上对相关实践问题进行新的体系化制度安排，从而实现利益的再次平衡。这也符合知识产权激励理论，即"通过授予有期限的垄断权利给予发明者从事创造活动的激励措施"，同时，"通过授予这种具有专有性的财产权对于鼓励发明者将发明尽早地公开，从而让社会公众从重复研发的弯路上解放出来也是必要的"❷。

第一节　专利间接侵权的概念与构成要件

一、专利间接侵权的概念

（一）关于专利间接侵权概念的基本观点

"间接侵权"的概念起源于民法，而"专利间接侵权"的概念则起源于

---

❶ 黄玉烨. 知识产权利益衡量论：兼论后 TRIPs 时代知识产权国际保护的新发展 [J]. 法商研究，2004（5）：89-96.

❷ 冯晓青. 知识产权法哲学 [M]. 北京：中国人民公安大学出版社，2003：97.

英美普通法。美国 1952 年前用 "contributory infringement" 来指代专利间接侵权，之后又分为 "contributory infringement" 和 "inducing infringement"。由全球知名的词典编辑家布莱恩·A. 加纳（Bryan A. Garner）编辑，并由 WEST 出版集团出版的法律领域最权威的工具书《布莱克法律词典》对 "contributory infringement" 一词的解释是："一种明知一种商品除了用于侵犯别人的专利权之外别无用途，仍然出售这种商品的帮助或教唆行为。"❶ 薛波主编的《元照英美法词典》则将其解释为 "共同侵权" 或 "协助侵权"，"该术语主要用于专利法中，指某人在严格意义上并非某一专利的侵权人，但因其帮助或唆使他人侵犯专利权而承担侵权责任；或指在他人非法制造、使用、销售已获专利的发明过程中给予故意帮助"❷。《布莱克法律词典》对 "inducing infringement" 的解释是 "积极和明知地帮助和教唆他人直接侵权的行为"❸。

当然，关于专利间接侵权行为的定义，我国学者也提出了各具特点的观点。尹新天认为："首先需要肯定的是，专利间接侵权是一种作为与专利直接侵权相对应的不同类型的专利侵权行为而存在的。专利间接侵权的行为人虽然没有直接实施侵权行为，但是，之所以将其认定为专利间接侵权行为人，主要原因在于其从事的诱导、怂恿、唆使等行为使第三人侵犯了专利权人真实有效的专利权。在这个过程中，专利间接侵权的行为人对专利直接侵权行为的发生起到了推波助澜的作用。"❹ 程永顺的看法与尹新天类似，他认为，专利间接侵权行为人并不是直接侵犯专利权人专有权的人，第三人才是实施专利直接侵权行为的人。可是，专利间接侵权行为人在这个过程中从事的诱导、怂恿、教唆为第三人的专利直接侵权行为提供必要的基础。❺ 崔国斌认为："专利间接侵权通常指代的是，行为人没有实施专利直接侵权行为，但是行为人的行为是导致专利直接侵权行为发生的重要因素。行为人在这个过程中或是实施了引诱行为，或是在明知或者应知的情况下实施了帮助行为。"❻ 张玉敏认为："大致说来，专利间接侵权行为可以包括两种情形：第一，对于

❶ GARNER B A. Black's Law Dictionary [M]. Eagan：West Group：2004，796.
❷ 薛波. 元照英美法词典（缩印版）[M]. 北京：北京大学出版社，2013：316.
❸ GARNER B A. Black's Law Dictionary [M]. Eagan：Thomson West Group：2004，797.
❹ 尹新天. 专利权的保护 [M]. 2 版. 北京：知识产权出版社，2005：509.
❺ 程永顺. 中国专利诉讼 [M]. 北京：知识产权出版社，2005：211.
❻ 崔国斌. 专利法 [M]. 2 版. 北京：北京大学出版社，2016：749.

产品发明而言，如果行为人明知有关产品是专用性的，诸如材料、设备、零部件、中间物等物品，即该产品只能用于实施某种专利，但是，行为人仍然了为了生产经营目的将该专用性的物品提供给他人；第二，未经权利人许可，行为人基于生产经营的目的实施了积极诱导的行为且促使第三人实施了直接侵犯他人专利权的行为。"❶

(二) 专利间接侵权概念基本观点的评述

尹新天与程永顺的观点和思路类似，都是在将专利间接侵权与专利直接侵权的界限进行划分的基础上，从主观上（诱导、怂恿、唆使等）和客观上（对专利直接侵权行为的发生起到了推波助澜的作用）对专利间接侵权的概念进行界定。崔国斌虽然在没有对专利间接侵权进行定义的时候就指出了专利间接侵权与专利直接侵权行为的概念，但是通过他在对专利间接侵权进行定义的过程中使用的语言——"没有实施专利直接侵权行为"，还是可以发现其所持的鲜明观点。随后，崔国斌在定义中对专利间接侵权的主观要件进行了规定，即"明知"或者"应知"。崔国斌的观点的可取之处在于：在定义中包含了对专利间接侵权类型的规定（教唆侵权或辅助侵权）。无论是从专利间接侵权与专利直接侵权关系的角度观察，还是从专利间接侵权的类型角度审视，张玉敏的观点都具有很大的模糊性。但张玉敏的观点的可取之处在于：在对专利间接侵权进行界定的时候，将专利分为产品专利和方法专利。

(三) 专利间接侵权概念的初步界定

笔者认为，虽然前面几位学者在对专利间接侵权行为下定义的过程中所使用的具体表述不一样，但其核心意思是一致的，即专利间接侵权行为的出现与专利直接侵权行为之间有着很紧密的联系，而不可对二者等同视之。

之所以要将专利间接侵权行为人也纳入专利权侵权的范畴之中，是因为在别人侵犯他人专利权（包括《专利法》第69条所规定的不视为侵犯专利权的行为以及《专利法》第11条所规定的反面，即非生产经营目的的情况）的过程中，专利间接侵权行为人所实施的各种行为对专利直接侵权行为的发生起到了重要的推动作用。

---

❶ 张玉敏，邓宏光. 专利间接侵权制度三论 [J]. 学术论坛，2006 (1)：141-144.

二、专利间接侵权的构成要件

虽然法学界关于侵权责任的构成要件持不同的观点❶，但是，如果对侵权责任的构成要件问题进行深入探究，则会在一定程度上背离本书论证的重点内容。因此，本书在此使用杨立新的侵权责任构成"四要件说"作为论证的基础。杨立新的"四要件说"认为，违法行为、损害事实、因果关系和过错是侵权责任构成的四个要件。通过对已有文献的比较分析可以发现，对专利间接侵权制度而言，违法行为和过错两个构成要件，尤其是违法行为这一个要件在实践中引发的讨论最多。本书的讨论也将集中于这两个构成要件。

（一）专利间接侵权基本构成要件的基本观点

1. 关于专利间接侵权的行为方式

关于专利间接侵权的行为方式，有的学者将产品发明和方法发明予以区分而给予了不同的认定。比如，张玉敏和邓宏光认为："大致说来，专利间接侵权行为包括两种情形：第一，对于产品发明而言，如果行为人明知有关产品是专用性的，诸如材料、设备、零部件、中间物等物品，即该产品只能用于实施某种专利，但是行为人仍然为了生产经营目的将该专用性的物品提供给他人；第二，无论是产品发明还是方法发明，如果实施行为没有经过专利权人许可，行为人为了生产经营的目的实施了积极诱导的行为，该行为促使第三人实施了直接侵犯他人专利权的行为。"❷ 还有一些学者没有从区分产品发明和方法发明的角度来分析论证，而是从产业政策上加以考量，认为我国的法律文件应该将专利间接侵权限制在有限的几种侵权行为范围之内。比如，朱丹认为："我国在刚开始建立专利间接侵权制度时，对专利间接侵权的行为方式不宜规定得过宽，以便使我国专利保护水平与我国经济、科技发展水平相适应。因此，在专利间接侵权行为方式上，应包括销售、许诺销售或进口等。"❸

---

❶ 杨立新. 侵权法论（上册）[M]. 5版. 北京：人民法院出版社，2013：201-203.
❷ 张玉敏，邓宏光. 专利间接侵权制度三论 [J]. 学术论坛，2006（1）：141-144.
❸ 朱丹. 关于建立我国专利间接侵权制度的思考 [J]. 人民司法，2009（1）：89-92.

2. 专利间接侵权的主观构成要件

关于侵权行为的主观构成要件，理论界一般认为存在有过错与无过错之分。关于非过错责任的适用范围，我国《民法典》第1166条已经予以明确的限定，即"法律规定应当承担侵权责任的"情形。因此，关于专利间接侵权行为的主观构成要件只能是过错。根据侵权责任法的一般理论，过错包含故意和过失两种。那么，具体应该是过错中的故意还是过失呢，学者们的观点相对一致，即"专利间接侵权行为人有教唆或帮助他人实施侵权行为的主观故意"[1]。

3. 关于专利间接侵权行为的对象

目前我国部分学者对专利间接侵权行为对象进行了研究。喻嵘、陈武和胡杰都比较认同《意见》中的专利间接侵权的客体概念。其中，喻嵘并不认为所有的物品都可以成为专利间接侵权行为的对象，他对物品的范围进行了限定，认为"可以作为专利间接侵权行为对象的不能是具有实质性非侵权用途的产品"[2]。那么，这里的"用途"指代的范围又是怎样的？喻嵘进一步解释为："在经济、商业等方面具有使用可能性，并且不能用作实施专利技术。"[3] 其实质还是"利益平衡原则"在客体范围中的体现。张玲的观点则有所不同，认为"专利间接侵权行为的对象不应该局限于'专用品'的范围，还应该包括'非专用品'"[4]。关于间接侵权行为的对象，张玲进一步解释说："除了不具有实质性非侵权用途之外，还应该具有在专利技术实施中不可缺少的实质性作用。"[5]

(二) 专利间接侵权基本构成要件的再认识

对于专利间接侵权的基本构成要件，学者们对此并没有形成相对统一的

---

[1] 赵元果. 回顾：中国专利法的孕育与诞生 [J]. 中国发明与专利，2007 (2)：24；徐晓颖. 试论专利间接侵权的独立性：兼评〈专利法修订草案（送审稿）〉第62条 [J]. 广西政法管理干部学院学报，2016 (2)：80-87.

[2] 喻嵘. 也谈专利间接侵权 [C] //中华全国专利代理人协会会议论文集. 北京：知识产权出版社，2013.

[3] 喻嵘. 也谈专利间接侵权 [C] //中华全国专利代理人协会会议论文集. 北京：知识产权出版社，2013.

[4] 张玲. 我国专利间接侵权的困境及立法建议 [J]. 政法论丛，2009 (2)：41-45.

[5] 张玲. 我国专利间接侵权的困境及立法建议 [J]. 政法论丛，2009 (2)：41-45.

认识。同时，因为我国目前的《专利法》中并不存在专利间接侵权制度，因此，专利间接侵权的构成要件问题也是本书阐述的重点内容。

科学的专利间接侵权的构成要件的提出，需要以域外专利间接侵权制度的经验和教训为基础，同时立足于我国的立法和司法实践。这些问题将在本书的第二章至第五章中展开论证。

第二节 我国专利间接侵权制度的发展历程

一、1984 年《专利法》及第一次修改：未涉及专利间接侵权

我国近代的《专利法》始于 1912 年的《奖励工艺品暂行章程》。20 世纪 80 年代初，我国颁布了新中国成立之后的第一部《专利法》，即 1984 年 3 月的《专利法》。这部法律于 1985 年 4 月 1 日起施行。

随着科技的发展，社会生活也发生了翻天覆地的变化。20 世纪 90 年代初，我国对 1984 年《专利法》进行了第一次修正。此次修正的重点集中在专利保护范围、专利保护期限、专利产品的进口以及专利强制许可等几个重要方面。这次修正既是我国《专利法》达到一个新阶段的重要标志，也是我国《专利法》与国际专利制度相协调的关键一步。

令人遗憾的是，在这两部《专利法》中，都没有出现"专利间接侵权"这样的法律术语，只是在其第 11 条中规定了直接侵犯发明、实用新型和外观设计专利权的具体情形。

二、2000 年《专利法》修改：关于专利间接侵权的首次热议

事实上，早在 2000 年，我国第二次修正《专利法》之时，专利间接侵权条款曾经出现在国家知识产权局的建议中。但是，受到修法目的——达到《TRIPs 协议》的最低标准——的限制，在这部《专利法》中也没有出现专利间接侵权条款，因为《TRIPs 协议》没有规定专利间接侵权。因此，国务院在报全国人大常委会的《中华人民共和国专利法修正案（草案）》中删除了

该建议条款。❶

三、2008 年《专利法》修改：关于专利间接侵权的讨论高潮

专利间接侵权的讨论高潮出现在 2005 年。在这一年，国家知识产权局正在对《专利法》进行第三次修改。2006 年 4 月，国家知识产权局条法司在《〈专利法〉及〈专利法实施细则〉第三次修改专题研究报告》（下卷）中公布了众多学者关于专利间接侵权的文章。之所以在专利间接侵权问题上，国家知识产权局让众多的学者参与进来，其目的主要是让更多的学者发出不同的声音，进而提高立法的科学性和民主性。但是，结果却在国家知识产权局的意料之外。因为除在专利间接侵权条款的具体设计方面，尤其是在专利间接侵权与专利直接侵权的关系处理方面有争议之外，对于专利间接侵权条款出现在《专利法》中并没有不同的意见。在专利间接侵权与专利直接侵权的关系处理方面，有的学者坚持专利间接侵权从属于专利直接侵权，即"从属说"的观点，如张玉敏认为："我国未来的专利间接侵权制度，应规定间接侵权行为的成立需以直接侵权的存在为前提，不宜规定例外情形；应抛弃将擅自处分他人专利行为视为间接侵权典型情形之主流观点。"❷ 有的学者坚持专利间接侵权与专利直接侵权是一种辩证的关系，即以"从属说"为原则，而承认一定程度的例外，如程永顺认为："在构建专利间接侵权制度的时候，应该注意专利间接侵权与专利直接侵权之间的辩证关系。构成专利间接侵权的行为必须是主观上有诱导或者唆使他人侵犯专利权的故意，且在客观上为直接侵权行为的发生提供了必要的条件。"❸ 通过比较分析可以发现，在专利间接侵权与专利直接侵权的关系方面，张玉敏坚持"从属说"，而程永顺则秉承一种更加务实的辩证态度。

但是，国家知识产权局上报国务院的《专利法》修订草案最终没有规定专利间接侵权条款。至于为什么在这次修改中未列入专利间接侵权的条款，国家知识产权局出于利益平衡的考量对此做出了解释。国家知识产权局认为，

---

❶ 张玉敏，邓宏光. 专利间接侵权制度三论 [J]. 学术论坛，2006（1）：141-144.

❷ 张玉敏，等. 专利间接侵权问题 [M]//国家知识产权局条法司.《专利法》及《专利法实施细则》第三次修改专题研究报告：下卷. 北京：知识产权出版社，2006：1595-1646.

❸ 程永顺，等. 关于间接侵权专利权的问题 [M]//国家知识产权局条法司.《专利法》及《专利法实施细则》第三次修改专题研究报告：下卷. 北京：知识产权出版社，2006：1647-1684.

专利权的授予不仅是出于保护专利权人利益的考量，更是着眼于社会公众利益的出发点。《专利法》对专利的保护范围有相对明确的规定，如"发明或者实用新型专利权的保护范围以其权利要求的内容为准，说明书及附图可以用于解释权利要求的内容"❶。现行《专利法》中已经有专利直接侵权行为的存在，专利直接侵权行为责任可以给专利直接侵权人以有效的威慑。如果在《专利法》中又增加制止专利间接侵权行为的规定，就相当于制裁那些没有直接侵犯专利权独占性保护范围的人群。这种情况下，专利间接侵权已经落入专利权人利益和公众利益之间十分敏感的灰色区域。利益平衡是专利法的基本精神之一，如果在条件不成熟的时候引入专利间接侵权规则，稍不注意就会打破原来蕴含在专利法中的利益平衡状态，进而损害公众自由使用现有技术的权利。此外，虽然在我国的《专利法》中没有出现专利间接侵权规则，但是这并不意味着这样的行为不能得到法律的规制，可以依据《民法通则》等有关共同侵权的规定来获得相应的救济。❷ 对于本次修法没有规定间接侵权，程永顺认为这是一项"留下的遗憾"❸。

2014 年，《最高人民法院关于审理侵犯专利纠纷案件应用法律若干问题的解释（二）（公开征求意见稿）》（以下简称《征求意见稿》）虽然没有使用"间接侵权"一词，但对间接侵权相关行为进行了界定，且依教唆、帮助侵权处理，该解释第 25 条用两款规定了专利间接侵权。其中，第 1 款是针对产品专利，其规定："明知有关产品系专门用于实施发明创造的原材料、零部件、中间物等，未经专利权人许可，将该产品提供给无权实施该专利的人或者依法不承担侵权责任的人实施，权利人主张该提供者的行为属于侵权责任法第九条规定的帮助侵权行为的，人民法院应予支持。"第 2 款规定："明知有关产品、方法可以用于实施发明创造，未经专利权人许可，通过提供图纸、传授技术方案等方式积极诱导无权实施该专利的人或者依法不承担侵权责任的人实施，权利人主张该诱导者的行为属于侵权责任法第九条规定的教唆侵权行为的，人民法院应予支持。"《专利纠纷解释（二）》于 2016 年 4 月 1 日实施，该解释在第 21 条对专利间接侵权问题作出了明确的规定。

---

❶ 《专利法》第 59 条第 1 款。
❷ 魏徵. 我国不应该有专利间接侵权理论的应用空间 [J]. 中国专利与商标，2008（1）：37-42.
❸ 程永顺. 《专利法》第三次修改留下的遗憾：以保护专利权为视角 [J]. 电子知识产权，2009（5）：11-15.

四、《专利法》第四次修改：专利间接侵权被纳入修订草案但未通过

国家知识产权局于 2014 年下半年启动了《专利法》第四次全面修改的研究准备工作，在广泛征求意见的基础上形成《中华人民共和国专利法修订草案（送审稿）》（以下简称《送审稿》），于 2015 年 7 月上报国务院，由国务院法制办公室进行审查。2015 年 12 月 2 日，国务院法制办公室就《送审稿》面向社会公开征求意见，并于此后积极开展研究论证工作。

关于专利间接侵权的具体规定体现在《送审稿》第 62 条中，其用两款规定了专利间接侵权的两种类型，即辅助侵权和教唆侵权。《专利法》第四次修改的成果已于 2020 年 10 月 17 日发布并于 2021 年 6 月 1 日实施。但遗憾的是，专利间接侵权相关规则并没有被修正后的《专利法》所采纳。

第三节 我国专利间接侵权制度的立法状况

通过对我国当前司法实践的代表性案例，如株式会社岛野与宁波市日骋工贸有限公司专利侵权案[1]、（日本）组合化学工业株式会社与江苏省激素研究所有限公司案[2]、王某某与烟台蓝德空调工业有限责任公司、常州嬉戏谷国际大酒店有限公司等侵害发明专利权纠纷案[3]、诺瓦提斯公司（Novartis AG）诉重庆新原兴药业有限公司专利侵权纠纷案[4]以及汪某某与福建美之扣家居用品有限公司等侵害实用新型专利权纠纷案[5]进行研究，可以总结得出我国专利间接侵权立法相对滞后的原因。在《专利纠纷解释（二）》出台之前，我国在司法实践中遇到有关专利间接侵权的司法纠纷时，多采用位阶更高的民事法律作为裁判的重要依据，主要包括《民法通则》《侵权责任法》等。《专利纠纷解释（二）》出台之后，我国专利间接侵权裁判无法可依的状况有了一定的好转。如今，随着《民法典》的实施以及《专利纠纷解释

---

[1] 最高人民法院（2012）民提字第 1 号民事判决书。

[2] 江苏省高级人民法院（2005）苏民三终字第 014 号民事判决书。

[3] 江苏省常州市中级人民法院（2016）苏 04 民初 73 号民事判决书。

[4] 重庆市高级人民法院（2008）渝高法民终字第 230 号民事判决书。

[5] 福建省高级人民法院（2016）闽民终 877 号民事判决书。

（二）》的修改，我国对专利间接侵权的规定更加完善。

一、专利间接侵权裁判依据的法律规范

（一）《民法典》第一编总则

在《专利纠纷解释（二）》出台之前，法院在审理专利间接侵权案件的时候依据的是《民法通则》第 130 条、《最高人民法院关于贯彻执行〈中华人民共和国民法通则〉若干问题的意见（试行）》（以下简称《民通意见（试行）》）第 148 条关于共同侵权的规定。首先，《民法通则》对间接侵权作出了规定，该法第 130 条规定："二人以上共同侵权造成他人损害的，应当承担连带责任。"其次，《民通意见（试行）》在"五、民事责任"第 148 条用三款对教唆、帮助类型的侵权行为进行了详细的规定。其中第 1 款与专利间接侵权密切相关，即"教唆、帮助他人实施侵权行为的人为共同侵权人，应当承担连带民事责任"。该条其他两款是关于教唆、帮助无民事行为能力人和教唆、帮助限制民事行为能力人责任的具体规定。

《民法通则》自 1986 年制定以来，已实施三十余年，终于迎来了大修——十二届全国人大五次会议于 2017 年 3 月 15 日通过《中华人民共和国民法总则》（以下简称《民法总则》）。在称谓上，《民法总则》与《民法通则》仅一字之差；在内容上，二者具有一定差异性，同时具有承袭性。例如，《民法总则》将《民法通则》原第 130 条关于二人侵权的责任承担删除，但从结构上进行了重新设计，在第八章"民事责任"第 176～178 条得以体现。具体而言，《民法总则》第 176 条规定，民事主体依照法律规定和当事人约定，履行民事义务，承担民事责任；第 177 条规定，二人以上依法承担按份责任，能够确定责任大小的，各自承担相应的责任；难以确定责任大小的，平均承担责任；第 178 条规定，二人以上依法承担连带责任的，权利人有权请求部分或者全部连带责任人承担责任；连带责任人的责任份额根据各自责任大小确定，难以确定责任大小的，平均承担责任。

此外，《民法典》实施后，《民法总则》的内容作为《民法典》第一编总则被整体纳入，故不再赘述。

（二）《民法典》第七编侵权责任

《侵权责任法》由全国人民代表大会常务委员会于 2009 年 12 月 26 日颁布，并于 2010 年 7 月 1 日开始实施。随着我国《民法典》的发布实施，《侵权责任法》已被废止，但《民法典》侵权责任编中关于专利间接侵权的规定与《侵权责任法》中的规定是一致的。

从上文对《专利纠纷解释（二）》第 21 条的阐述来看，该条为《侵权责任法》第 9 条所规定的帮助、教唆侵权在专利侵权领域的具体应用。《侵权责任法》第 9 条规定的帮助、教唆侵权包含两方面内容：其一为帮助、教唆侵权的原则性规定，即"教唆、帮助他人实施侵权行为的，应当与行为人承担连带责任"；其二为关于教唆、帮助无民事行为能力人和限制民事行为能力人责任的特殊规定。

此外，根据对专利间接侵权与共同侵权的阐述来看，《民法典》第七编侵权责任的很多条文也与专利间接侵权有紧密的联系。诸如：第 1168 条规定的狭义共同侵权；第 1170 条规定的共同危险行为；第 1171 条规定的"无过错联系但行为结合的数人侵权行为"之一；第 1172 条规定的"无过错联系但行为结合的数人侵权行为"之二；第 1194 条互联网侵权条款为原则性规定，申明了网络用户、网络服务提供者在利用网络时的注意义务，不得利用网络侵害他人民事权益，否则就应当承担侵权责任；第 1195 条第 1 款规定了在网络用户利用网络服务实施侵权行为时，被侵权人有权通知网络服务提供者采取删除、屏蔽、断开链接等必要措施；第 1197 条规定，网络服务提供者知道或者应当知道网络用户利用其网络服务侵害他人民事权益，未采取必要措施的，应与实施侵害行为的网络用户承担连带责任。

（三）《专利法》

我国《专利法》未对专利间接侵权这一特殊情形作出明确的立法规定，而是仅规定了专利直接侵权，具体体现在《专利法》第 11 条。

现行《专利法》第 11 条第 1 款是专利直接侵权的法律规范依据。根据该条文的具体规定，构成专利直接侵权的行为方式主要有"制造""使用""许诺销售""销售"和"进口"等。第 2 款是关于外观设计专利直接侵权的规定。根据该规定，构成外观设计直接侵权的行为方式主要有"制造""许诺销售""销售"和"进口"等。

实施专利直接侵权行为时的主观状态并非判定侵权与否的主要考量因素。质言之，无论行为人在主观上是否有过错，都会构成专利直接侵权。对此，最高人民法院在"孙某某与郑某侵害实用新型专利权纠纷再审案"的裁判文书中予以了明确说明。该案中，孙某某为"防粘连自动排气阀"实用新型专利的权利人，专利号为 ZL200320112523.2。辽宁省沈阳市中级人民法院一审确认了郑某属于专利侵权人，但由于郑某并无过错而免除了其承担赔偿责任。辽宁省高级人民法院二审裁定，"驳回上诉、维持原判"❶。孙某某因不服辽宁省高级人民法院就被申请人郑某侵害其实用新型专利权纠纷一案所作判决，向最高人民法院申请再审。最高人民法院将争议焦点锁定在销售者郑某是否应当承担本案的赔偿责任。最高人民法院认为，"专利侵权行为的构成不以过错为要件。除《专利法》第 69 条规定的不视为侵犯专利权的行为以外，只要行为人实施了《专利法》第 11 条规定的行为，无论其对专利技术方案实际是否知晓，均认为其构成专利侵权。同时，考虑到侵权产品销售者进行侵权判断的实际困难，为维护正常的市场经营秩序，同时鼓励打击侵权的源头，根据《专利法》第 70 条对侵权产品销售者的赔偿责任作出了免责规定。"❷

二、规范专利间接侵权行为的司法解释

《专利纠纷解释（二）》第 21 条❸以司法解释的形式，对间接侵权作出了明确的规定。该规范现已根据 2020 年 12 月 23 日最高人民法院审判委员会第 1823 次会议通过的《最高人民法院关于修改〈最高人民法院关于审理侵犯专利权纠纷案件应用法律若干问题的解释（二）〉等十八件知识产权类司法解释的决定》修正，但是条文内容乃至条文顺序都没有发生改变。

（一）辅助型专利间接侵权

《专利纠纷解释（二）》第 21 条第 1 款规定："明知有关产品系专门用

---

❶ 辽宁省高级人民法院（2013）辽民三终字第 79 号民事判决书。
❷ 最高人民法院（2014）民申字第 1036 号民事判决书。
❸ 《专利纠纷解释（二）》第 21 条一共包含两款：第一款是"帮助侵权"，第二款是"教唆侵权"。

于实施专利的材料、设备、零部件、中间物等，未经专利权人许可，为生产经营目的将该产品提供给他人实施了侵犯专利权的行为，权利人主张该提供者的行为属于《民法典》第1169条规定的帮助他人实施侵权行为的，人民法院应予支持。"

（二）教唆型专利间接侵权

《专利纠纷解释（二）》第21条第2款规定："明知有关产品、方法被授予专利权，未经专利权人许可，为生产经营目的积极诱导他人实施了侵犯专利权的行为，权利人主张该诱导者的行为属于《民法典》第1169条规定的教唆他人实施侵权行为的，人民法院应予支持。"

通过对《专利纠纷解释（二）》第21条第1款和第2款的比较分析可以发现，我国的司法解释规定了两种类型的专利间接侵权，即辅助型专利间接侵权和教唆型专利间接侵权。同时，司法解释还针对两种不同类型的专利间接侵权行为规定了不同的构成要件。

三、与专利间接侵权裁判有关的指导性文件

如前文所述，无论是我国的法律规范还是司法解释，都没有对专利间接侵权问题进行专门的规定，但是，在北京市高级人民法院在21世纪通过的一些指导性文件中，还是能够看到专利间接侵权条文的存在。

（一）北京市高级人民法院2001年的《专利侵权意见》

为了统一司法标准，进而更有效地保护专利权，北京市高级人民法院在总结多年审判经验，并广泛征求专家意见的基础上，起草了《关于专利侵权判定若干问题的意见（试行）》（京高法发〔2001〕229号）（以下简称《专利侵权意见》），并经审判委员会讨论通过。

该《专利侵权意见》从第73条到第80条对专利间接侵权进行了详细规定。主要包括专利间接侵权的概念❶、专利侵权的客体（专用品）❷、专利间

---

❶ 《关于专利侵权判定若干问题的意见（试行）》第73条。
❷ 《关于专利侵权判定若干问题的意见（试行）》第74条。

接侵权的行为方式（提供、销售和进口）❶、专利间接侵权的主观过错（故意为原则，即诱导、怂恿、教唆或明知）❷ 及专利间接侵权与专利直接侵权的关系❸。同时，该《专利侵权意见》还规定了"对直接侵权行为"❹ 以及"依照我国法律认定的直接侵权行为发生或者可能发生在境外的，可以直接追究间接侵权行为人的侵权责任。"❺

由于该《专利侵权意见》的发布主体是北京市高级人民法院，其性质属于地方法院层面的指导性意见，而并不构成司法解释所具备的法律约束力。进一步来说，在具体的司法适用层面，该意见不构成具体判定专利间接侵权的法律规范。此外，在具体的司法适用过程中，我国也存在大量关于专利间接侵权的司法需求，且所涉案件的专业技术性较强。但由于具体法律依据的缺失，司法层面不仅无法准确地判定专利侵权行为的成立与否，而且在涉及同一案件事实的问题上，司法实践中也存在判定标准不一的问题。具体而言，一部分法官可能以缺乏相应的规范依据为由而作出不构成直接侵权的司法判断，进而认为不构成专利侵权行为；而另一部分法官则可能参考援引上述指导性意见进行判案。近年来，虽然司法实践判例的指导性作用逐渐增强，但我国作为大陆法系国家，法律始终占据最具权威性的位置。对专利间接侵权作出具体规定，有助于消除司法实践中相关案件判决结果的不稳定性。

（二）北京市高级人民法院 2013 年的《专利侵权判定指南（2013）》

北京市高级人民法院发布的《专利侵权判定指南（2013）》对其 2001 年发布的《专利侵权判定若干问题的意见（试行）》进行了适当的修改和完善，比如不再采用"专利间接侵权"这样的字眼，转而向"共同侵权"寻求帮助。具体表现在《专利侵权判定指南（2013）》的第 106 条到第 110 条。分述如下：

第 106 条规定："教唆、帮助他人实施专利法第十一条规定的行为的，与实施人为共同侵权人。"

---

❶ 《关于专利侵权判定若干问题的意见（试行）》第 75 条。
❷ 《关于专利侵权判定若干问题的意见（试行）》第 76 条、第 77 条。
❸ 《关于专利侵权判定若干问题的意见（试行）》第 78 条。
❹ 《关于专利侵权判定若干问题的意见（试行）》第 79 条。
❺ 《关于专利侵权判定若干问题的意见（试行）》第 80 条。

第 107 条规定："将侵犯专利权的产品作为零部件，制造另一产品并出售的，如果被诉侵权人存在分工合作，构成共同侵权。"

第 108 条规定："提供、出售或者进口专门用于实施他人产品专利的材料、专用设备或者零部件的，或者提供、出售或者进口专门用于实施他人方法专利的材料、器件或者专用设备的，上述行为人与实施人构成共同侵权。"

第 109 条规定："为他人实施专利法第十一条规定的行为提供场所、仓储、运输等便利条件的，与实施人构成共同侵权。"

第 110 条规定："技术转让合同的受让人按照合同的约定受让技术并予以实施，侵犯他人专利权的，由受让人承担侵权责任。"

(三) 北京市高级人民法院 2017 年的《专利侵权判定指南 (2017) 》

北京市高级人民法院发布的《专利侵权判定指南（2017）》（以下简称《指南（2017）》）的规定与《专利侵权判定指南（2013）》类似，此处不再赘述。

通过比对研究发现，《指南（2017）》仍然将专利间接侵权纳入共同侵权的规制范畴，从其第五部分"其他专利侵权行为的认定"之下的"（二）共同侵犯专利权行为的认定"中就可得证。具体而言，该部分条款将两人以上共同实施侵犯专利权行为（第 116 条），委托他人实施侵犯专利权行为（第 117 条），教唆、帮助实施侵犯专利权行为（第 118 条），提供专用产品供他人实施侵犯专利权行为（第 119 条）的事实界定为共同侵权。需要强调的是，以上行为都要求行为人明知本人或协助他人之行为为侵犯专利权行为，即行为人具有过错。此外，《指南（2017）》的第五部分之下（一）的标题为"直接侵犯专利权行为的认定"。通过此分类可以看出，专利侵权行为的诸类中包含专利直接侵权，与此相对的，存在专利间接侵权，但是在此指南中将专利间接侵权纳入共同侵权规制范畴予以处理。

需要强调的是，除了教唆型共同侵权❶，《指南（2017）》还规定了帮助型专利间接侵权，即如果某人在明知的情况下提供了某种特殊的物品（原材料、中间产品、零部件或设备），被提供者借助这些物品未经专利权人的许可实施了受到专利权人专有权控制的行为，则提供人和被提供人将构成帮助他

---

❶ 《专利侵权判定指南（2017）》第 118 条。

人实施侵犯专利权行为。❶ 针对专用产品在司法实践中认定较为困难这一问题，《指南（2017）》规定，在认定某种产品是否属于专用产品的时候，如果该原料、产品等对实现涉案专利所请求保护技术方案具有实质性意义，不具有实质性非侵权用途，则一般应当认定该原料或产品等为专用产品。❷ 此处的难点在于如何界定实质性意义和实质性非侵权用途。在诉讼中，对于该产品是否属于专用产品，应当由权利人就以上关键问题进行举证。❸

第四节　我国专利间接侵权类型梳理

《专利纠纷解释（二）》出台之前，司法实践中就发生了大量有关专利间接侵权的纠纷。在该司法解释出台之后，有关专利间接侵权纠纷的增长还在继续。换言之，相较于我国的专利间接侵权的司法实践，专利间接侵权的立法存在一定的滞后现象。与此同时，实践中发生的专利间接侵权纠纷案件的具体表现形式也有很大的差别，既有生产或销售专用于产品专利的关键部件的情况，也有分别制造产品专利的部分结构等情况。

一、太原重型机器厂案：生产或销售专用于产品专利的关键部件

我国首例专利侵权案即"太原重型机器厂诉太原电子系统工程公司案"，原告太原重型机器厂系名称为"磁镜式直流电弧炉"（专利号为85203717）实用新型专利的专利权人。

（一）太原重型机器厂案案件事实与法院判决

该案涉及两个被告，即被告一"太原电子系统工程公司"和被告二"阳泉电子设备二厂"。1992 年 5 月 10 日，被告一接受我国台湾地区某公司的委托生产零部件。之后，被告一又委托被告二加工部分零部件。原告太原重型机器厂在知道此事后，认为两被告侵犯了其"磁镜式直流电弧炉"实用新型

---

❶ 《专利侵权判定指南（2017）》第 119 条第 1 款。
❷ 《专利侵权判定指南（2017）》第 119 条第 2 款。
❸ 《专利侵权判定指南（2017）》第 119 条第 3 款。

专利，遂将两被告起诉到山西省太原市中级人民法院。被告以专利侵权判定中的"全面覆盖原则"作为抗辩事由，进而认为其接受委托加工的激磁线圈只是一个部件，而且该部件在工业应用中被广泛使用。

山西省太原市中级人民法院在审判时采取的还是判断专利直接侵权的思路，即"全面覆盖原则"。山西省太原市中级人民法院认为："专利权的保护范围以专利权利要求书中记载的为准，判断某项产品是否侵犯专利权时需要依据专利覆盖原则。"经过详细比对："两被告生产的产品的技术特征没有将原告的专利权保护范围覆盖。因此，两被告在这个案件当中并不会构成对原告专利权的直接侵权。"❶

山西省太原市中级人民法院按照专利直接侵权的思路认定被告的行为并未侵犯原告的专利权。那么，被告的行为不构成专利直接侵权，是否构成专利间接侵权呢？山西省高级人民法院在肯定了上诉人的专利权之后认为："在该专利的有效期限内，被上诉人太原电子系统工程公司在没有经过专利权人许可的情况下，其加工的激磁线圈属于实施他人专利产品的核心部件的行为，且被上诉人太原电子系统工程公司在主观上也具有诱导他人直接侵权的故意，所以该行为与直接侵权行为存在着明显的因果关系。"❷ 因此，山西省高级人民法院认为被上诉人已构成对上诉人专利的间接侵权。

（二）太原重型机器厂案简要评析

太原重型机器厂案这一生产或销售专用于产品专利的关键部件的案件，经过一审、二审和再审，最终以双方的和解结案。

首先，作为"磁镜式直流电弧炉"实用新型专利权的权利人，太原重型机器厂认为两被告在没有经过其许可的前提下，以生产经营为目的，制造、销售其专利产品，是对其独占性专利权的侵犯。因此，太原重型机器厂以专利直接侵权为由向山西省太原市中级人民法院起诉。山西省太原市中级人民法院按照这个思路审理，最终判定两被告的行为不符合"全面覆盖原则"，因此，并不构成对原告专利权的侵犯。其次，原告太原重型机器厂在一审败诉的情况下转变思路，转而请求山西省高级人民法院判定两被告的行为是间接

---

❶ 山西省太原市中级人民法院（1993）法经初字第 27 号民事判决书。
❷ 山西省高级人民法院（1993）晋经终字第 152 号民事判决书。

侵犯其有效专利权的行为。山西省高级人民法院支持了该厂的上诉理由。最后，通过再审程序，双方当事人均放弃了自己的主张而以调解结案。

纵观整个过程，本案的焦点之一是两被告的行为是否为专利间接侵权行为。根据专利侵权的理论，专利侵权可以分为两个大的类别，即专利直接侵权行为和专利间接侵权行为。所谓专利直接侵权行为，具体是指侵权人直接实施了《专利法》第 11 条所规定的受到专利权人控制的行为。所谓专利间接侵权行为，是指"虽然没有直接侵犯他人的专利权，但行为人却通过诱使或帮助这样的方式对他人实施侵犯受专利权人专有权控制的行为施加影响"❶。

间接专利侵权行为的特征可以从主观和客观两个方面来理解。首先，在主观方面，行为人有唆使或诱导他人侵权的主观故意。其次，在客观方面，行为人为直接专利侵权行为的发生提供了必要条件。当然，在这个过程中，行为人因其行为获取了一定的不法利益。由此可以发现，专利间接侵权行为与专利侵权行为有着密切的关系。具体而言，专利间接侵权行为需要有专利直接侵权行为作为坚实的基础；而专利直接侵权行为又需要专利间接侵权行为提供诸如教唆或帮助之类的必要条件。所以，要认定间接专利侵权行为，必须先认定第三人的行为是否属于专利侵权行为。按照这样的思路，在本案中，只有认定了第三人即我国台湾地区某公司的"磁会切电弧炉"技术属于侵犯太原重型机器厂"磁镜式直流电弧炉"实用新型专利的技术之后，才能进一步认定太原电子系统工程公司为该公司加工用于"磁会切电弧炉"的关键专用部件激磁线圈的行为是间接专利侵权行为。太原重型机器厂在上诉中变更诉讼理由为被告的行为对其专利权构成了间接侵权。事实上，山西省太原市高级人民法院也正是按照这样的理解来审理案件的。山西省高级人民法院认为，被告的行为客观上为直接侵权人加工专利产品核心专用部件，主观上具有诱导他人直接侵权的故意，被告的行为与直接侵权有明显的因果关系。由此，山西省高级人民法院认为，两被告的行为构成专利间接侵权。

在本案再审期间，太原电子系统工程公司向专利复审委员会❷提出请求，宣告太原重型机器厂的专利权无效。专利复审委员会经初步审查认为，太原重型机器厂的专利技术"更接近以前有过的技术"，即专利权可能被宣告无

---

❶ 崔国斌. 专利法：原理与案例［M］. 2 版. 北京：北京大学出版社，2016：749.
❷ 现已并入国家知识产权局专利局。

效。据此，专利权人放弃了侵权诉讼请求，再审申请人放弃了宣告专利权无效的请求，双方达成了调解协议。由此可以发现，在专利侵权纠纷的诉讼中，被告往往会采用釜底抽薪的一招，即"请求宣告原告的专利权无效"。这与大多数国家的专利司法实践是一致的。

二、高压电器案：分别实施方法专利的部分步骤

（一）高压电器案案件事实与法院判决

原告李某某是名为"高压电器用无碱无蜡玻璃纤维绝缘带的制作方法"（专利号为 ZL98110582.3）的发明专利的专利权人。该专利权利要求书的内容是高压电器用无碱无蜡玻璃纤维绝缘带的制作方法，其特征在于将无碱玻璃纤维纱直接通过硅烷浸润剂处理，经浸润处理后的纱再经编织机编织为带。被告上海市耀华无碱纤维有限公司（以下简称"耀华公司"）在与山东呈祥集团有限公司的合同终止后，继续使用硅烷浸润剂生产无碱玻璃纤维纱并销售给被告溧阳市丰达电器厂（以下简称"丰达厂"），被告丰达厂购得此"纱"后，通过编织机将此"纱"编织为带向外销售。

关于两被告行为的定性，南京市中级人民法院经过审理认为："被告丰达厂、耀华公司的行为构成共同侵犯原告涉案专利的专利权。"● 但是，同样是专利侵权行为，两个被告的行为又有所区别。被告丰达厂的行为被南京市中级人民法院认定为直接侵犯原告专利权的专利直接侵权行为；被告耀华公司的行为则被南京市中级人民法院认定为专利间接侵权行为。至于为何要区分两个被告的行为，南京市中级人民法院认为："尽管按照判断专利直接侵权行为的全面覆盖原则，两被告在分别实施了原告涉案专利方法中的一个步骤的情况下并不会受到专利法的制裁。但是，两个被告实施的每一步骤都是原告涉案方法专利整体技术方案中的一个必要步骤，缺一不可。两被告分别实施原告涉案专利方法的行为，其共同目的是规避法律，从整体上实施原告涉案专利的技术方案。设置方法专利保护就是为了防止未经权利人许可使用专利方法，如果两被告的侵权行为得不到有效制止，将会削弱专利权的保护效力，

● 南京市中级人民法院（2003）宁民三终字第 245 号民事判决书。

使专利权无法得到全面有效的保护。"❶

(二) 高压电器案简要评析

依据上述案情可以发现，该权利要求的主体是无碱无蜡玻璃纤维绝缘带的制作方法，其限定了两个步骤：

步骤一：将无碱玻璃纤维纱直接通过硅烷浸润剂处理。

步骤二：经浸润处理后的纱再经编织机编织为带。

被告之一的耀华公司实施了原告涉案专利方法的第一步，即将无碱玻璃纤维纱直接通过硅烷浸润剂处理；另一被告丰达厂实施了原告涉案专利的第二步，即将其从耀华公司购得的无碱玻璃纤维纱再经编织机编织为带对外销售。由此可以发现，两被告只是分别实施了专利法方法的一个步骤，它们各自的行为并没有包含权利要求的全部技术特征，按照专利法规定的侵权标准，两被告均不构成专利侵权。

三、嘧啶衍生物案：生产或销售专用于实施方法专利的材料

这是司法实践中发生的另外一种专利间接侵权的类型，即生产或销售专用于实施方法专利的工具、设备、材料。

(一) 嘧啶衍生物案案件事实与法院判决

在该案中，(日本) 组合化学工业株式会社和 (日本) 庵原化学工业株式会社通过转让的方式获得了名为 "一种新颖的除草组合物" 的发明专利 (专利号为92112424.4，以下简称92专利)。

一审法院认为，"激素公司和实验四厂生产、销售、许诺销售20%双草醚可湿性粉剂和30%苄·双草可湿性粉剂的行为是一种侵权行为"❷。

二审法院认为，"激素公司、实验四厂生产双草醚原药的行为构成对92专利的间接侵权"，其理由是，"激素公司研制和实验四厂生产的双草醚原药是专门用于制备92专利产品的关键成分，也即生产92专利产品是双草醚原

---

❶ 南京市中级人民法院 (2003) 宁民三终字第245号民事判决书。
❷ 江苏省南京市中级人民法院 (2003) 宁民三初字第84号民事判决书。

药的唯一商业用途"❶。

（二）嘧啶衍生物案简要评析

在实践中，共同侵权一般是指多个侵权行为人共同实施或分工协作实施同一种行为（即法律规定的具体的侵权行为方式之一）。例如，如果行为人甲和乙一起实施了制造行为（即共同实施），则构成共同侵权；如果行为人甲和乙分工实施了上述制造行为（即分工协作实施），如甲负责制图、乙负责加工，则甲和乙也构成共同侵权。

在侵权产品的生产和流通过程中，一般来说，处于上游的侵权行为具有主动性，当上游侵权人与下游侵权人有共同的侵权故意时，二者应承担共同侵权责任。也就是说，数个行为人合意实施了具有上下游关系的数种侵权行为，也可构成共同侵犯专利权的行为。例如，行为人之间具有明确的分工合作，由部分侵权人制造侵犯他人发明专利权的产品后，另一部分侵权人销售该侵权产品，甚至划定了制造者与销售者之间的利润分成模式。此时，虽然制造者从事的是侵权产品的制造行为，销售者从事的是侵权产品的销售行为，而且无论是制造行为还是销售行为，均可独立构成侵犯专利权的行为，但由于制造者与销售者之间具有共同侵权过错，故其构成共同侵权。

在该专利纠纷案中，被告江苏省激素研究所有限公司负责研制被控侵权技术方案，被告江苏省激素研究所实验四厂负责实施被控侵权技术方案并生产被控侵权产品。南京市中级人民法院和江苏省高级人民法院两审都认定两被告对生产、销售、许诺销售涉案侵权产品及使用涉案专利方法是具有合意的行为，共同侵犯了原告的专利权，应对其共同的侵权行为承担共同责任。

四、全耐火纤维复合防火隔热卷帘案：生产专利产品的半成品

（一）全耐火纤维复合防火隔热卷帘案案件事实与法院判决

在北京英特莱特种纺织有限公司诉北京新辰陶瓷纤维制品公司侵犯实用新型专利权纠纷一案中，北京市第一中级人民法院在认定被告北京新辰陶瓷

---

❶　江苏省高级人民法院（2005）苏民三终字第 014 号民事判决书。

纤维制品公司的行为性质时指出，专利间接侵权首先肯定不是一种专利直接侵权行为，专利间接侵权行为人承担专利间接侵权责任的原因是其在客观上为他人实施专利直接侵权行为提供了帮助，同时专利间接侵权行为人在主观上表现为或诱导或怂恿或教唆别人的主观故意。正是专利间接侵权行为人的上述行为和主观故意导致了专利直接侵权行为的发生。在本案中，在别人侵犯他人专利权的行为中，行为人北京新辰陶瓷纤维制品公司在主观上具有诱导或唆使别人侵犯他人专利权的故意，客观上行为人北京新辰陶瓷纤维制品公司为别人实施的直接侵权行为提供了必要的条件。❶ 因此，北京市第一中级人民法院认为被告的上述行为符合间接侵权的构成要件。二审法院北京市高级人民法院也赞同一审法院的判决。❷

（二）全耐火纤维复合防火隔热卷帘案简要评析

本案中法院确定间接侵权成立的要件如下。

1. 直接侵权已经实现

认定直接侵权的实现的证据是被控间接侵权人将被控侵权物销售给了第三人。

2. 专利产品的半成品

被控间接侵权产品是专用于专利产品的，是专利产品的半成品。

3. 间接侵权人具有帮助直接侵权人直接侵犯专利权的故意

专利权人已经在报纸上刊登了声明，并说明了其专利产品的结构；而被控间接侵权人仍告知客户其产品的使用方式，而这种使用会侵犯专利权人的专利，从而具有侵犯专利权的故意。

虽然本案中法院判定被告的行为构成专利间接侵权，但是并没有明确说明其认定间接侵权行为的法律依据。由此可见，在现实当中，有关专利间接侵权的立法已经远远落后于司法实践。

---

❶ 北京市第一中级人民法院（2002）一中民初字第 3258 号民事判决书。
❷ 北京市高级人民法院（2003）高民终字第 503 号民事判决书。

第五节 网络环境下专利间接侵权制度的发展趋势

互联网技术的持续发展使得很多事物都受其影响，专利间接侵权也不仅发生在传统现实空间的案件之中，在互联网空间也成为普遍存在的现象。事物都具有双面性，互联网的快捷性、普遍性、易传播性提高了信息传播和生产的效率；但相应地，互联网所具有的不易控制性和快速传播性给定点定时追踪造成了一定困难。在传统物理世界中，专利间接侵权的主观因素相对容易判断，然而在网络环境下，实施专利间接侵权行为和专利直接侵权行为的空间范围很广，要判断是否符合专利间接侵权行为就更加困难。如果说传统现实空间中的专利间接侵权情况已经很严重，那么网络环境下的专利间接侵权形势则更加严峻。

但值得庆幸的是，我国的立法机构和司法界的视线从来没有局限在传统的物理空间中，对互联网空间中专利间接侵权者的挑战也给予了积极应对和不断回应。最为典型的法律文件包括以下两个：其一为我国《民法典》第七编侵权责任中的互联网条款，即《民法典》第 1197 条；其二便是我国曾在《专利法》第四次修正过程中所形成的《送审稿》第 63 条。

一、电子商务领域专利侵权的现状分析

据国家知识产权局统计数据，2016 年，专利行政执法办案总量 48916 件，同比增长 36.5%。在这上述专利行政执法案件中，电子商务领域的专利执法办案量为 13123 件，同比增长 71.4%。❶ 这些数据反映出两方面的重要内容：其一，我国专利执法的力度和效率显著提高。虽然专利案件数量的激增给专利行政执法工作带来了巨大的压力，但是在这个过程中，还是能够看到我国专利部门的巨大进步。进一步来说，上述努力结果，既反映出专利行政执法力度的增强，也反映了专利执法效率的提升。其二，专利侵权案件的数量也呈现出增加趋势。我国专利行政执法办案总量的增长也从侧面反映了我国专

---

❶ 2016 年知识产权系统查处专利侵权假冒违法案件成效显著［EB/OL］.（2017-01-24）［2018-03-18］. http://www.nipso.cn/onews.asp?id=34879.

利侵权和假冒案件数量呈上升趋势。

具体而言，电子商务领域专利侵权呈现出两个显著特点：

第一，电子商务领域专利侵权种类多、数量大。电子商务领域专利侵权种类多、数量大并不代表其侵权比重就很高，之所以会出现这样的现象，更多的是与电子商务平台注册商家用户数量庞大有很紧密的关系。在基数如此巨大的情况下，即使是很小一部分商家发生过侵权行为，也会造成电子商务领域专利频发的表象。相对于传统的物理世界，互联网空间中的侵权案件传播速度更快、范围更广，并且由于电子商务的日益普及，与人们的日常生活休戚相关，也更容易引起人们的强烈关注和巨大反响。

第二，在实用新型、外观设计方面，侵权案件数量也有着较大比重。2014 年，浙江省知识产权局开展了一系列电子商务领域的专利整治专项行动。相关统计数据显示，实用新型专利侵权案件在专利侵权案件总量中占将近七成的比例，外观设计专利侵权案件在专利侵权案件总量中占将近三成的比例。之所以会出现这样的现象，背后的一个重要原因是我国针对实用新型专利和外观设计专利的专利审查制度较为宽松。我国《专利法》针对不同的侵权行为类型设置了不同的审查策略，既有对发明专利实施的实质审查❶，也有对实用新型、外观设计专利实施的形式审查，即上述申请经初步审查没有发现驳回理由的，由国务院专利行政部门作出授予专利权的决定。❷ 通过对比可以发现，与发明专利相比，我国《专利法》关于外观设计专利和实用新型专利对技术的创造性要求较低，容易成为专利侵权假冒的主要目标。此外，由于侵权人往往利用网络技术手段逃避平台的监控措施，以及平台的商品信息和物流存在分离的状况，这些都容易造成专利侵权的"重灾区"。

二、《侵权责任法》对网络间接侵权的首次回应

联合国新闻委员会在其 1998 年年会中，正式将互联网称为继报纸、广播、电视后的第四媒体。互联网是一把"双刃剑"，它在改善社会生活便利性的同时，也造成了传统法律制度的无所适从。如何实现新模式、新业态领域中专利侵权行为的法律规制，已经成为《侵权责任法》立法过程中的重要

---

❶ 《专利法》第 36 条。

❷ 《专利法》第 40 条。

课题。

《侵权责任法》第 36 条（现《民法典》第 1197 条）在一般侵权意义上明确了网络服务商的侵权责任，为司法实践中很多有争议的问题提供了法律依据。具体而言，该法首先是一个原则性的法律规定，即进一步明确了网络用户、网络服务提供者利用网络侵害他人民事权益的，应当承担侵权责任。❶其次，该法规定了"通知—移除"规则。根据该条款的具体规定，若网络用户利用网络服务实施侵权行为，被侵权人有权通知网络服务提供者采取删除、屏蔽、断开链接等必要措施。网络服务提供者接到通知后未及时采取必要措施的，对损害的扩大部分与该网络用户承担连带责任。❷ 根据该规则的要求，如果被侵权人在知道网络用户利用网络服务实施了侵犯自己权利的行为以后，有权采用通知的办法告知网络服务商具体的侵权情况，网络服务提供者也有义务采取删除、屏蔽、断开链接等必要的措施。如果网络服务提供者在接到被侵权人发出的通知后并未采取上述措施，进而导致被侵权人权利损失的扩大，则一旦网络用户的行为被最终认定为侵权，网络服务提供者需要对扩大的损失部分承担责任。可见，上述"通知—删除"规则不仅在一定程度上限制了网络服务商的法律责任，而且也对符合通知要求的权利保护诉求，有效地规范了网络服务商的权利义务。此外，《侵权责任法》第 36 条第 3 款还设置了所谓的"知道条款"，即网络服务提供者知道网络用户利用其网络服务侵害他人民事权益，未采取必要措施的，与该网络用户承担连带责任。根据该规则的要求，网络服务提供者如果知道或应当知道网络用户正在利用其提供的网络服务实施侵犯他人权利的行为，那么网络服务提供者就应该采取必要的措施，以防止侵权损害的进一步扩大。倘若网络服务提供者没有采取必要措施，就需要与实施侵权行为的网络用户一起承担相应的法律责任。

综上所述，《侵权责任法》第 36 条在实践中发挥了重要的规范作用，本书以"《侵权责任法》"和"第 36 条"作为关键词，并以"侵害发明权专利纠纷"作为案由进行限定，在中国裁判文书网上进行检索，发现已判决结案的案件有 24 个。

---

❶　《侵权责任法》第 36 条第 1 款。
❷　《侵权责任法》第 36 条第 2 款。

三、《送审稿》对网络间接侵权的持续关注

我国在对《专利法》进行第四次修正过程中形成了两份重要的文件，即《征求意见稿》和《送审稿》。虽然在《征求意见稿》中没有体现出专利间接侵权规则，但是，在《送审稿》中却有专利间接侵权规则的一席之地，具体体现在第 63 条。

《送审稿》第 63 条第 1 款规定，网络服务提供者知道或者应当知道网络用户利用其提供的网络服务侵犯专利权或者假冒专利，未及时采取删除、屏蔽、断开侵权产品链接等必要措施予以制止的，应当与该网络用户承担连带责任。

《送审稿》第 63 条第 2 款是关于网络服务提供者就扩大的责任部分承担侵权责任的规定：专利权人或者利害关系人有证据证明网络用户利用网络服务侵犯其专利权或者假冒专利的，可以通知网络服务提供者采取前款必要措施予以制止。网络服务提供者接到合格有效的通知以后未及时采取必要措施的，对损害的扩大部分与该网络用户承担连带责任。

《送审稿》第 63 条第 3 款也是关于网络服务提供者就扩大的责任部分承担侵权责任的规定：专利行政部门认定网络用户利用网络服务侵犯他人专利权或者假冒专利的，应当通知网络服务提供者采取本条第 1 款所述必要措施予以制止，网络服务提供者未及时采取必要措施的，对损害的扩大部分与该网络用户承担连带责任。

第六节　我国台湾地区的专利间接侵权制度

专利权属于无形财产权的一种，其受到保护的技术范围不容易确定，当其受侵害时，不像一般有体物一样容易察觉。所谓专利权之侵害，是指无法律上之权源而实施他人仍在存续期间的专利权。上述行为须在专利权受保护的地域内发生，这是专利权属地主义发生作用的结果。侵害行为所实施的内容，必须与专利权所保护的技术范围有所抵触，而且其实施行为并非专利权效力所不及，不存在违法性阻却事由，只有这样才会构成专利权之侵害。至

于我国台湾地区是否存在专利间接侵权制度，知识产权专家曾陈明汝认为："专利权侵害之态样除了直接侵害之外，尚有间接侵权。"❶

如果涉及多个侵权人，将适用我国台湾地区"台湾民法典"关于共同参与、教唆和帮助的相关条款。"台湾民法典"规定："数人共同不法侵害他人之权利者，连带负损害赔偿责任；不能知其中孰为加害人者，亦同。"❷ 这也是我国台湾地区学者王泽鉴在《侵权行为》一书中认为的特殊侵权行为❸，该条的规定与"台湾民法典"规定的一般侵权行为❹相对。除上述特殊侵权行为和一般侵权行为之外，"台湾民法典"还包括公务员侵权行为❺、未成年人侵权行为与法定代理人责任❻、雇用人责任❼、定作人责任❽以及动物占有人责任❾等。根据这些条款的规定，依据《美国专利法》规定的行为人构成引诱侵权和帮助侵权的行为，在我国台湾地区专利法体系下被认定为共同侵权行为。在判定行为人的教唆行为或帮助行为是否与直接侵权人构成共同侵权时，法院将考虑以下因素：一是直接侵权行为的存在和成立，但是，专利权人可以自行决定对间接侵权人或直接侵权人提起诉讼；二是间接侵权的主观方面（故意或过失）；三是间接侵权行为与侵权结果之间的因果关系。

对于上述法律保护的现状，学术界是不满意的。因此，出于更好地保护专利权人的权利和利益的目的，学术界越来越多的人强烈建议将专利间接侵权制度明确规定在我国台湾地区的法律文件中。

一、我国台湾地区的专利间接侵权理论研究

我国台湾地区的"专利法"中并不存在类似于《美国专利法》第 271 条（b）款和（c）款的教唆侵权和帮助侵权的制度规定，而仅有专利直接侵权的规定，如第二章"发明专利"第四节"专利权"第 58 条规定了专利直接侵权。

---

❶ 曾陈明汝. 两岸暨欧美专利法 [M]. 北京：中国人民大学出版社，2007：137.
❷ "台湾民法典"第 185 条。
❸ 王泽鉴. 侵权行为 [M]. 北京：北京大学出版社，2009：62.
❹ "台湾民法典"第 184 条。
❺ "台湾民法典"第 186 条。
❻ "台湾民法典"第 187 条。
❼ "台湾民法典"第 188 条。
❽ "台湾民法典"第 189 条。
❾ "台湾民法典"第 190 条。

在我国台湾地区的司法实践中，"专利间接侵权"的说法在判决书中鲜有出现。事实上，关于是否在我国台湾地区的"专利法"中引入专利间接侵权也存在不同的看法。概而言之，有以下两种具有代表性的观点。

1. 将专利间接侵权引入我国台湾地区"专利法"之"赞成说"

持赞成说的观点认为，"现在世界上关于专利侵权判定标准的通说是全面覆盖原则等，也就是说，只有当未经授权的第三人将记载于权利申请书中的全部事项予以实施时，才有可能构成专利直接侵权。但是，在某些特殊的情况下，该第三人虽然实施了记载于权利申请书中的事项，可是只是部分实施，如果这种情况下专利法律法规对这些情形放任不管，无疑会使专利权人的利益面临侵害的高度盖然性。因此，出于全面保护专利权人利益的考量，建议将专利间接侵权引入我国台湾地区的《专利法》之中。"❶

2. 将专利间接侵权引入我国台湾地区"专利法"之"否定说"

持否定说的学者认为，"我国台湾地区存在大量的代加工企业，这些企业的日常工作最终的组成部分就是生产零部件，如果因为制造并出售零部件给第三人，第三人将这些零部件与其他零部件组合而侵犯了专利权人的利益，进而这些制造并出售零部件的工厂要承担间接侵权责任，这无疑增加了这些制造并出售零部件的工厂的风险。而且要这些制造并出售零部件的工厂为了减少侵权的风险而了解相关的产品和技术也有些强人所难"❷。此外，持"否定说"的学者还认为，"欧美、日本等国家之所以要在专利法中特别规定专利间接侵权，其背后的原因是这些国家在面对这种类型的侵权行为时并没有现成的法律法规作为裁判的依据。我国台湾地区已经有'台湾民法典'作为重要的依据"❸。还有的学者认为，专利制度的受欢迎程度与一个国家的科学技术水平有很紧密的联系。相比较而言，科学技术水平比较高的国家更欢迎全面、高水平的专利保护。而与科学技术水平高的国家相比较的则是科学技术水平比较低的赶超型国家，对这些国家来说，尽可能便利地引进先进的科学

---

❶ 我国台湾地区智慧财产局专利侵权修法相关议题会议资料（2008年10月31日）[C] //洪宗贤. 两岸专利法是否应该增加专利间接侵权之规定. 海峡律师事务研讨会，2009：79.

❷ 我国台湾地区的连邦国际专利商标事务所 [C] //洪宗贤. 两岸专利法是否应该增加专利间接侵权之规定. 海峡律师事务研讨会，2009：80.

❸ 我国台湾地区的连邦国际专利商标事务所 [C] //洪宗贤. 两岸专利法是否应该增加专利间接侵权之规定. 海峡律师事务研讨会，2009：80.

技术以提高自己的生产力水平才是当务之急。发达国家索取更多利益或者实现技术垄断的专利制度并非真正适合每一个技术赶超型国家。如果不顾及自己的发展水平，盲目地追随发达国家的脚步而全面提高其专利保护水平，对自身的经济和贸易发展是一个不利的因素❶。

事实上，我国台湾地区的智慧财产局曾经提出这样的草案，即"明知有害于发明专利权人之权利而为贩卖之要约或贩卖实施该发明专利利不可或缺之物者，视为侵害该发明专利。但为贩卖之要约或贩卖之物属于一般交易通常可得者，不在此限"。但是，司法实务界对该草案提出了种种强烈的质疑，质疑的焦点在于智慧财产局所提出的草案中包含的多个高度不确定的概念，如"不可或缺"等。此外，这些质疑也指出，"在全面覆盖原则已经成为专利侵权判断标准通说的背景下，仅仅使用几个不确定的概念就要求行为人承担侵权责任似乎有悖于知识产权法中的平衡原则"❷。

业界普遍认为贸然引进专利间接侵权制度会导致滥讼，进而提高产业风险的发生。因此，智慧财产局最后还是放弃了其最开始持有的"引进专利间接侵权制度全面保障专利权人利益"的初衷，专利间接侵权条款最终也没有列入"专利法"草案之中。

二、我国台湾地区的专利间接侵权实务

（一）实务案例明确否定了我国台湾地区有间接侵权制度

我国台湾地区"高等法院"在 2004 年所作的一个判决是我国台湾地区出现较早的专利间接侵权判决。❸ 我国台湾地区"高等法院"依据财团法人之鉴定意见认定系争买卖标的物侵害他人专利，其理由为：本案采用间接侵权概念并用均等论进行判断，亦即系争水灯虽然缺乏专利范围之一零件，但此零件为一普及物，并可能出简单之购买或容易组装完成，且系争水灯已经具备组合该零件组合部位（预备组合结构），应视为对专利权范围之侵害。只是

❶ 冷耀世. 两岸专利法比较 [M]. 台北：全华科技图书股份有限公司，2006：1.
❷ 我国台湾地区智慧财产局专利侵权修法相关议题会议资料（2008 年 10 月 31 日）[C]//洪宗贤. 两岸专利法是否应该增加专利间接侵权之规定. 海峡律师事务研讨会，2009：80.
❸ 本案与一般由专利权人直接向被控侵权人主张类的案件有所不同。本案争议在于买方向卖方主张因迈阿密标的有瑕疵（侵害他人专利），请求解除买卖合同、返还买卖价款。

法院对于财团法人的鉴定意见是否正确并非没有任何疑问。

首先，什么才是此处所谓的"间接侵害"？此处指间接侵害时是否等同于美国法中之"间接侵权"？倘若此处的"间接侵害"与美国法中的"间接侵权"不同，那么，此处所谓的"间接侵害"到底是什么意思？事实上，财团法人侵权鉴定既然已经是知名"系争水灯缺乏专利范围之一零件"，依照专利权侵害鉴定要点，若待鉴定对象缺乏解析后申请专利范围之任一技术特征，即不适用"均等论"，应判断待鉴定对象为落入专利权范围，则本案应该根本没有"均等论"之适用余地。此时，自然要依照"间接侵权"之法理处理。只是财团法人所侵权鉴定在欠缺一零件的情况下，仍以"均等论"判断，就已经混淆了"直接侵权"与"间接侵权"的概念。我国台湾地区"高等法院"在这个案件中既使用了"间接侵权"的概念，又使用了直接侵权之"均等论"进行判断，显然已经产生了矛盾。

此案之后，虽然有很多原告依据该案判决作为我国台湾地区存在间接侵权判决的证据，如我国台湾地区新竹地方法院 2006 年度重智字第 8 号民事判决等，但是均被负责审理的法院指出我国台湾地区"高等法院" 2004 年上易字第 44 号民事判决中的间接侵害实际上指代的是直接侵害之"均等论"，从而否认我国台湾地区已经承认间接侵权的法律制度。

其他判决也多不愿意承认我国台湾地区专利法制中有间接侵权这样的规范存在，如我国台湾地区新竹地方法院 2006 年度重智字第 8 号民事判决、我国台湾地区新竹地方法院 2009 年度重智字第 3 号民事判决。我国台湾地区新竹地方法院 2009 年度重智字第 3 号民事判决更是明确地指出，我国台湾地区的法律制度中并不存在间接侵权责任的概念。因此，如果没有直接参与或介入第三人侵害专利权之活动，不得仅仅以其与第三人的侵权行为有所关联而令该人负侵权责任。从反面来解释，似乎认为，如果直接参与或介入第三人侵害专利活动，仍可令该人负侵权责任。不过，倘若是因为直接参与或介入第三人侵害之活动，是否已经不是间接侵权责任，而是就其行为参与或介入专利侵权行为直接负责？这也是一个值得思考的问题。

（二）我国台湾地区实务当中改以"民法典"第 185 条处理

由上述论述可以发现，我国台湾地区法院一般认为我国台湾地区并没有专利间接侵权制度。为了解决这个问题，不少专利权人转而主张依据我国台湾地区"民法典"第 185 条第 1 项、第 2 项造意、帮助之规定寻求合适的解决方式。

1. 我国台湾地区"民法典"第 185 条第 1 项共同侵权行为

我国台湾地区新竹地方法院 2006 年度重智字第 8 号民事判决引用我国台湾地区"司法院"1977 年第 1 号文件指出，共同侵权行为人仍需各自具备侵权行为之要件，若其中一人无故意或过失以及不法行为，则其并非侵权行为人，即并非共同侵权行为人。

在这个案件当中，法院认为本案被告产销系争晶片之行为，依照我国台湾地区"专利法"并没有构成对原告专利权之侵权行为，而我国台湾地区"民法典"第 185 条第 1 项共同侵权行为的成立必须以单个行为本身均构成侵权为前提。因此，在被告并未对原告的专利权构成侵权行为的情况下，自然就没有共同侵权行为的适用余地，更无须负连带赔偿责任。

2. 我国台湾地区"民法典"第 185 条第 2 项造意、帮助

（1）主观要件大部分限于"故意"

我国台湾地区智慧财产权法院 2008 年度民专上字第 20 号民事判决以及智慧财产权法院 2012 年度民专上易字第 1 号民事判决均引用我国台湾地区"最高法院"2003 年度台上字第 1593 号民事判决，认为我国台湾地区"民法典"第 185 条第 2 项所谓的"造意""帮助"相当于我国台湾地区"刑法"中的"教唆""帮助"之概念。"造意"系指教唆他人，使他人产生侵权行为的决意，并进而发生侵权行为；"帮助"指代的是给予行为人帮助，使之更容易进行侵权行为，这种给予的帮助既包含物质上的帮助也包括精神上的帮助。主侵权行为人须为侵权行为，且客观上的造意、帮助行为均须与侵权结果的发生有相当因果关系，造意人、帮助人才负共同侵权责任。

仔细研读各个判决，虽然法院均主张以"故意"为要件，但是程度仍略有不同，大致说来，可以分为如下三种：

第一，主观上须知悉所为何事。造意人、帮助人或被造意人或被帮助人须知悉所为何事。以我国台湾地区智慧财产权法院 2008 年度民专字第 00005 号民事判决为例，在该案中，法院认为，所为造意是指行为人最开始并没有侵权的意思，只是经过他人告知后才有了侵权的意思；所为帮助是指行为人

本来就有侵权的意思，经过他人的帮助之后有了侵权的行为。需要注意的是，不论是造意还是帮助，行为人（即被造意者或被帮助者）均须明知其所为何事。而本案中，被告仅仅是贩卖含有皮利酮盐类成分之"泌特士"药品，在其仿单中并未告知病患于购买服用后，于身体内可以产生 M-III 以及 M-IV 化合物，进而鼓励病患服用，病患服用含有皮利酮盐类成分之"泌特士"药品，其目的在于治疗糖尿病，并非意欲制造 M-III 以及 M-IV 化合物，被告并不符合造意或帮助行为。依照此判决，不仅是造意人或帮助人须有故意，被造意人或被帮助人也必须有故意，否则就不会构成造意或帮助行为，且行为人均须明知其所为何事。如果被造意者或被帮助者（病患）并不知道其所为何事（服用后于身体可产生侵权之化合物），被告仍然不符合造意或帮助行为。依照这种看法，造意或帮助应该以直接侵权行为的成立为前提，直接侵权行为人（被造意者或被帮助者）也应该有故意，成立直接侵权行为后，才有造意或帮助行为成立的余地。

第二，主观上须知悉侵害系争专利。我国台湾地区智慧财产权法院 2008 年度民专上字第 20 号民事判决❶进一步指出，不仅是对于行为必须有认知，主行为人还必须知悉侵害系争专利，即"唯医师及病患（主行为人）虽然不具有侵害上诉人第 135500 号专利权之故意或过失，而不构成侵权行为，被上诉人自然就没有教唆他人产生侵权行为决意，并进而为侵权行为之造意行为可言"。依照此看法，被造意人或被帮助人除要知悉自己的所为行为之外，还必须对所侵害的专利有所知悉，否则就不构成故意。智慧财产权法院 2011 年度民专诉字第 69 号民事判决也采用了相同的见解。只是举证之所在，也是败诉之所在。要求证明被造意人或被帮助人具体知悉侵犯的专利权是什么，而不是仅仅知悉其所为，这等于加重了原告的举证责任。

第三，知悉其所制造、贩卖之系争产品系实施系争专利申请范围第 1 项之主要核心技术内容。我国台湾地区智慧财产权法院 2012 年度民专上易第 1 号民事判决表示，被告还必须知悉"其所制造、贩卖之系争产品系实施系争专利申请范围第 1 项之主要核心技术内容"。换言之，仅仅知道侵害系争专利是不够的，还必须对系争专利申请范围第 1 项之主要核心技术内容有所知悉。

---

❶ 本案是日本武田药品工业股份有限公司对台湾智慧财产权法院 2008 年度民专诉字第 00005 号民事判决的上诉，同样由智慧财产权法院审理。智慧财产权法院驳回了其上诉。

被上诉人主观上并不知悉其制造、贩卖之系争产品系实施系争专利申请范围第 1 项之主要核心技术内容，日后如果将本体与袋体结合为一体，并于袋体内填充有碎石，即可完全落入系争专利申请专利范围第 1 项，很难认为有给予侵权行为助力，使其易于为侵权行为之帮助故意可言。

（2）少数案例认为主观上过失亦可

仅仅有我国台湾地区智慧财产权法院 2010 年度民专诉字第 59 号民事判决引用我国台湾地区"最高法院"2009 年度台上字第 1790 号判决，认为我国台湾地区"民法典"第 185 条第 2 项之造意，乃教唆为侵权行为之造意，与我国台湾地区"刑法"中的规定不同，不以"故意"为必要，亦得有"过失"之教唆，倘若欠缺注意而过失造意教唆第三人，该第三人亦因为欠缺过失不法侵害他人之权利，则造意人之过失与行为人之过失相结合侵害他人之权利，造意人视为共同行为人，即应与实施侵权行为之人负连带损害赔偿责任。

三、我国台湾地区专利间接侵权的经验评析

通过对我国台湾地区专利间接侵权问题的考察和总结，可以发现其并没有关于专利间接侵权的法律依据。关于专利间接侵权问题的法律实践，我国台湾地区是将其纳入共同侵权的法律语境下来加以处理的。具体而言，就我国台湾地区专利间接侵权的经验总结和评析而言，可以从以下两个方面展开具体的分析和检视。

（一）关于专利间接侵权的法律规制路径

通过上述分析，可以看出我国台湾地区在专利间接侵权的法律规制路径上，采取的是共同侵权的规制路径。究其原因，上述具体法律规制路径的采用，既是出于对自身法律规范体系的路径依赖，也是出于对产业发展阶段和特点的具体考量。从我国台湾地区理论界、实务界在引入专利间接侵权问题上的巨大争议，可以发现某一制度的引入需要综合考量自身的产业、文化和法律规范等因素，进而才能更好地确立一个适合自身产业发展和司法实践需要的专利间接侵权制度。此外，我国台湾地区运用共同侵权的法律规制路径来应对专利间接侵权问题，有着一定的积极意义和借鉴价值。一方面，上述路径的选择，有利于专利侵权问题与一般侵权问题的有效衔接；另一方面，共同侵权路径的采用，对于奉行大陆法系传统的我们来说，也有着很好的经验价值。

（二）关于共同侵权语境下专利间接侵权的构成要件

按照共同侵权的规制方式，对于专利间接侵权的法律问题，需要将其置于共同侵权的一般民事法律规范中加以处理。具体而言，对于专利侵权的成立，需要综合考虑行为人的过错、违法行为、损害结果，以及违法行为与损害结果的因果关系四个要件。首先，对于主观要件而言，一是需要满足主观上知悉所为何事；二是需要主观上知悉侵害系争专利；三是需要知悉其所制造、贩卖之系争产品系专利的主要核心技术内容。其次，对于违法行为而言，需要有具体的帮助、引诱行为。再次，对于损害结果而言，需要在具体的法律适用上，满足是对专利权人合法利益的损害。最后，对于违法行为与损害结果的因果关系的判定而言，需要达到一定程度的合理因果关系。由此可见，采取共同侵权的规制路径，需要充分打通专利侵权判定与一般侵权行为判定之间的关系，才能实现专利权人与社会公众利益的平衡。

本章小结

我国法学界在理论上对专利间接侵权制度研究颇多，部分研究成果也反映在了我国目前的立法文件或其他规范性文件之中。关于专利间接侵权的定义，由于我国的《专利法》中并没有法定的术语，所以学者都给出了自己的定义。虽然众多学者对这个概念的表述有所不同，但内容大同小异，即虽然专利间接侵权行为的出现与专利直接侵权行为有很紧密的联系，但专利间接侵权行为绝对不是专利直接侵权行为。之所以要将专利间接侵权行为人也纳入专利权侵权的范畴之中，是因为其在别人侵犯他人专利权（包括《专利法》第75条所规定的不视为侵犯专利权的行为以及《专利法》第11条所规定的反面，即非生产经营目的的情况）的过程中，专利间接侵权行为人所实施的各种行为对专利直接侵权行为的发生起到了推动的作用，与专利直接侵权行为之间有着很紧密的联系，但是，二者不可等同视之。专利间接侵权具有侵权行为的间接性、侵权对象为专用品以及侵权行为人在主观上有诱导他人实施直接侵权行为的故意等主要特征。一般认为，违法行为、损害事实、因果关系和过错是侵权责任构成的四个要件。通过对已有文献的比较分析可以发现，对专利间接侵权制度而言，违法行为和过错两个构成要件，尤其是违法行为这一要件在实践中引发的讨论最多，本书的讨论也将集中于这两个构成要件。我国的专利间接侵权立法大致经历了未涉及专利间接侵权、关于专利间接侵权的首次热议、专利间接侵权的讨论高潮、专利间接侵权纳入修正草案等几个重要的阶段。

　　本书认为，我国专利间接侵权制度的现状可以分为两个层面：规范性文件层面和司法实践层面。在规范性文件层面，与我国专利间接侵权制度有关的文件主要是《民法典》第一编总则第 176～178 条，《民法典》第七编侵权责任第 1168～1172 条，北京市高级人民法院的《意见》第 73～80 条，《专利纠纷解释（二）》第 21 条等。在这些文件中，北京市高级人民法院的《意见》不能作为裁判的依据；《民法典》第一编总则第 176～178 条、《民法典》第七编侵权责任第 1168～1172 条等多依据共同侵权规则来解决专利间接侵权纠纷；最有针对性的法律文件应该是《专利纠纷解释（二）》第 21 条，但其依然深受共同侵权规则的影响。在司法实践层面，我国目前主要是依靠共同侵权规则来应对各种类型的专利间接侵权，如生产或销售专用于产品专利的关键部件、分别实施方法专利的部分步骤等具体类型。另外，在网络环境下，我国的专利间接侵权也表现出了一些新的特点。本章最后对我国台湾地区的专利间接侵权制度进行了介绍，台湾地区一并将专利间接侵权制度纳入了共同侵权的规制范围。

第二章
专利间接侵权制度的理论基础

我国著名知识产权专家吴汉东曾经说过，"知识财富跨越到知识产权，其背后的问题相当之复杂，既包括制度的设计和规范的运用的法律问题，还包括深刻理论内涵的学理问题。"❶ 本章尝试从法哲学、法经济学和民法学的角度分析阐释专利间接侵权制度的理论基础，从而为第五章我国专利间接侵权制度的构建提供理论支持。

第一节　专利间接侵权制度的法哲学阐释

一、专利间接侵权制度存在的根基：洛克财产权劳动理论

（一）洛克劳动财产权的产生

早在罗马法时期，法学家获得所有权的自然解释包括劳动以占有、添附、加工等方式所发挥的作用。在他们看来，如果一个人通过在对象上施加自己的努力和劳动来创建一个新对象，那么对象的所有权将属于创建者，即使原始对象属于另一个人。罗马人产生这样一种信念：通过自己的劳动和努力创造的物品属于他自己。特别是对于艺术品来说，他们不仅看重作品的更高的

---

❶ 吴汉东. 法哲学家对知识产权法的哲学解读 [J]. 法商研究，2003（5）：77-85.

价值，还看到艺术家在作品中投入的技能和知识产权，并相信创作者有权要求所有权。如查士丁尼就认为："虽然羊皮和纸的所有权属于其他人，但是，如果某人在他人的羊皮或者纸上写了短诗、故事或者演说词，他人如果拒绝支付书写的费用，该某人可以提出'欺诈抗辩'之诉。"❶ 最终，自然法在"通过在物上添加劳动与努力而取得物的所有权"的观念的基础上逐渐形成。

洛克是 17 世纪英国杰出的资产阶级政治法律思想家和哲学家。为了抨击君主专制集权学说，洛克系统地发展了自然法的财产权劳动学说，这集中体现于他的著作《政府论》一书下篇第五章中的论述。为了抨击菲尔麦的"君权神授论"，洛克在该书中论述合法的统治力不能从上帝那里获得，需要寻找一个政府存在的理由和找到合法的统治力的来源，为此他提出了自己的自然权利观。他认为："在自然条件下，每个人都应遵守自然规律，这决定了理性，即自然法，教导所有想要服从理性的人；由于人民平等独立，任何人都不能侵犯他人的生命、健康、自由和财产。"❷ 并且他还主张："保护自己所有的财产的初衷使人们愿意放弃自己的一部分自由而位居于国家和政府之下；如果政治社会的表现并不能够使这些民众相信国家和政府具有通过惩罚犯罪的途径来保护他们财产的实力，那么，就不应成为政治社会，也不能继续存在。"❸ 在他看来，财产是政府合法存在和反对绝对君主的一个重要基础。他假定在自然状态下，地球上所存在的资源是地球上的人们所共有的，共有则意味着任何人都可以自由地使用，这种权利是一种被称为"天赋人权"的东西。如此一来，个人就可以通过一定的手段和方式对地球上的共有财产进行占有或使用，私人财产权得以产生。对于那些未被占有的客体的财产权是怎样发生的，即大家所熟知的最初获得的问题，洛克正是在对这个问题的回答上，提出了著名的财产权劳动学说。

（二）洛克财产权劳动学说的内涵

洛克的财产权劳动说是从天赋人权开始，即生命权、财产权是人与生俱来的，每一个人对于自己的身体具有所有权，其他任何人都不能对其主张权

---

❶ 冯晓青. 知识产权法哲学［M］. 北京：中国人民公安大学出版社，2003：6.
❷ 洛克. 政府论：下篇［M］. 叶启芳，霍菊农，译. 北京：商务印书馆，1964：19.
❸ 洛克. 政府论：下篇［M］. 叶启芳，霍菊农，译. 北京：商务印书馆，1964：53.

利，个人的劳动及其通过施加劳动所获得的产品属于自己所有。洛克认为："人类共有土地和一切低等动物。同时，人类对自己的人身享有一种所有权，而且这种所有权是专属于这个人的，这个人可以排斥除他之外的任何人对其人身享有这种所有权。这个人可以通过自己的双手进行辛勤的劳作，正是通过自己辛勤的劳作，这个人改变了某些物品最初的形态，这个时候就可以说这个人已经拥有了这个物品。不过这里有一个重要的前提——这个人在拥有了这件物品之后还要考虑其他人的生活和感受，也要留给其他人足够的东西。"❶ 在这里，洛克提出了获得财产权的一个积极条件和两个限制条件。积极条件就是一个人要想取得物的所有权就必须在该物上施加自己的劳动，使它脱离原来的状态，该物的所有权就归属于他。而两个限制条件分别为：一是个人取得物的所有权时，必须是在还留有足够的、同样好的东西给其他人所共有的情况下，也就是说，个人所有权的取得的前提是不能损害他人之前所共有的所有权；另一个是个人取得的所有权不能造成浪费，否则也无法获得所有权。有学者将洛克的财产权劳动学说的内涵概括为包括"每个人对于自己的人身拥有所有权"❷ 等六个方面的重要内容。简言之，洛克的财产权劳动学说表达的意思就是：一个劳动者可以通过劳动来获得他想要的东西。同时，这个劳动者在获得他想要的东西之后要保证其他人也能够获得，而且这个劳动者不应该存在浪费的现象。

(三) 洛克财产权劳动学说的意义

洛克财产权劳动学说为私人财产权存在的合理性提供了理论支持。虽然当时洛克的财产权劳动学说所据以提出的基础是有形财产，并且没有直接涉及知识产权问题，但是，如果从知识产权也是人的私有财产权之一这一属性出发，它是知识创造者进行创造性劳动所得的成果，其权利归属仍然适用确认智力产品的创造者是第一个知识产权主体的基本原则。也就是说，财产权劳动理论在渗入无形财产领域方面与知识产权制度具有巨大的契合力。特别是洛克财产权劳动学说中确立的"足够而良好"的限制条件，由于无形财产具有能够同时被许多人占有且不会损害其价值的特点，在这一点上知识产权

---

❶ 洛克. 政府论：下篇 [M]. 叶启芳，霍菊农，译. 北京：商务印书馆，1964：19.
❷ 德霍斯. 知识财产法哲学 [M]. 周林，译. 北京：商务印书馆，2008：54.

似乎比有形财产权更适合，它让人们看到了知识产权背后的劳动的价值和其社会意义。《世界人权宣言》中涉及智力创造成果的部分的规定也体现了自然法理论和财产权劳动学说。如该宣言第 27 条第一项就规定："人人有权自由参加社会的文化生活，享受艺术并分享科学进步及其产生的福利。"第二项规定："人人对由于他所创作的任何科学、文学或美术作品而产生的精神的和物质的利益，有享受保护的权利。"专利权属于知识产权的一种，是知识产权的重要组成部分，因此，根据财产权劳动学说，可以得出专利权是发明创造者对其发明创造所具有的合法权利，理应受到保护，从而证明了专利间接侵权制度的合理性，为其构建提供了哲学理论基础。

（四）专利间接侵权制度中的财产权劳动学说

洛克的财产权劳动学说是如何体现于专利间接侵权制度之中的呢？可以从以下两个层面来阐释。

1. 智力创造者的创造性成果应该得到社会的尊重

智力创造者的创造成果应该得到保障，正是洛克的财产权劳动学说在知识产权领域的具体体现。具体到知识产权制度中的专利制度，专利产品创造者的创造性劳动成果应该属于他自己。

事实上，专利间接侵权制度建立的初衷就是保护专利权人的专有权利。因为，在社会中有很多可以依据自然规律产生的潜在的方法发明或产品发明，某一个专利权人对自己的人身拥有所有权作为一个前提，这个专利权人从事的创造性劳动当然属于他自己，正是专利权人的创造性劳动将其成果从公有领域发掘了出来，经过国家相关机关的程序之后，该专利权人就取得了一个独占性的专利权。当然，这个专利权人在取得一个专利权之后还留下了足够好、同样多的东西给他人，毕竟这个专利权人在从公有领域取得一部分划归己有之后，又把更大一个部分放进了公有领域之中。国家授了一个人专利权也是出于节约资源和提高效率的目的，因此，这个人取得财产所有权不造成浪费。

2. 专利直接侵权行为不足以全面保障创造者的权益

在当今的法治社会，保障智力劳动创造者劳动成果的有效途径便是赋予智力劳动创造者的劳动成果以私权，同时，在他人侵犯智力劳动创造者的私权之时，通过法律的手段给予制裁。具体到专利制度则是，赋予智力劳动创造者的劳动成果以专利权，并在他人侵犯其专利权的时候给予一定的制裁。

通过前文的阐述可以发现，在我国目前的《专利法》中，专利权人的权益只能通过《专利法》所规定的"专利直接侵权行为"予以保障，而判断是否构成专利直接侵权行为的标准是全面覆盖原则。但是，随着技术的不断发展，实践中出现了一种可以绕过全面覆盖原则而侵害专利人权益的情况。如果不对这种行为进行规制，专利权人的权益就得不到有效保障。因此，有必要在专利直接侵权之外增加专利间接侵权的规定，从而使专利权人的权益得到更加周全的保障。

二、专利间接侵权制度构建的准绳：利益平衡理论

（一）利益平衡理论概述

利益平衡在知识产权制度中有很高的层级。利益平衡原则作为现代知识产权制度的基本精神而存在并发挥其作用，并且是整个知识产权领域的基本价值取向，它贯穿于知识产权法的解释和应用过程。知识产权平衡理论的基本思想是：知识产权立法的构建应该着眼于平衡个人的知识产权、公共权利，相关的个人利益与社会公共利益和其他社会多样性利益之间的关系。首先，知识产权利益平衡的基本内涵是保障私人对其智力创造成果的合法垄断权，同时，利益平衡可以作为对私人合法垄断权的一种制约机制而存在，当然还包括立法中权利人和义务人之权利与义务的合理配置。其次，在遇到知识产权纠纷，需要对立法进行解释的过程中，也应该始终贯彻利益平衡原则。

知识产权理论中的利益平衡论，可以具象为下述几个重要的原则：第一，创造与传播中的平衡。这主要说的是要在激励智力创造者从事智力创造活动的措施和对智力创造者的智力创造物的传播之间达到某种均衡的状态。第二，创造与使用中的平衡。这主要说的是要达到这样的平衡状态，即智力活动的创造者在从事创造性活动时有充分的激励，智力活动创造者的创造物又可以被社会公众充分地利用。第三，私益与公益的平衡。❶

---

❶ 冯晓青. 试论以利益平衡理论为基础的知识产权制度 [J]. 江苏社会科学，2004（1）：210-216.

作为一种典型的利益平衡机制，知识产权制度"在知识产权人所拥有的合法的垄断权和社会公众对信息的接近的自由方面达到了平衡。其运行机理便是通过某种手段有限制地抑制了社会公众对信息的接近，扩张了信息的总量。毕竟信息总量的扩张也可以为社会公众更大范围地接触信息提供重要的基础保障"❶。为此，在知识产权领域，为知识产权人设定了专有性的垄断权，分配了一块"专有区域"。在这个所谓的"专有区域"内，知识产品创造者具有独占性的、对其创造成果的使用进行控制的权利区域，任何人想要使用其知识产品都要得到知识产权人的许可，并支付相应的报酬，以弥补知识产权人在创造过程中付出的人力、物力和财力。当然，国家在设计知识产权制度时也作出了一定的例外规定，如法定许可和强制许可等。在这种情况下，社会公众通过支付一定的报酬就可以自由地使用知识产品，而不用再额外与知识产权人进行协商并获得知识产权人的许可。同时，知识产权法制度还为社会公众设立了"自由区域"。在这个"自由区域"中，社会公众使用知识成果既不需要征得权利人的同意，也不需要向其支付报酬，如合理使用。这两个区域的设立正是利益平衡原则指导的结果，其中"专有区域"的设立可以激励智力创造者从事智力产品的创造；而"自由区域"设立的目的是在尊重"专有区域"的前提下，不断地扩大智力创造者创造物的传播和利用范围。

知识产权立法从来都是追求平衡的结果。知识产权立法既不会只立足于保护权利人的知识产权，而不重视对智力创造物的传播和利用；也不会仅注重对智力创造物的充分公开和利用，而对知识产权人的私权予以忽视。特别是在我国现在的发展阶段，更是应当把个人利益与社会利益这两个要素的结合放在重要的位置，只有将二者有机地结合起来，才能实现我国科学、文化事业的繁荣和发展。虽然知识产权法在总体上属于"私法"性质，但仍有其公共利益目标，即促进知识产品的传播和利用，最终促进社会的进步。如果忽视了对公共利益的充分关注，知识产权的立法宗旨便形同虚设，知识产权法这个整体也将不会完整。因此，既然为平衡原则，那么在实现知识产权中私人利益与公共利益平衡的过程中，就不应该顾此失彼或者对个人利益和公共利益的关注失之偏颇。

---

❶ 冯晓青. 知识产权法哲学 [M]. 北京：中国人民公安大学出版社，2003：239.

（二）作为知识产权保护的法律基础的利益平衡

知识产权法本身就是作为平衡知识产权人私人合法的垄断利益与社会公众之间的公共利益而作出的制度设计。知识产权法的宗旨是在激励知识创造和促进社会公众利益之间寻找合适的平衡点。知识产权法律制度创设的目的主要存在如下两个相互联系的重要方面。

一个重要方面是对创新进行鼓励。知识产权制度要想发挥鼓励创新的重要作用，就必须赋予智力创造者一定时间和一定空间的专有性的合法垄断权利。因为只有通过赋予智力创造者一定时间和一定空间的专有性的合法垄断权利，才能使其得到物质与精神上的补偿，以此来调动智力创造者的创造积极性，这样才能有更多的智力创造者以更大的热情投入智力创造活动中，从而有更多、更好的创新成果产生。

另一个重要方面是促进技术的广泛传播和社会公众对新技术的利用。例如，美国据以制定版权法与专利法的《美国宪法》规定的"国会应有权制定法律来保障发明人的利益"；我国《专利法》第1条规定的"鼓励发明创造，推动发明创造的应用，提高创新能力，促进科学技术进步和经济社会发展"的立法宗旨。

一般认为，知识产权的利益衡量包括如下几个相互联系又相互区别的层面："第一，知识产权创造者、知识产权传播者与知识产权使用者三者之间的平衡；第二，知识产权权利人个人合法利益与社会公众的公共利益之间的平衡。"❶

1. 知识产权权利人与使用人之间的平衡

从知识产权权利人的角度出发，其取得知识产权的目的并不是单纯地占有这项权利，而是实施其所拥有的独占权以受益，从而弥补其在创造过程中的各种成本。大致说来，知识产权权利人实施其专有权利的方式有两种：第一，知识产权权利人自己实施其知识产权。这就要求一个知识产品的创造者既要懂技术又要懂市场，虽然有的人可以同时胜任多项工作，但是更多的时候知识产权的实施还是要依靠社会的力量。第二，知识产权权利人通过许可

---

❶ 吴汉东. 著作权合理使用制度研究（修订版）[M]. 北京：中国政法大学出版社，2005：18.

的方式让其他人实施其知识产权，从而受益，以弥补其在创造过程中的各种成本。这两种途径都可以达到同样的效果。可以说，目前在实践中出现的大量情况是：知识产权人自己不实施，而是通过许可的方式让别人来实施，自己专心地投入发明创造活动中。在这个时候，就需要考量知识产权权利人与使用人之间利益的协调和平衡。

2. 知识产权的私权保护与公共利益的维护之平衡

知识产权的本质是私权，"具体指代的是私人所享有的各项民事权利"❶。在立法上，一般将知识产权作为一种民事权利予以规定。比如，世界贸易组织《TRIPs 协议》在序言中要求各成员方承认知识产权的私权属性。诚然，确认知识产权的私权属性，可以为权利的实现提供可靠的法律保障，但是，也不能忽视社会公共利益的需求，应当在保护私有权和企业利润与公共利益之间取得平衡。通常认为，应当将知识产权权利人享有的垄断性权利与其对社会所做的贡献作比较，知识产权权利人享有的垄断性权利不应当阻碍其对社会所做的贡献。因此，法律一方面赋予知识产权权利人以广泛的权利并给予有效的保护，另一方面为保证公众利益的实现，对知识产权权利人的私权予以了一定的限制。例如，"根据公共利益需要的专利强制许可"❷ 或者 "制造并出口专利药品的强制许可"❸。

（三）利益平衡原则在专利法中的体现

专利法是在平衡专利权人的垄断利益与社会公共利益的基础上进行选择和整合，以实现一种动态平衡的制度安排。专利法的基本理性在于给予专利权人一定时期的垄断权，而权利人付出的代价则是公开其专利技术。有人说专利制度是专利权人和社会之间达成的合意契约。专利法赋予专利权人对发明创造的垄断权，同时专利权人须将其发明创造公之于众，赋予社会公众对专利技术接近的权利。这种 "以垄断换取公开" 的机制体现了专利法中的利益平衡理念，也与专利法的目的相得益彰。专利权是独占性的专有权，是一

❶ 吴汉东. 知识产权的私权与人权属性：以《知识产权协议》与《世界人权公约》为对象 [J]. 法学研究，2003（3）：75.

❷ 《专利法》第 54 条。

❸ 《专利法》第 55 条。

种垄断权，根据专利法的宗旨，这种垄断权的授予应当有利于技术的发展进步而不能有阻碍作用。专利法中的充分公开体制正对应这一点，"为其提供了明确的表达，体现了知识产权法的利益平衡的一般机理，即对知识产品创造的鼓励以及对社会公众接近知识和信息的平衡。此外，专利申请过程中的早期公开也能够避免重复研究、投资，从而避免社会资源的浪费，而把这些有限的资源用在更好的地方。质言之，可以达到促进社会资源有效配置的目的。"❶

任何一个国家的专利制度想要获得成功，都必须解决好专利权人与社会公众之间的关系问题。专利法通过一系列的制度安排，特别是对专利权的保护与对其滥用的规制，在维护专利权人的垄断利益与社会公众利益之间的平衡方面发挥了重要作用。当然，维持专利权人的私人权益和社会公众之间的利益平衡从来都不是一件简单的事情，这种平衡状态的出现需要具备特定的环境和条件。此外，专利权人的私人权益和社会公众利益之间的平衡也不是一种一成不变的平衡，而是一种处于动态之中的平衡，在不同的国家、不同的时期，专利权人的垄断利益与社会公众利益之间的平衡会有所侧重。随着科学技术的进步，专利间接侵权行为越来越多，当前专利法所要维持的专利权人的利益和社会公众利益之间有失衡的趋势。因此，面对这种新形势，为了使两种利益重新达到平衡状态，在专利法中规定专利间接侵权制度已经成为必要。

（四）专利间接侵权制度中的利益平衡理论

虽然说，"个人存在的意义并不是单单为了自己本身，而是为了整个社会"❷，并且"人们普遍认为私有权受到社会义务的制约"❸，但古希腊先贤亚里士多德曾经说过："谈论全体幸福（快乐）的前提就是要保证各个部分的全部或大多数获得幸福（快乐）。如果这点很难保证，那么至少要有若干部分获

---

❶ 冯晓青. 知识产权法目的与利益平衡研究 [J]. 南都学坛（南阳师范学院人文社会科学学报），2004（3）：77-83.

❷ 卢克斯. 个人主义 [M]. 阎克文，译. 南京：江苏人民出版社，2001：44.

❸ DUNCAN M L. Property as a public conversation, not a lockean soliloquy: A role for intellectual and legal history in takings analysis [J]. Environmental Law of northwestern school of law of Lewis & Clark College, 1996: 1108.

得幸福（快乐）。"❶

专利间接侵权制度是这样一种制度设计：首先，在专利间接侵权制度出现之前，专利制度设计中既包括对专利权人专有权利的保护，也包括对专利权人专有权利的限制，这样维持了一种平衡的状态；其次，随着社会的发展，出现了越来越多的避开专利直接侵权的、依据"专利覆盖原则"而发生的损害专利权人利益的行为，这打破了专利制度原有的平衡状态，从而需要新规则的介入来形成新的平衡状态，这样的规则就是专利间接侵权规则。专利间接侵权规则将这种原本不能被专利法规制的行为纳入自己的"势力范围"，从而保障了专利权人的利益，更有利于社会的公众利益，毕竟各个部分的全部或大多数获得幸福（快乐）也有利于全体获得幸福（快乐）。哈耶克也持类似的观点，他认为："在一个进步的社会之中，应该允许少数人享有财富，如果这点都不能保证，那么财富继续存在的根据就会崩塌。因为毕竟这些人的财富既不是从其他人那里剥夺来的，也允许其他人享用。这些财富是前人所开发的一种新的生活方式。我们不能阻止某些人去享有某些利益，否则大众就可能永远无法享有它们。"❷《专利法》从仅仅规定专利直接侵权制度，到既规定专利直接侵权制度又规定专利间接侵权制度，也反映出"财产法既可以推动个人的成功，又可以保障个人幸福的获得。一部财产法的历史就是个人利益与社会利益的平衡史"❸。

第二节 专利间接侵权的法经济学解读

一、知识产权激励理论

激励论认为，激发智力创造者的创造积极性的最好办法，是在这些智力活动创造者的智力创造成果之上附加某种专门的权利，这样就能够增加社会财富，最终社会将从中受益。激励论强调的是个人进一步发展的社会利益。

---

❶ 亚里士多德. 政治学 [M]. 吴寿彭，译. 北京：商务印书馆，1965：273.
❷ 哈耶克. 自由秩序原理：上 [M]. 邓正来，译. 上海：上海三联书店，1997：159.
❸ 王铁雄. 财产法：走向个人与社会的利益平衡：审视美国财产法理念的变迁路径 [J]. 环球法律评论，2007（1）：25-35.

也就是说，社会寻求知识和科学技术效用的最大化，就必须在这些有价值的资源上设定排他性和可让渡性相统一的财产权。因为"如果人们不能够对自己的智力成果享有某种合法的垄断权，甚至别人可以自由地来抢夺，那么，这个人就没有动力继续从事智力创造活动，因为与其把时间和精力消耗在这些没有结果的事情上，还不如从事其他更有意义的活动"❶。

根据激励论的观点，应当赋予智力产品创造者对于智力创造物的专有性的财产权，以促进有价值的知识产品的生产。这种使用、占有和控制思想等专有性的财产权的授予对激励知识产品的创作来说是很有必要的。如果没有这种具有专有性的知识产权的法律保护，那么新的知识产品的创造就会缺乏足够的动力，以至于知识产品的生产出现停滞。假定他人可以自由地获得一种新的知识创作产品，对于新的思想存在公共权利，从这些新的知识产品中获得的利益就不会被开发者所掌握，开发创作新产品的动机就会越来越少直至消失。在缺乏知识产权保护的情况下，竞争者轻而易举地就能够复制作品，将他人的发明或者技术占为己有。然而，这些智力产品的创造者投入了相当多的时间、资金和精力，如此被他人所用，其在投资和开发这些产品与技术方面的动机就会受到严重打击。即使这种动机仍然存在，由于其他人不需要付出投资成本就能很容易地获得他人的智力成果，智力成果创造者就可能面临连投资成本都不能收回的风险，失败就是自然的。如果能够通过某种途径授予智力产品创造者一定时间、一定范围的私人垄断权利，那么智力产品创造者的创造活动将会更有动力。

知识产权法正是这样一种合理、适当的激励机制和权利保障机制，通过赋予知识产权权利人一定时间、一定范围的私人垄断权利，来保障知识产权权利人能够通过拥有和行使自己的权利收回知识创造成本并获得必要的回报，在此基础上，向社会公开其创造成果，促进技术成果的传播和应用，进而激励潜在的创新者进行创新和已有科学技术的进一步创新。知识产权这种法律制度在其发展的过程中逐渐被改造成这样一种激励投资的手段，即国家通过授予专有性权利的途径，鼓励那些有创造天分的人从事创造性的智力劳动，从而为国家经济增长、文化发展做贡献。

---

❶ 朱谢群. 创新性智力成果与知识产权［M］. 北京：法律出版社，2004：187.

二、专利制度层面激励理论的分析

专利制度是知识产权制度的重要组成部分，其表现在知识产权方面的特殊作用就是技术创新。专利权是知识产权中最有力的工具，甚至被有些学者认为是财产的最高形式，是财产权的核心。上述激励理论对知识产权制度正当性的阐述自然适用于专利制度，这里只是从激励理论的角度，针对专利与专利制度自身的特点作出进一步分析。激励理论认为，法律应当授予专利发明者垄断权即专有性的财产权，以使他们在创造发明中投入的人力、物力和财力等方面获得补偿，并进一步确保他们能够从其创造发明中获得经济上的利益。这一合法的专利垄断权的授予，是财政支持和鼓励发明创造活动必要的经济刺激，也是鼓励发明创造者将其发明创造成果公之于社会的一个必要的刺激。在当代，专利制度已经成为激励发明者从事发明创造，并将发明创造广泛应用实现市场化和商业化的重要机制。专利制度的激励功能主要体现为它既可以为新技术发明提供源源不断的动力，也可以通过对技术发明的激励，实现与之相关的社会利益，并且通过技术公开机制，使人类的技术知识和信息量不断扩大。❶

专利制度是一种激励知识创造的良性机制，专利制度可以理解为一份契约。契约的一方是作为发明者的专利权人，另一方是国家。在这份契约中，发明者履行自己的合同权利，将自己的发明公开；同时，发明者作为权利人，也可以要求作为义务人的国家授予其一定时间和一定空间范围内合法的垄断权利。专利制度正是通过以经济利益补偿发明创造者为激励手段来促进技术发明创造的一种管理科学和技术的法律制度。其中"专利权人享有的'垄断利益'类似于准'租金'，它确保了发明人获得经济利益，具体途径是通过收回成本而获得利润"❷。这种回收投资的能力受到一系列因素的影响，专利制度的实施状况是影响其实现的重要因素之一。如果专利保护不力，则专利权人的回收投资能力将是非常有限的，专利权人所获得的利益也将不会充分实现；反过来，如果专利的保护非常有力，那么专利权人将不仅能够收回其投

---

❶　冯晓青. 激励论：专利制度正当性之探讨 ［J］. 重庆工商大学学报（社会科学版），2003（1）：89-93.

❷　冯晓青. 知识产权法哲学 ［M］. 北京：中国人民公安大学出版社，2003：270.

入的成本，还会获得额外的收益，这样才能充分发挥专利制度的激励作用。然而，在当今社会，随着科学技术的发展，发明创造一旦被公开，其他人就很容易进行仿制。与进行创造性的工作相比，仿制工作的成本显然会低得多，很多时候就是一些简单的物质成本。如果任由这样的情况继续出现，那么发明创造人的创造积极性就会受到严重打击，长久下去，仿制者也会失去仿制的对象，社会公众更是不能享受到技术进步带来的种种福利，这不利于专利制度目的的实现。为了改变这种现状，必须重视对作为原创者的专利权人的保护，专利权制度就是在这样的背景下产生的。

三、专利间接侵权规则中的激励理论

对于专利间接侵权规则中的激励理论，笔者认为，同样可以从两个层面进行分析。

（一）专利直接侵权行为可以构成对专利权人的激励

从激励机制学说的角度考虑，专利侵权制度具有重要的存在价值。知识产权激励理论的运行机理一般是，国家通过专利来授予一定时间和一定空间内的合法垄断权，这是一种必要的刺激，这种刺激对鼓励发明创造活动非常有必要。同时，国家通过对发明创造者的发明创造成果授予专有性的财产权，也可以激励发明创造者尽可能早地将其发明创造向社会公开，从而可以减少重复开发，是一种节约社会资源的必要手段。可以说，专利法正是对技术方案公开"对价"的衡平机制。这种制度设计的最终目的是鼓励更多的发明创造者将其聪明才智应用在对社会整体有更大帮助的先进技术上，并且通过对其发明创造成果的公开，让公众尽早获悉这些发明的内容，使这些技术在一定期限之后进入共有领域，公众可以自由地对其进行利用。

在专利权人将其专利公开后，社会公众就可以获取技术发展的最新信息。同时，专利制度通过专利直接侵权行为的规定，对那些没有经过专利权人同意而实施受其专有权利控制行为的人予以制裁，这也构成了一种激励。在这种结构中，专利权人可以不用担心其知识产品脱离自己的控制之后被侵权的可能，因为法律可以让侵权者受到制裁。一旦有人擅自侵入专利权人的"专有区域"，专利权就可以依据相应的法律条文提出停止侵害或

者损害赔偿的请求。

（二）专利间接侵权行为可以弥补专利直接侵权行为激励的不足

随着社会的发展，出现了一种新型的专利侵权行为，这种行为不能依据专利直接侵权行为的判断标准"全面覆盖原则"进行处理。因为，侵权人所从事的行为并不能覆盖专利权人的专有权范围，这个时候，专利权人的权利将会面临无法得到保护的危机。因此，需要更新思路，将原来不能受到专利权人专有权控制的行为也纳入进来，从而更全面地保护专利权人的权益。

在这种新的结构中，专利权人可以控制别人从事其专有权控制之外的范围。如果不规定专利间接侵权，就会倒退到类似于没有专利直接侵权制度规制侵权行为的境地。因此，专利间接侵权也蕴含了一种激励，在专利直接侵权制度不能有效发挥作用时保障专利权人的权益。

从上文的分析可以发现，专利间接侵权制度是符合激励机制内在要求的，其出现和发展能够部分填补传统侵权理论的不足，从而可以使专利权人的专有权得到更全面的保障，这些都可以为发明创造者的发明创造活动注入动力。

第三节　专利间接侵权制度的民法学思考

专利间接侵权制度的民法学思考范围很广，既包括对专利间接侵权行为的定性，也包括对专利间接侵权行为与专利直接侵权行为关系的评述，还包括专利间接侵权与专利共同侵权关系的梳理。

一、专利间接侵权的性质

通俗来说，将专利间接侵权行为定性为一种侵权行为并不存在任何争议。毕竟无论是理论界还是实务界，都是以此为基础来阐述专利间接侵权行为的构成要件、专利间接侵权行为与专利直接侵权行为的关系，以及专利间接侵权与专利共同侵权的关系的。但是，本书出于对结构完整的考量，还是在此将民法学中的侵权行为作一个简单的分析，为下文的内容做铺垫。

(一) 侵权行为的概念

侵权行为在英语中为"Tort"，在日语中为"不法行为"。汉语中的"侵权行为"一词最早出现于清末编定的《大清民律草案》第二编"债权"第八章。此后，该词被《民国民律草案》（第二编"债编"第一章"通则"第一节"债之发生"第 2 款）、《中华民国民法》（第二编"债"第一章"通则"第一节"债之发生"第 5 款）相继沿用下来❶。

美国著名侵权法学家普罗瑟（Prosser）曾说："目前尚未发现一个真正令人满意的侵权行为的定义。无数界定这一概念的尝试所取得的进展也仅仅是在语言上或将其定义得过于宽泛，从而将不是侵权行为的内容也涵盖进来了；或定义得过于狭窄，遗漏了原本属于侵权行为的内容。"❷ 本书并不力求给侵权行为下一个完美的定义，而只对将其进行简单的描述，即侵权行为就是侵害他人受保护的民事权益，依法应承担侵权责任的行为。

由于侵权行为会产生侵权责任法律关系，所以它是一种法律事实，且属于法律事实中的不法的事实行为。事实行为与法律行为的最大区别在于，法律效果是不是行为人所欲求的。法律行为如合同产生的法律效果是当事人所欲求的，在当事人的合意符合法律规定的前提下，法律承认当事人追求的效果并帮助其实现。例如，甲以 300 万元的价格从乙处购买一套 100 平方米的房屋，双方订立了房屋买卖合同。该合同成立并生效后的法律效果就是，甲有权要求乙交付房屋并协助办理房屋所有权转移登记，而乙有权要求甲按照约定支付价款。这种法律效果是甲乙两人希望发生的，是他们所追求的。然而，侵权行为却并非双方协商的，侵权行为发生的损害赔偿责任等法律后果也并非侵权人、被侵权人所追求的。换言之，侵权行为一旦发生，就会产生相应的侵权责任，无论侵权人是否预期出现这一后果。例如，张某与李某因排队之事发生纠纷，李某将张某打伤，李某的行为构成了侵权行为，需要依

---

❶ 《大清民律草案》第二编"债权"将侵权行为与无因管理、不当得利以及契约作为独立的一章，与该编第一章"通则"并列。《民国民律草案》和《中华民国民法》则将侵权行为作为债的发生原因规定在债编的第二章"通则"第二节"债之发生"中。这种立法模式显然是不合理的。因为侵权行为、无因管理、不当得利和各类有名合同都只是债的具体发生原因，不应放在规定债法的共通性规则的"通则"章中。

❷ PROSSER W L. Handbook of the Law of Torts [M]. 4th ed. St. Paul. Min: West Publishing Co., 1971: 1-2.

法承担侵权赔偿责任。该后果显然既非侵权人所追求的，也非侵权人与被侵权人预先协商好的。事实上，即便是侵权人追求给他人造成损害，是否承担侵权赔偿责任也不是由侵权人决定的，必须依据法律的规定。由此可见，作为事实行为的侵权行为具有权利义务效果法定性的特征，即"侵权行为所引起的法律后果是法律直接规定的而非基于意思表示而产生的"❶。

（二）侵权行为的类型

1. 一般侵权行为与特殊侵权行为

一般侵权行为与特殊侵权行为是一种重要的分类，但究竟依据何种标准对其进行划分，尚有异议。有些人主张按照侵权行为是不是行为人个人行为所致来区分，凡是由行为人个人行为所致的侵权行为，均为一般侵权行为；而由于个人行为之外的原因（如第三人行为的参与、自己行为以外的事实）所致的侵权行为，都是特殊侵权行为。本书倾向于以归责原则作为区分二者的标准。因为无论是在近代还是在现代的侵权法中，过错责任原则始终占据主导地位，是最基本的归责原则，被规定为一般条款，即没有例外规定就能被适用的条款。所以，凡是适用过错责任原则的侵权行为就属于一般侵权行为。这些侵权行为无须也无法由法律逐一列举并规定之。相反，作为过错责任原则例外的过错推定责任、无过错责任，则必须由法律逐一规定（如《民法典》第 1165 条第 2 款、第 1166 条）。既然哪些侵权行为适用过错推定责任或无过错责任需要由法律作出特别的规定，这些侵权行为自然就属于特殊侵权行为。

2. 自己责任的侵权行为与替代责任的侵权行为

依据侵权行为人是自己承担侵权责任还是由他人承担责任，可以将侵权行为分为自己责任的侵权行为与替代责任的侵权行为。自己责任，是在反对封建专制社会株连制度的过程中确立的，是现代法律的一项基本原则。它意味着每个人都要为自己的行为负责且仅为自己的行为负责，除非法律另有特别规定。

侵权法中的大多数侵权行为都是自己责任的侵权行为，即加害行为人就

---

❶ 董安生. 民事法律行为（修订版）[M]. 北京：中国人民大学出版社，2002：85.

是承担侵权责任之人。例如，20 岁的甲因过失引发火灾，将乙的房子烧毁，甲应为此承担侵权责任。再如，A 公安局司机丙在休假期间擅自驾驶警车，因醉酒驾车压死路人丁，丙须自行承担侵权赔偿责任。然而，有一些侵权行为中的加害行为人与侵权责任人并非同一人，即行为人无须为自己的行为负责，而是由其他人为他的行为负责，这就是替代责任的侵权行为。替代责任也称"转承责任""为他人行为的责任"等。现代法律中最为典型的替代责任有三种：监护人责任、雇主责任与国家赔偿责任。

（1）监护人责任

在监护人责任中，从事加害行为的是被监护人，但承担责任的是监护人。例如，5 岁的小孩 A 在奔跑中将 3 岁的小孩 B 撞倒致其摔伤，A 的父母应当为此承担侵权责任。

（2）雇主责任

在雇主责任中，雇主要为雇员因从事雇佣活动而造成的损害承担赔偿责任。例如，A 公司的司机张某受指派开车接送公司客人，途中发生交通事故，致行人李某受重伤，A 公司应承担侵权责任。

（3）国家赔偿责任

在国家赔偿责任中，因国家机关工作人员违法行使公权力而造成他人损害的，须由国家来承担赔偿责任。例如，A 市公安局警官甲在侦查犯罪过程中刑讯逼供，将无辜的乙打伤致残。甲本人当然要承担刑事责任，但就给乙造成的损害，A 市公安局应当承担国家赔偿责任。

我国《民法典》规定了监护人责任（第 1188 条）与用人者责任（第 1191 条、第 1192 条）。《中华人民共和国国家赔偿法》（以下简称《国家赔偿法》）则规定了赔偿义务机关就国家机关和国家机关工作人员违法行使职权造成民事主体合法权益损害的赔偿责任，该责任也属于替代责任（《国家赔偿法》第 7 条、第 21 条）。

在替代责任的侵权行为中，之所以责任人要为加害行为人的行为后果负责，是因为他们之间"存在一种特定的关系，这种特定关系表现为隶属、雇佣、代理、监护等身份关系"❶。正是基于这种特定的关系，责任人能够支配、控制加害人的行为或因加害人的行为而获益。为了使责任人更好地加强对行

---

❶ 北京市顺义区（2001）顺民初字第 406 号民事判决书。

为人的管理和控制，也为了有效地保护受害人，法律上例外地创设了替代责任的侵权行为。

3. 人造成损害的侵权行为与物件致害的侵权行为

社会生活中的任何损害都是由人的行为造成的，法律调整的也只是人与人之间的关系。但是，仍可将侵权行为分为人造成损害的侵权行为与物件致害的侵权行为。前者是指由于行为人的作为或不作为而直接给他人造成损害的侵权行为，后者是指由于人控制下的物件给他人造成损害的侵权行为。

我国《民法典》中最典型的物件致害的侵权行为被规定于第七编的第十章"建筑物和物件损害责任"当中。不过，该章规定的只是狭义的物件致害的侵权行为。广义的物件致害的侵权行为则不限于此，还包括第七编的产品责任（第四章）、机动车交通事故责任（第五章）、环境污染和生态破坏责任（第七章）、民用核设施损害责任（第 1237 条）、民用航空器损害责任（第 1238 条）、高度危险物损害责任（第 1239 条）以及饲养动物损害责任（第九章）等。

4. 单独侵权责任与多数人侵权责任

依据侵权行为人的多寡以及侵权人承担责任的方式不同，可将侵权行为分为单独侵权行为与多数人侵权行为。单独侵权行为就是由一人实施且由一人承担侵权责任的侵权行为。多数人侵权行为是指由二人以上实施且他们向被侵权人承担连带责任或按份责任的侵权行为。我国《民法典》的多数人侵权行为包括共同加害行为（第 1168 条）、教唆帮助行为（第 1169 条）、共同侵权行为（第 1170 条）以及无意思联络的数人侵权行为（第 1171 条、第 1172 条）。

通过对侵权行为概念和特征的分析，再结合前文对专利间接侵权的阐释，可以发现，专利间接侵权就是专利领域的侵权行为，其实质就是侵权行为。专利间接侵权与侵权行为在行为构成的过错和损害事实方面都有很多的类似之处。

二、专利间接侵权与专利直接侵权的关系

专利直接侵权行为是指实施了我国《专利法》所规定的专利权人所控制的专有权利的行为，主观上是否有过错并非是否将行为定性为侵权行为需要考量的因子。这里阐述的是专利间接侵权行为和专利直接侵权行为的关系问题，日本的两位著名知识产权学者增井和夫和田村善之认为："专利间接侵权行为的成立是否需要以专利直接侵权行为的存在为前提是一个问题。对这个问题的回答不能一概而论，而是应该结合具体的案例进行具体的分析。"❶ 在日本的司法实践中，既有认为专利间接侵权行为独立于专利直接侵权行为的判例，如"单反相机案"❷；也有认为专利间接侵权行为从属于专利直接侵权行为的判例，如"制纱机铁锤案"❸ 和"液体收纳容器案"❹。

（一）专利间接侵权与专利直接侵权关系之争议

关于专利间接侵权行为和专利直接侵权行为的关系，从本书目前掌握的文献资料来看，大致存在以下三种学说，即"独立说""从属说"和"折中说"。

1."独立说"

"独立说"认为，专利间接侵权行为独立于专利直接侵权行为而存在，部分学者持此观点。比如，徐晓颖认为："'从属说'完全可以依据民法中的共同侵权予以解决，根本没有必要单独立法。正是因为专利间接侵权与传统民法中的共同侵权规则的差异，才使得在将来的《专利法》中规定专利间接侵权显得有意义。"❺ 张其鉴在分析我国应该采取"辅助侵权"一元立法的时候认为："专利引诱侵权完全可以被我国的共同侵权规则所覆盖，无须单独立法。"❻ 徐媛媛的观点也与此类似❼。

❶ 增井和夫，田村善之. 日本专利案例指南［M］. 李扬，等译. 北京：知识产权出版社，2016：210.

❷ 东京地方法院昭和56年2月25日判决·无集体13卷1号第139页"单反相机案"。转引自增井和夫，田村善之. 日本专利案例指南［M］. 李扬，等译. 北京：知识产权出版社，2016：220。

❸ 大阪地方法院平成元年4月24日判决·无集体21卷1号第279页"制纱机铁锤案"。转引自增井和夫，田村善之. 日本专利案例指南［M］. 李扬，等译. 北京：知识产权出版社，2016：217。

❹ 最高法院平成19年11月8日判决·民集61卷8号第2989页"液体收纳容器案"。转引自增井和夫，田村善之. 日本专利案例指南［M］. 李扬，等译. 北京：知识产权出版社，2016：279。

❺ 徐晓颖. 试论专利间接侵权的独立性：兼评《专利法修订草案（送审稿）》第62条［J］. 广西政法管理干部学院学报，2016（2）：80-87.

❻ 张其鉴. 我国专利间接侵权立法模式之反思：以评析法释〔2016〕1号第21条为中心［J］. 知识产权，2017（4）：35-41.

❼ 徐媛媛. 专利间接侵权制度的辅助侵权一元立法论［J］. 知识产权，2018（1）：80.

2. "从属说"

"从属说"认为，专利间接侵权行为必须依附或者从属于专利直接侵权行为而存在。应当说，无论是在学术研究中还是在立法文件中，"从属说"都是目前主流的观点。比如，李明德认为："只有出现第三人实施了专利直接侵权行为的时候，专利间接侵权行为才有适用的意义。否则，专利间接侵权行为就不存在。"[1] 程永顺认为："如果不存在专利直接侵权行为，就根本无须讨论专利间接侵权适用。"[2] 杨立新认为："（专利）间接侵权，是指行为人的行为本身并不构成直接实施他人专利的侵权，但却教唆、帮助、诱导他人实施专利，发生直接侵权行为，行为人在主观上有诱导或教唆他人侵犯专利的故意，客观上为直接侵权行为的发生提供了必要条件的侵害专利权的行为。"[3]

类似的观点在我国的法律文件中也有间接的体现，如《专利纠纷解释（二）》第21条第1款规定："明知有关产品系专门用于实施专利的材料、设备、零部件、中间物等，未经专利权人许可，为生产经营目的将该产品提供给他人实施了侵犯专利权的行为，权利人主张该提供者的行为属于民法典第一千一百六十九条规定的帮助他人实施侵权行为的，人民法院应予支持。"第2款规定："明知有关产品、方法被授予专利权，未经专利权人许可，为生产经营目的积极诱导他人实施了侵犯专利权的行为，权利人主张该诱导者的行为属于民法典第一千一百六十九条规定的教唆他人实施侵权行为的，人民法院应予支持。"第二，《专利法修订草案（送审稿）》第62条第1款规定，即"明知有关产品系专门用于实施专利的原材料、中间物、零部件、设备，未经专利人许可，为生产经营目的将该产品提供给他人实施了侵犯专利权的行为的，应当与侵权人承担连带责任。第2款规定："明知有关产品、方法属于专利产品或者专利方法，未经专利权人许可，为生产经营目的诱导他人实施了侵犯该专利权的行为的，应当与侵权人承担连带责任。"

虽然有学者认为，知识产权法作为一种政策工具，同时也是市场竞争的首要方式[4]，且就我国当前发展来看，不宜采取水平过高的知识产权保护制

---

[1] 李明德. 美国知识产权法 [M]. 2版. 北京：法律出版社，2014：108.
[2] 程永顺. 中国专利诉讼 [M]. 北京：知识产权出版社，2005：111-112.
[3] 杨立新. 侵权法论（上册）[M]. 5版. 北京：人民法院出版社，2013：513.
[4] 吴汉东. 积极实施知识产权战略 [M]. 北京：人民日报出版社，2014：807-808.

度。❶ 但是，笔者认为，"独立说"即专利间接侵权行为独立于专利直接侵权行为而存在更符合立法的目的。这是因为，知识产权权利人的私权应该得到尊重。否则，将有违我国《专利法》所规定的保护私权、鼓励创新、促进科技发展的立法目的。在目前的专利实践中，全面覆盖原则被视为判断专利侵权与否的唯一标准，在这样的背景下，许多行为人就会刻意地避开某些技术特征而实施以营利为目的的行为，如果最终的行为人不被视为专利直接侵权的话，那么，这些中间行为人就不会受到法律的规制而逍遥法外。

3. "折中说"

"折中说"是以"从属说"为原则，以"独立说"为补充来处理例外情形。对于"折中说"这种观点，有的学者认为："虽然折中说的初衷是融合'独立说'和'从属说'的优点，但实际上，'独立说'和'从属说'的缺点却也往往会同时反映其中。因此，我国不应该采用'折中说'。"❷ 目前来看，学界赞同这种观点的学者不是特别多。

（二）专利间接侵权是否以直接侵权为前提之选择

对于上述三种学说——"独立说""从属说"和"折中说"，无论是理论界还是实务界都没有定论。笔者认为，在我国《专利法》中给予专利间接侵权条款一席之地具有重要的意义，其中之一就是在专利直接侵权制度给专利权人提供的保护范围之外，增加一重保护。至于具体的构建策略，"独立说"更加符合建立专利间接侵权制度的初衷。如果采用"从属说"，则容易导致专利间接侵权行为与专利共同侵权行为的难以区分。此外，在认定是否构成专利间接侵权行为时，需要首先考量专利直接侵权行为的存在的"从属说"也会造成规则适用上的冲突。因为我国现行的《民法典》关于共同侵权的规定足以应对专利权侵犯中的间接侵权行为。在实践操作中，可能会给法官带来裁判的困难而使间接侵权失去独立存在的意义。因此，笔者认为，是否发生专利直接侵权行为对认定专利间接侵权行为并没有决定性的影响。

---

❶ 吴汉东. 知识产权国际保护制度的发展与变革 [M]. 北京：知识产权出版社，2014：127-142.

❷ 贾小龙. 专利法需要怎样的"间接侵权"：专利间接侵权若干基本问题探讨 [J]. 电子知识产权，2008（9）：15-18.

三、专利间接侵权与专利共同侵权的关系

专利间接侵权与民法中专利共同侵权的关系也是专利间接侵权立法过程中一个有争议的焦点问题。

(一) 专利间接侵权与专利共同侵权关系之争议

由于我国目前没有规定专利间接侵权法律制度，司法实践中通常以共同侵权之名来处理专利间接侵权纠纷。实际上，专利间接侵权理论源自共同侵权理论，是为了弥补传统专利侵权判定标准不足而设置的。但是，专利间接侵权理论经过多年的发展大有与专利共同侵权理论分道扬镳之势。就目前学界的理论研究而言，对于专利间接侵权与专利共同侵权的关系有两种不同的观点，即专利共同侵权可以应对专利间接侵权和专利间接侵权独立于专利共同侵权。

1. 专利共同侵权可以应对专利间接侵权

持专利共同侵权可以应对专利间接侵权观点的学者认为，专利共同侵权具有强大的应对新生事物的能力，只要坚持体系化的思维对专利共同侵权进行解释，就没有必要对专利间接侵权进行单独立法。比如，熊文聪认为："无论是构成要件、归责原则、救济方式还是诉讼程序，间接侵权都没有跳出共同侵权的一般原理，其无非是一种共同侵犯专利权的特定类型。"❶ 概而言之，这些学者的观点如下：

首先，在性质上，专利间接侵权行为实为专利直接侵权，是构成共同侵权的一种分工行为。从外观视角观之，专利间接侵权行为与专利直接侵权行为可以看作一个整体。

其次，在适用范围上，认为"提供资金、厂房、人员等不属于间接侵权，否则会株连一片"❷ 的观点是不合理的。间接侵权在本质上是共同侵权，这些行为构成直接侵权语境下的共同侵权，也要追究责任，人为地将其剔除在直接侵权之外则会徒增混乱。

---

❶ 熊文聪. 被误读的专利间接侵权规则：以美国法的变迁为线索 [J]. 东方法学，2011 (1)：150-158.

❷ 尹新天. 专利权的保护 [M]. 2 版. 北京：知识产权出版社，2005：530.

2. 专利间接侵权独立于专利共同侵权

持专利间接侵权独立于专利共同侵权观点的学者认为，专利间接侵权是一种新生事物，这一新生事物对传统的专利共同侵权形成了巨大的挑战，为了给予专利权人充分的保护，必须对专利间接侵权进行单独的规则设计。概而言之，这些学者的理由如下：首先，"适用上位法易导致扩大间接侵权范围和专利权滥用"[1]。其次，构成要件有区别，"与直接侵权相比，专利间接侵权有其独立的归责原则和构成要件"[2]。再次，"共同侵权必须有直接侵权的发生，而专利间接侵权并不一定有直接侵权的发生"[3]。最后，"如果只有等到被提供者开工制造产品以后，专利权人才有权禁止，这样就无法将专利侵权行为制止于准备状态，使专利权难以得到充分、有效的保护"[4]。

(二)《民法典》中的共同侵权

虽然我国的民法学者对《民法典》中共同侵权范围的问题还存在很大的争议[5]，但是，一般认为，《民法典》第七编"侵权责任"第一章的"一般规定"中规定的侵权行为与专利间接侵权有密切关系的就是共同加害行为（第1168条）、教唆帮助行为（第1169条）和无意思联络数人侵权行为（第1170条、第1171条、第1172条）。

1. 共同加害行为

(1) 共同加害行为的概念

共同加害行为是指共同故意实施侵权行为造成他人损害，从而承担连带

[1] 王兵，李旭，等. 专利间接侵权问题［M］//国家知识产权局条法司.《专利法》及《专利法实施细则》第三次修改专题研究报告：下卷. 北京：知识产权出版社，2006：1685-1728.
[2] 程永顺. 专利侵权判定实务［M］. 北京：法律出版社，2002：253-265；张玉敏，邓宏光，等. 专利间接侵权问题［M］//国家知识产权局条法司.《专利法》及《专利法实施细则》第三次修改专题研究报告：下卷. 北京：知识产权出版社，2006：1595-1646.
[3] 吴观乐. 关于间接侵权：对专利法增补"间接侵权"条款的建议［J］. 中国专利与商标，1997（2）：46-52.
[4] 姜丹明. 关于间接侵权［J］. 专利法研究，1999，2：83.
[5] 清华大学的程啸认为，依据《侵权责任法》的规定，共同侵权行为可以包括共同加害行为（第8条）、教唆帮助行为（第9条）和共同危险行为（第10条）。参见程啸. 侵权责任法［M］. 2版. 北京：法律出版社，2015：337。清华大学的崔国斌认为，依据《侵权责任法》的规定，最广泛意义上的共同侵权行为可以包括共同加害行为（第8条）、教唆帮助行为（第9条）、共同危险行为（第10条）、无意思联络数人侵权（第11条的连带责任和第12条的按份责任）。参见崔国斌. 专利法：原理与案例［M］. 2版. 北京：北京大学出版社，2016：750-751。

责任的情形。例如，A、B 与 C 三人共同埋伏起来准备袭击他们的仇人 D，当 D 到达的时候，A 将其拦住，B 上前欧打 D，而 C 则在一旁望风，A、B、C 构成共同加害行为。再如，甲公司为了上市发行股票，聘请乙会计师事务所制作虚假的财务报告等上市材料，而作为甲公司上市推荐人和主承销商的丙证券公司，明知该等上市材料中包含重大虚假信息，为谋求非法利益与甲串通，予以审核通过。最后给投资人丁造成重大损失，甲、乙、丙构成共同加害行为。依据《民法典》第 1168 条，共同加害行为的各个加害人负连带责任。这种规定不仅有利于保护受害人，对于遏制共同加害行为也有裨益。

（2）共同加害行为的规范目的

在共同加害行为中，数个加害人之间往往存在分工，并非都是直接从事加害行为的人，所以每个加害人的行为对损害的作用方式以及作用概况是不同的。例如，在团伙实施侵权行为时，头目负责侵权方案的拟定，而手下又各有分工。按照肇因原则的要求，受害人想要团伙的每一个成员都向其承担侵权责任，势必要逐一证明每个人的行为与其权益受侵害之间存在因果关系。对此，受害人显然是不可能做到的。故此，《侵权责任法》中特别设立以"意思联络"（即共同故意）为构成要件的共同加害行为，将那些具有共同故意的数个加害人实施的行为评价为一个侵权行为，使各个加害人承担连带责任，从而有效地实现减轻受害人因果关系证明责任的规范目的。

（3）共同加害行为的基本构成要件

第一，须有两个以上的加害人。共同加害行为与单独侵权行为的一个重要区别就是，行为人的数量不同。共同加害行为中应有数个行为人，即二人以上（《民法典》第 1168 条）。否则，只能成为单独侵权行为。至于各个行为人是否为完全民事行为能力人，在此不提。

第二，每一个加害人的行为皆符合客观构成要件。共同侵权行为是单独侵权行为的扩张。只有当各个行为人的行为皆符合侵权行为的客观构成要件时，方能成为共同加害行为。这意味着，其一，给他人权益造成了损害；其二，共同加害行为中的每一个加害人都必须实施了加害行为，该加害行为可能是作为，也可能是不作为。

由于共同加害行为以意思联络即主观共同性为要件，各个加害人的行为被作为一个整体而与损害之间存在可能的因果关系。故此，并不要求受害人证明每一个加害人的行为与受害人的权益被侵害都存在因果关系。

2. 教唆、帮助行为

（1）教唆、帮助行为的概念与规范目的

教唆、帮助行为，也称"视为共同侵权行为"，即教唆、帮助他人实施侵权行为的情形。在教唆、帮助他人实施侵权行为的案件中，教唆人和帮助人并非直接实施加害行为的人。受害人要证明直接实施侵害行为者的行为与损害之间的因果关系，并不困难。但是，其要证明并未直接实施加害行为的教唆人、帮助人的行为与损害之间的因果关系和原因力的大小，则比较困难。毕竟，教唆人或帮助人并未直接参与实施侵权行为。

为了消除这种困难，《侵权责任法》规定，教唆人、帮助人也被视作共同加害行为人，要与直接加害人一起，就受害人的全部损害承担赔偿责任。此一规定使受害人无须证明教唆人、帮助人的行为与损害的因果关系，而只要证明存在教唆行为或帮助行为，即可使教唆人或帮助人与直接侵权人一起承担连带责任，有利于保护受害人的合法权益。[1] 例如，《德国民法典》规定："教唆人与帮助人视为共同加害人。"[2] 《日本民法典》规定："教唆人或帮助人，视为共同行为人。"[3]

《民法通则》并未对教唆与帮助行为单独作出规定。《民通意见》第148条针对被教唆、帮助的人的民事行为能力状况，规定了教唆人、帮助人应该承担的不同类型的责任。

《侵权责任法》第9条对《民通意见》第148条进行了修改，其与以往条款最大的不同在于对教唆、帮助无民事行为能力人、限制民事行为能力人实施侵权行为的规定上。《侵权责任法》改变司法解释规定的理由在于：首先，无论是教唆或帮助无民事行为能力人还是限制民事行为能力人实施侵权行为，教唆人或帮助人当然都要承担侵权责任，这是一个原则，没有争议；其次，考虑到无民事行为能力人或限制民事行为能力人是在他人教唆、帮助之下才侵害他人民事权益的，因此如果一律按照《侵权责任法》第32条要求监护人

---

[1] 上海市高级人民法院（2013）沪高民三（知）终字第133号民事判决书。
[2] 《德国民法典》第830条第2款。
[3] 《日本民法典》第719条第2款。

与教唆人、帮助人承担连带责任，则过于苛刻。❶

《民法典》继续沿用了《侵权责任法》关于监护人、教唆人和帮助人的侵权责任制度。故此，立法者规定，教唆、帮助不完全民事行为能力人从事侵权行为的，原则上是教唆人或帮助人承担侵权责任，监护人无须承担连带责任。但是，当监护人未尽到监护责任时，应承担相应的责任。所谓相应的责任包括两层含义：首先，监护人不是与教唆人、帮助人承担连带责任，而是在没有尽到监护责任时，承担相应的责任，即按份责任；其次，监护人承担责任的大小，应依据其未尽到监护责任的程度即过错的程度加以确定。越没有尽到监护责任，过错越大，承担的责任份额越多。例如，甲是乙（12岁）的叔叔，也是乙的监护人。但甲对于被监护人乙完全不闻不问，任由其整日与流氓地痞混在一起。后乙在流氓丙的教唆之下盗窃了丁的机动车。此时，监护人甲就要对丙的损害承担较多的责任。

（2）教唆、帮助行为的类型

《民法典》没有区分教唆他人侵权与帮助他人侵权，而是依据被教唆人或被帮助人是否为完全民事行为能力人，将教唆、帮助行为分为以下两类："教唆、帮助他人实施侵权行为的，应当与行为人承担连带责任。"❷ "教唆、帮助无民事行为能力人、限制民事行为能力人实施侵权行为的，应当承担侵权责任；该无民事行为能力人、限制民事行为能力人的监护人未尽到监护责任的，应当承担相应的责任。"❸

（3）教唆行为的构成要件

第一，存在教唆人与行为人。教唆行为中至少有两个行为人：一是教唆行为之人，即教唆人；二是实施侵害他人权益行为之人，即行为人。教唆人可以是完全民事行为能力人，也可以是不完全民事行为能力人。如果是完全民事行为能力人，则教唆人属于侵权人，依《民法典》第1169条第1款与行为人承担连带责任；如果是不完全民事行为能力人，则由教唆人之监护人依

---

❶　梁慧星教授认为，《侵权责任法》第9条第2款第二句应理解为："如果教唆人、帮助人有赔偿能力，就判决其承担全部责任、主要责任或相应的责任。反之，如果教唆人、帮助人不具有赔偿能力，则可以判决教唆人、帮助人与行为人承担连带责任，保障受害人能够获得完全的赔偿。" 参见梁慧星. 中国民事立法评说：民法典. 物权法. 侵权责任法 ［M］. 北京：法律出版社，2010：354。

❷　《民法典》第1169条第1款。

❸　《民法典》第1169条第2款。

《民法典》第 1168 条第 1 款与第 1169 条第 1 款承担侵权责任。

行为人既可以是完全民事行为能力人，也可以是不完全民事行为能力人。倘为前者，则该行为人与教唆人或教唆人之监护人依《民法典》第 1169 条第 1 款承担连带责任；如果是后者，则应依《民法典》第 1169 条第 2 款处理。

第二，教唆人实施了教唆行为。教唆行为，是指利用言辞对行为人进行开导、说服，或通过刺激、利诱、怂恿等方法使该行为人从事侵害他人权益之行为。例如，《最高人民法院关于审理侵害信息网络传播权民事纠纷案件适用法律若干问题的规定》第 7 条第 2 款规定："网络服务提供者以言语、推介技术支持、奖励积分等方式诱导、鼓励网络用户实施侵害信息网络传播权行为的，人民法院应当认定其构成教唆侵权行为。"

第三，教唆行为与被教唆人的加害行为存在因果关系。所谓加害行为，是指被教唆人实施的侵害他人民事权益的行为，即主行为。它是由被教唆人即行为人所实施的。如果教唆人虽进行了教唆，但被教唆人未实施侵害他人民事权益的行为，或虽侵害了他人民事权益却未造成损害，则均不构成教唆行为。这是侵权法中的教唆行为与刑法中的教唆犯的一个重要区别。教唆行为与加害行为存在因果关系意味着，被教唆人所实施的加害行为正是教唆的内容，即教唆行为引起了加害行为，前者是后者的原因。倘若教唆行为并未引起加害行为，则不存在侵权责任的问题。即便被教唆人从事了某种加害行为，但该行为并非由教唆行为引起，即该行为并不是教唆的内容或超出了教唆的内容，则行为人应单独承担侵权责任，教唆人不承担侵权责任，更无须承担连带责任。

第四，教唆人与被教唆人存在共同故意。共同故意意味着教唆人具有教唆的故意。同时，被教唆人在明确接受了教唆人的指示后，故意实施了侵害他人权益之行为。一方面，教唆人必然是故意的，过失不可能构成教唆；另一方面，被教唆人即行为人也是故意实施加害行为的。如果行为人是过失侵害了他人权益，这就说明其不知道教唆行为的存在，不构成教唆行为，行为人应单独承担过失的侵权责任。

（4）帮助行为的构成要件

帮助行为，是指给予他人帮助（如提供工具或者指导方法），以便该人易于实施侵权行为。帮助行为的构成要件与教唆行为大体相同，但有一个不同之处：帮助行为并不要求帮助人的行为是加害行为的原因，即只要帮助行为客观上使加害行为易于实施即可。❶ 至于行为人是否就是因为帮助行为而实施了加害行为，则无关紧要。例如，A公司成立时，因无资金而借用B公司的资金登记注册。后A公司被撤销，因该公司没有实际资本，给债权人造成损害。由于B公司将注用资金借给A公司使用的行为，客观上使A公司"得以成立，并从事与之实际履行能力不相适应的交易活动，给他人造成不应有的损害后果"❷。因此，B公司的行为就是帮助行为，其应该承担侵权责任。

实践中，可能存在一些人并非故意而是过失地帮助了他人实施侵权行为的情况。此时，该行为也属于侵权行为，但不是帮助行为。"帮助人"无须与行为人承担连带责任，而应当分别承担侵权责任。例如，甲要盗窃乙的汽车，打电话告诉A开锁公司，谎称自己的车钥匙丢了，要求A开锁公司帮自己打开汽车。A开锁公司的工作人员丙未查验甲的行驶证、驾驶证和身份证，就帮甲将车锁打开，结果甲轻易地将汽车偷走并出售。这里，甲的行为当然构成侵权行为，要就乙的损害承担全部的侵权赔偿责任。A公司工作人员丙的行为与乙的权益被侵害具有因果关系，丙具有重大过失，A公司作为用人单位，应就乙的损害承担相应的赔偿责任。但是，A公司无须与甲承担连带赔偿责任。

通过对共同侵权的阐述可以发现，共同侵权规则在专利间接侵权领域有很大的适用空间。专利共同侵权中的教唆和帮助侵权行为与专利间接侵权规则尤其相似。事实上，在司法实践中，实务界也更多是依靠这一规则进行处理的。"在英美法系国家，法院依据间接侵权理论追究间接侵权责任；而大陆法系国家是依据共同侵权理论解决间接侵权问题，加害人对损害后果承担连带责任。"❸

---

❶ 这一点在网络侵权中体现得最为明显。网络服务技术提供者之所以成立帮助侵权，并不是因为他们就是要帮助他人实施侵害他人著作权或者人身权的行为，而是因为他们提供的网络技术服务使得这种侵权行为变得更容易实施，又没有采取相应的措施防止此种侵权行为的发生。参见程啸. 侵权责任法［M］. 2版. 北京：法律出版社，2015：375.

❷ 《最高人民法院关于对帮助他人设立注册资金虚假的公司应当如何承担民事责任的请示的答复》（［2001］民二他字第4号）。

❸ 胡开忠. "避风港规则"在视频分享网站版权侵权认定中的适用［J］. 法学，2009（12）：70-81.

3. 无意思联络数人侵权行为

(1) 无意思联络数人侵权行为的概念和规范目的

无意思联络数人侵权是指"数个行为人并无共同过错，而致他人损害的侵权行为"❶。在多数人侵权责任中，无意思联络数人的类型与定位取决于如何理解共同加害行为中的"共同"。如果采取主观意思联络说，则无意思联络数人侵权的适用范围会非常大。例如，在德国法中，由于《德国民法典》第830条第1款第1句规定的共同加害行为以行为人主观上有意思联络即共同故意为要件，所以，德国法中承认无意思联络的数人。但是，《德国民法典》中并无专门调整无意思联络数人侵权的条文。一方面，因为行为人之间不存在共同故意，所以无意思联络数人侵权肯定不能适用《德国民法典》第830条第1款第1句和第2款；另一方面，由于无意思联络数人侵权中，各侵权人的加害行为与损害之间的因果关系非常明确，并非选择的因果关系，也无法适用《德国民法典》第830条第1款第2句规定的共同危险行为。

倘若对共同加害行为采取"客观关联说"，则无意思联络数人侵权适用的情形将很少，甚至完全不具有独立存在的必要。例如，在我国台湾地区"民法"中，司法实务采取"客观关联说"，即"除了各加害人主观上有意思联络将构成共同侵权行为外，即便没有意思联络，各个加害人均为过失，但是他们的行为造成了同一损害，是损害的共同原因（即存在共同因果关系）时，也构成共同侵权行为，行为人负连带责任"❷。这样一来，在德国法中，原本通过《德国民法典》第840条规定来解决的问题，就完全可以通过共同侵权行为予以解决。讨论所谓的无意思联络数人侵权也就没有意义。

我国《侵权责任法》第8条的"共同"仅限于共同故意即意思联络，因此在我国法律中，无意思联络数人侵权的适用范围非常广泛。《侵权责任法》第11条与第12条对无意思联络数人侵权作了专门的规定，开立法之先河。在《侵权责任法》起草过程中，曾有人质疑此种规定之必要性，认为这些问题没有必要在立法中加以规定，完全可以通过学说来解决，但是，"立法者考虑到在《侵权责任法》中对无意思联络的数人侵权作出规定，有助于建立完

---

❶ 车辉. 无意思联络数人侵权之因果关系与责任 [J]. 新疆社会科学, 2014 (4)：90-96.

❷ 王泽鉴. 侵权行为 [M]. 北京：北京大学出版社, 2009：360-361.

善的数人侵权责任制度，因此仍然进行了规定。"❶ 笔者认为，《侵权责任法》第 11 条与第 12 条对无意思联络数人侵权的规定是非常有必要的，《民法典》也保持了与《侵权责任法》一致的观点。通过这两条规定，不仅可以非常清晰地使人知道该法第 8 条中的共同属于主观共同，即意思联络，还可以有效地解决实践中出现的大量类似案件，既保护了受害人权益，又避免了滥科连带责任。

（2）无意思联络数人侵权行为的类型

无意思联络数人侵权行为是指数人行为事前并无共同的意思联络，而致同一受害人共同损害。无意思联络数人侵权不等于共同侵权。《最高人民法院关于审理人身损害赔偿纠纷案件适用法律若干问题的解释》（以下简称《人身损害赔偿解释》）第 3 条依据无意思联络数人的侵权行为与同一损害结果之间的结合方式，将无意思联络数人分别侵权的责任形态分为因直接结合成立共同侵权而产生的连带责任和因间接结合成立多因一果侵权行为而产生的按份责任。但是，实践中很难区分某一行为是否为损害结果的原因，即该行为可能只是为另一行为创造条件，而不必然导致损害结果的发生。

《民法典》对于无意思联络数人侵权行为，依据数人侵权行为对损害结果的原因力结合方式的不同而分为：①原因力竞合的无意思联络的数人侵权。《民法典》第 1171 条规定的是原因力竞合的类型。原因力竞合（也称为累积因果关系）的无意思联络的共同侵权，又称为客观共同侵权，指数人在行为前并无共同的意思联络，而其行为偶然结合，共同导致了同一受害人受到损害。例如，甲工厂和乙工厂分别向丙鱼塘排污，且任何一家工厂的污水量都足以导致鱼塘里的鱼死亡，那么对鱼死亡的损害结果，甲、乙成立无意思联络的共同侵权。无意思联络的共同侵权因各行为人之间并没有意思联络，既无共同故意，也无共同的过失，因此不是一般的共同侵权。②原因力结合的无意思联络的数人侵权。《民法典》第 1172 条规定的是原因力结合的类型。原因力结合（也称为部分因果关系）的无意思联络的数人侵权，指数个行为人的侵权行为必须结合在一起共同发挥作用，方能造成该损害结果的发生，或者数个侵权行为分别导致不同损害结果的发生。

---

❶ 王胜明. 中华人民共和国侵权责任法解读 [M]. 北京：中国法制出版社，2010：55.

（3）无意思联络数人侵权行为的构成要件

首先，二人以上分别实施侵权行为。无意思联络的数人侵权意味着加害人必须是二人以上。但是，他们并非共同实施侵权行为，而是分别实施侵权行为。所谓分别实施，就说明实施侵权行为的数人之间并无意思联络，即没有共同故意。否则，就构成共同加害行为，应适用《民法典》第1168条。

其次，造成了同一损害。一方面，无意思联络数人侵权与数个侵权行为的并存的重要区别在于：前者是数人造成了同一损害，而后者是分别造成了不同的损害。问题是，究竟什么才是"同一损害"？有学者认为，"同一损害"是指"数个侵权行为所造成的损害的性质是相同的，都是身体伤害或财产损失，并且损害内容具有关联性。"❶ 也有学者认为，"同一损害"是指"数个行为造成的损害结果不可分的情形，即数个行为仅造成一个损害结果，而非数个独立的损害结果。"❷ 笔者认为，在理解"同一损害"的时候，应该注意分别从各个侵权人所从事的侵权行为与受害人损害之间的责任成立的角度来观察。例如，张某骑摩托车撞了李某，李某被送到A医院治疗，因A医院的医疗过失，导致李某死亡。另一方面，如果受害人遭到多个损害，则各个侵权人的行为与该多个损害之间都具有责任成立的因果关系。例如，甲驾驶的A车与乙驾驶的B车相撞，致使A车内的乘客丙受伤，其手上的劳力士手表毁损。如果数人的侵权行为分别侵害了受害人的不同权益，造成了不同的损害，则属于数个侵权行为并存，并非无意思联络数人侵权。例如，某日，窃贼张三将房地产开发商李四宝马车上的名画偷走，数分钟后，对李四不满的业主王五将李四的宝马车烧毁。张三和王五也是分别实施了侵权行为，给李四造成了损害，且性质相同——都是财产损害。但是，他们造成的并非同一损害，不属于无意思联络数人侵权。因此，张三和王五应当分别在各自行为的因果关系范围内承担损害赔偿责任。

最后，因果关系的类型。对原因力竞合的因果关系的理解。对于《民法典》第1171条中"每个人的侵权行为都足以造成全部损害"应当作如下理解。第一，每个人的侵权行为"足以"造成全部损害，意味着各个侵权行为

---

❶ 王胜明. 中华人民共和国侵权责任法解读［M］. 北京：中国法制出版社，2010：54.
❷ 最高人民法院侵权责任法研究小组. 中华人民共和国侵权责任法条文理解与适用［M］. 北京：人民法院出版社，2010：92.

都与损害具有相当因果关系且原因力是相同的。它们中的任何一个单独出现，在法律上都与全部的损害具有相当因果关系。之所以要作如此严格的限制，就是因为侵权人承担的是连带责任，为了防止滥科连带责任，必须从因果关系的角度加以限制。否则，在各个侵权人没有意思联络的情况下，仅仅是为了受害人的赔偿更有保障而使各侵权人承担连带责任，理由并不充分。第二，"足以"并不意味着于每个侵权行为都实际造成了损害，毕竟侵权行为的出现总有一个先后顺序，损害结果往往在第一个侵权行为发生时就已经造成了，此后的侵权行为只是具有造成同样的损害的可能性而已，已经无法现实化地造成损害了。对原因力结合的因果关系的理解。《民法典》第 1172 条未要求每个人的侵权行为都足以造成全部损害。有学者认为，该条规范的是"部分因果关系型的无意思联络数人侵权，部分因果关系意味着，每个侵权人的行为均不足以导致损害后果的发生，而必须相互结合才能导致损害后果的发生"❶。笔者认为，《民法典》第 1172 条规范了因果关系类型不属于第 1171 条的其他的全部无意思联络数人侵权。

(三) 专利间接侵权——共同侵权规则的突破

需要承认的是，"我国的民法学界对共同侵权的构成要件并没有形成统一的看法"❷。在此基础之上，我国也有知识产权学者认为，"共同侵权的外延并不能涵盖专利间接侵权"❸。但笔者认为，《民法典》第 1168 条、第 1169 条、第 1171 条、第 1172 条规定的侵权行为并不能有效地规制实践中出现的专利间接侵权行为。

1. 专利侵权行为组合的类型

依照《民法典》第 1168 条、第 1169 条的规定将我国实践中出现的专利侵权行为类型化。

(1) 共同加害行为

如果专利侵权行为人在实施专利侵权行为的过程中存在意思联络，则可以依据我国《民法典》第 1168 条规定的"共同加害行为"进行规制。

---

❶ 王利明，周友军，高圣平. 中国侵权责任法教程 [M]. 北京：人民法院出版社，2010：400.

❷ 程啸. 论意思联络作为共同侵权行为构成要件的意义 [J]. 法学家，2003 (4)：94-102.

❸ 崔国斌. 专利法：原理与案例 [M]. 2 版. 北京：北京大学出版社，2016：751.

（2）教唆、帮助侵权行为

如果行为人与直接侵权人之间没有共同的故意，只是为后者提供帮助或教唆，引诱后者侵犯专利权，可以依据我国《民法典》第1169条规定的"教唆、帮助侵权行为"进行规制。

（3）实施专有权控制行为，构成专利侵权例外

如果某人虽然实施了受到专有权控制的行为，但是构成了专利侵权的例外，那么，依照《民法典》第1168条、第1169条的规定都不能有效地对其进行规制。具体如图2-1所示。

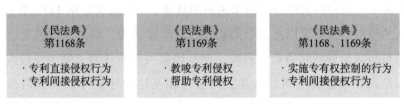

图2-1　《民法典》规制的专利侵权行为

2. 专利共同侵权规则不能规制专利间接侵权行为

判断是否侵犯专利权的时候贯彻的是全面覆盖原则。也就是说，专利权人要想起诉其他人的行为侵犯了他的专利权，专利权人就必须证明其他人所从事的行为将其专利权所有权利特征进行了覆盖。如果专利权人的技术特征没有被行为人的产品所全部覆盖，那么，专利权人就将无计可施。显然，这对专利权人而言是非常不公平的。但是，在目前的司法实践中，运用《民法典》中的共同侵权规则来解决专利间接侵权并不是合适的路径。

（1）实施了受专利权控制的行为并不意味着专利侵权

专利侵权当然是对专利权人专利权利控制范围的侵入，但是实施了受专利权控制的行为并不意味着专利侵权。

首先，如果实施受专利权控制的行为不是以营利为目的，则不会构成专利侵权。这是因为，我国《专利法》第11条规制的专利侵权行为是以"营利为目的"的。这就意味着，如果某人不是以营利为目的实施受专利权控制的行为，则不会构成专利侵权。

其次，专利法律法规对侵犯专利权规定了若干的例外。我国《专利法》在第69条规定了"不视为侵犯专利权"的情形，包括"专为科学研究和实验

而使用有关专利的"等。这也就意味着，如果行为人并非以生产经营为目的或者构成属于不视为专利侵权的情形，则《民法典》第1169条规定的教唆、帮助侵权行为并不能适用。

（2）专利间接侵权行为中并不存在共同故意

根据学者对《民法典》第1169条帮助行为构成要件的解释，"帮助人和被帮助人存在共同的故意"❶。

笔者认为，在专利间接侵权行为中，专利间接侵权行为人并没有侵犯他人有效专利权的故意，因此谈不上与具体实施专利侵权的行为人之间存在共同故意。专利间接侵权的行为人在出售这些零部件的时候明知或应知这些零部件将来会在某种场所被组合起来进而侵犯他人的专利权，但是行为人在出售的时候并不关心是谁购买这些零部件，更不关注这些零部件被销售之后的后续使用行为。作为生产者的某些专利侵权行为人刻意回避实施某些技术特征，由善意的最终用户完成最后的环节。在这种情况下，专利侵权行为人、最终用户之间没有共同的侵权故意。因此，《民法典》第1169条规定的教唆、帮助侵权行为也不能适用。

（3）专利间接侵权行为涉及对"物品"技术性要素的判断

根据立法者对《民法典》第1169条帮助行为的解释，帮助行为，是指给予他人以帮助，如提供工具或者指导方法，以便使他人易于实施侵权行为。帮助行为通常是以积极的作为方式作出，但具有作为义务的人故意不作为时也可能构成帮助行为。帮助的内容可以是物质上的，也可以是精神上的，可以在行为人实施侵权行为前，也可以在实施过程中。❷ 至于帮助的具体方式，有学者认为："《民法典》中规定的帮助行为更多地体现为提供作案工具、指示目标和帮助销赃等。"❸ 虽然帮助的具体方式不能穷尽，但是基本不涉及对所提供物品性质的技术判断问题（如是不是专利的核心构成要件等），这与专利间接侵权的"帮助"有很大的差别。

（4）《民法典》和《专利法》的立法目的不同

我国《民法典》的立法目的是"保护民事主体的合法权益……"❹。由此

---

❶ 程啸. 侵权责任法［M］. 3版. 北京：法律出版社，2021：396-397.
❷ 王胜明. 中华人民共和国侵权责任法解读［M］. 北京：中国法制出版社，2010：80.
❸ 王利明. 侵权责任法研究：下卷［M］. 北京：中国人民大学出版社，2010：539.
❹ 《民法典》第1164条。

可见，《民法典》主要是以保护民事权利，对受害人进行损害补偿的救济为主要目的。我国《专利法》的立法目的是保护私权、鼓励创新、促进发展。由此可见，《专利法》是一部平衡法，一方面维护专利权人的合法权益，另一方面也要鼓励发明创造，旨在平衡权利人和社会大众的利益。因此，共同侵权的"私权"救济制度和专利间接侵权的平衡理论存在显著差别。

本章小结

专利间接侵权制度有其深厚的理论基础。

第一节是专利间接侵权制度的法理学阐释。专利间接侵权制度建立的初衷是保护专利权人的专有权利。在社会中，有很多可以依据自然规律产生的潜在的方法发明或产品发明，某一个专利权人对自己的人身拥有所有权，这个专利权人从事的创造性劳动当然属于他自己，正是专利权人的创造性劳动将其成果从公有领域中发掘了出来，经过国家相关机关的程序之后，该专利权人就取得了一个独占性的专利权。当然，这个专利权人在取得一个专利权之后还留下了足够好的、同样多的东西给其他人，毕竟这个专利权人在从公有领域取得一部分划归己有之后，又把更大一部分放进了公有领域之中。国家授予一个人专利权是出于节约资源和提高效率的目的，因此，这个人取得财产所有权不造成浪费。专利间接侵权制度是这样一种制度设计：在专利间接侵权制度出现之前，专利制度设计中既包括对专利权人专有权利的保护，也包括对专利权人专有权利的限制，这样维持了一种平衡的状态。随着社会的发展，出现了越来越多的避开专利直接侵权的依据"全面覆盖原则"而发生的损害专利权人利益的行为，这打破了专利制度原有的平衡状态，从而需要新规则的介入来形成新的平衡状态，这样的规则就是专利间接侵权规则。专利间接侵权规则将这种原本不能被专利法规制的行为纳入了自己的"势力范围"，从而保障了专利权人的利益，更有利于保障社会公众的利益，因为毕竟各个部分的全部或大多数获得幸福（快乐）也有利于全体获得幸福（快乐）。

第二节是专利间接侵权的法经济学解读。知识产权激励理论的运行机理一般是这样的：国家通过专利而授予一定时间和一定空间合法的垄断权，是一种必要的刺激，这种刺激对鼓励发明创造人的发明创造活动非常有必要；同时，国家通过对发明创造者发明创造的最终成果授予专有性的财产权，也可以激励发明创造者尽可能早地将其发明创造向社会公开，从而可以减少重复开发，是节约社会资源的一种必要手段。可以说，专利法正是对技术方案公开"对价"的衡平机制。这种制度设计的最终目的是鼓励更多的发明创造者将其聪明才智应用在对社会整体有更大帮助的先进技术上，并且通过对其发明的公开，使公众尽早获悉这些发明的内容，并使这些技术在一定期限之后进入共有领域，进而使公众自由地对其进行利用。

第三节是专利间接侵权制度的民法学思考。首先，专利间接侵权行为是一种侵权行为。这是对专利间接侵权的一种基本定性。其次，专利间接侵权行为的来源是专利共同侵权。无论是在各种法律文件中还是在司法实践中，专利共同侵权在专利间接侵权行为中都发挥着重要的作用。最后，专利间接侵权对共同侵权进行了适度突破。侵权行为就是侵害他人受保护的民事权益，依法应承担侵权责任的行为。在我国目前的理论和实践中，侵权行为主要包括如下几种类型：一般侵权行为与特殊侵权行为、自己责任的侵权行为与替代责任的侵权行为、人造成损害的侵权行为与物件致害的侵权行为，以及单独侵权责任与多数人侵权责任等。作为专利间接侵权理论来源的专利共同侵权规定在我国《民法典》第七编第一章"一般规定"中，主要包括共同加害行为（第1168条），教唆、帮助行为（第1169条）和无意思联络的数人侵权行为（第1171条、第1172条）。本书主要从概念、规范目的和构成要件几个层次展开论证。虽然专利间接侵权理论来源于共同侵权，但在实践中，专利间接侵权大有与共同侵权分道扬镳之势，具体体现在如下几个方面：第一，实施了受专利权控制的行为并不意味着专利侵权；第二，专利间接侵权行为中并不存在共同故意；第三，专利间接侵权行为涉及对"物品"技术性要素的判断。

第三章
专利间接侵权制度比较研究

从比较法的视角观之，专利间接侵权制度在全世界许多国家或地区，如美国、日本、德国、欧盟等都广泛存在。作为一项世界范围内普遍存在的专利制度，这些国家或地区的制度也有一个产生、发展和成熟的必要过程。通过比较分析其制度的特点，可以为我国专利间接侵权制度的构建提供必要的经验借鉴。

第一节　美国专利间接侵权制度

一、美国专利间接侵权相关概念的界定

《美国专利法》在第 271 条对专利间接侵权制度有较为详细的规定。尽管《美国专利法》没有明确区分专利直接侵权行为和专利间接侵权行为，但是，将《美国专利法》第 271 条（a）款❶称为直接侵权行为、第 271 条（b）❷（c）款❸都称为间接侵权行为已经成为惯例❹。"《美国专利法》第 271 条

---

❶　35 U.S.C. § 271 (a).

❷　35 U.S.C. § 271 (b).

❸　35 U.S.C. § 271 (c).

❹　KING P E, LAU T T, KENE G V. Navigating the Shoals of Joint Infringement, Indirect Infringement, and Territoriality Doctrines: A Comparative Analysis of Chinese and American Patent Laws [J]. Columbia Journal of Asian Law, 2012, 25 (2): 276-304.

（b）款和（c）款中的专利间接侵权行为是不同于直接侵权行为的存在"，其实是"为了弥补第271条（a）款对专利权人保护的不足而出现的"❶。

"专利直接侵权之成立，必须符合全部要件原则，就是产品之发明，行为人须有制造、销售、许诺销售、进口产品的申请专利范围请求项所载的全部构成组件；就方法发明，行为人须有使用该方法请求项所载的全部构成步骤。"❷ 只要其中一个组件或步骤有所欠缺，即不构成直接侵权。但是，只依赖专利直接侵权之规范，对专利权人的保护尚有不足。对物品专利而言，制造一物品专利之全部组件之前，须先制造各个构成组件，再将其组装。制造各组件者与组装者若是同一人，以一般制造过程而言，制造各组件及组装常常是连续性的制造过程，以直接侵权之规范就不会产生保护不周的问题。若制造各组件之制造厂与组装者并非同一人，因零件制造或供货商并不制造专利发明之全部构成组件，因此不成立直接侵权；若不知组装厂是谁，或组装厂在国外，则难以主张直接侵权。为了强化对专利权人的保护，有必要将侵权行为提前到制造组件阶段的准备直接侵权行为，或供应组件的行为人，但也不能因此就将制造部分组件的行为当作专利侵权行为，如此专利侵权的全要件原则即失去意义。因此，相较于直接侵权，欲课以组件制造者之侵权责任，须增加成立侵权行为的其他要件，尤其是行为人的主观要件。间接侵权行为是从侵权行为法中的共同侵权行为发展而来的，然而，专利间接侵权不必依附于直接侵权，可以成为独立的侵权事件。条文文字已清楚地规定"将被归责为帮助侵权者"，因此，作为原告的专利权人，无须找到直接侵权人当作共同被告，而可以将间接侵权人独立当作被告。这是将间接侵权以专利法成文法规范的重要意义。

二、美国专利间接侵权制度发展历程

专利间接侵权制度最初并未出现在美国的立法之中，而是源自美国早期的司法判例。历经多半个世纪的发展，美国在1952年修改《专利法》时才将其写入法律。随后，德国、法国、冰岛、芬兰、挪威、日本、韩国和欧盟等

❶ MOORE S W. A Last Step Rule for Direct Infringement of Process Claims：Clarifying Indirect Infringement and Narrowing Joint Infringement ［J］. 61 Clev. St. L. Rev. 827 （2013）.

❷ LOWRIE M, LITTMAN K M, SILVA L. The Changing Landscape of Joint，Divided and Indirect Infringement：The State of the Law and How to Address It ［J］. 12. J. High Tech. L. 65 （2011）.

国家或地区也相继在专利法中增加了关于专利间接侵权的法律条文。❶ 为了更好地理解美国的专利间接侵权制度，有必要从美国专利间接侵权制度的源头进行追溯，进而一步步厘清其发展脉络。

（一）专利间接侵权制度的源起

美国的专利间接侵权制度最早可以追溯到 1871 年伍德拉夫（Woodruff）法官所审理的 Wallace v. Holmes❷案。虽然该案并非由美国联邦最高法院审理并作出判决，而是由美国康涅狄格州地区法院审理，但依然在学界以及立法实务界产生了巨大的影响。该案的判决使得美国的司法判决中第一次出现了这样的情况，即某人制造了没有专利权的部件，而该部件专门用于专利装置或专利方法，如果这种制造或销售是在没有得到专利权人许可的情况下发生的，那么，这种制造或销售的行为同样会被认为是一种专利侵权行为。这样的规定也为后续专利间接侵权制度的发展和演变拉开了序幕。

技术的发展使得专利权人的利益不能得到有效的保护，而该案的出现恰好有助于对传统专利侵权判定标准进行查漏补缺。就传统的专利侵权判定标准而言，仅在专利权人在专利权利要求书中所包含的整个技术特征被全面覆盖时，才会被视为侵权行为。也就是说，在专利侵权判定中，如果某个发明专利仅包含其他专利的部分技术特征，则其并不构成专利侵权。现实中常常出现这样一种情况，即消费者自行购买零件，然后组装它们，虽然也落入了全面覆盖的专利侵权判定情况，但消费者却常常以非营利目的作为侵权抗辩的理由，而避免专利诉讼。但长此以往，随着用户数量的增加，专利权人的利益将得不到有效保障，专利权人产品的市场营业利润也将因此种行为模式而受到严重损失。

在 Wallace v. Holmes 案中，原告享有煤油灯的改良发明专利，其在权利要求中声称，本发明是灯头和灯罩的改进组合。该发明专利的新颖性体现在灯头的结构上，可实现以下目的：一方面，煤油灯灯罩底部不发热，使灯罩易于拾取；另一方面，上面的灯罩被有效地支撑。在权利要求中，灯罩仅作为

---

❶ 熊文聪. 被误读的专利间接侵权规则：以美国法的变迁为线索 [J]. 东方法学，2011（1）；张通，刘筠筠. 我国专利间接侵权规则审视与思考 [J]. 中国发明与专利，2012（2）.

❷ Wallace v. Holmes，29Fed. Cas. 74（No. 17，100）（C. C. D. Conn. 1871）.

煤油灯的一部分并入该专利中，并不构成煤油灯专利的实质部分，但灯罩是煤油灯的组成部分。被告制造的灯头与索赔人的类似，擅自取名为"彗星灯头"，还将一个带灯头的煤油灯展示在其销售陈列室内，并告知消费者使用方式。在这种情况下，被告只销售没有灯罩的灯头，并告知消费者可以从其他企业购买灯罩。❶ 据此，原告向法院提起诉讼，要求法院发布禁令并赔偿原告的损失。

在审判期间，被告辩称，该发明被授予煤油灯而不是灯头。被告制造和销售的产品仅仅是原告所获得专利的产品的其中一部分，并不构成法律所规定的专利侵权行为。因为根据美国当时的相关判例，如果组合设备的专利设备缺乏其制造或销售的产品的任何部分，则不构成专利侵权。在这一点上，中美两国对专利侵权的判定原则是一致的，即"全面覆盖原则"。然而，伍德拉夫法官否认了涉嫌侵权人的辩护意见，提出被告已经实施了制造和出售原告专利发明的所有重要部分的具体行为，而被告所实施的种种具体行为在诱使他人使用原告的发明中发挥了关键的作用。这一案件对于专利的有效保护非常重要，因为在某些情况下，侵权人可能采取不直接侵犯他人合法、有效专利权的具体行为，但却通过侵权获得直接经济利益。同时也表明，专利权人可以在必要时直接起诉帮助侵权人，而不是大量的直接侵权人。❷ 这为专利间接侵权理论的构建奠定了基础，指明了方向，此案在美国专利法系统的发展过程中，一直被参考和引用。

在此案的判决中，尽管伍德拉夫法官没有明确说明间接侵权的概念，但他在案件判决书中表示："如果侵权者的观点被我们接受的话，那么，合并后的设备专利究竟还存在多少价值是一个值得深入思考的问题。在这种情况下，灯头的卖方和灯罩的卖方的共同目标是侵犯专利权，并且灯头的卖方和灯罩的卖方还将这种目标通过实际采取一致行动的方法来实现。也许被指控的侵权人并未实际与任何灯罩卖家有事前协议或约定，但每一步的销售行为都表现出引诱侵权的意图，促使其购买者将灯头和灯罩结合起来进而形成专利产品。购买者的购买行为实际上形成了这样一种承诺，即被告允许消费者照此

---

❶ 闫刚. 浅析专利间接侵权 [J]. 中国发明与专利，2008 (9)：57-58.
❷ 李明德. 美国知识产权法 [M]. 2 版. 北京：法律出版社，2014：103.

做或者引导了消费者的行为。"❶ 在这种情况下，消费者的购买和使用构成直接侵权。但是，伍德拉夫法官知道令作为第三方的消费者承担责任是不明智和不切实际的：人数不明确，主题不明确，难以有效实施。最后，伍德拉夫法官判定，作为侵犯专利产品一部分的被指控侵权人的制造商和销售商对间接侵犯专利权负有全部责任。这一决定开创了美国专利侵权制度的新局面，成为美国司法实践广泛采用和引用的司法裁决。这起案件启动了专利间接侵权制度的司法化，并在世界各国的制度建构和理论研究中被广泛使用，为研究世界各国的专利间接侵权制度提供了重要的司法先例，也为《美国专利法》修改的价值取向夯实了基础，并有效填补了美国专利直接侵权认定规则在专利侵权判定方面的不足，最大限度地扩大了专利权人所享有的专有权的控制范围。

(二) 专利间接侵权制度的发展

美国最早提出"专利间接侵权"这一法定术语是在 1894 年的 Morgan Envelope Co. v. Albany Perforated Wrapper Paper Co. ❷案中。在该案中，原告在卫生纸供应机上拥有专利，被告制造了专门适用于卫生纸机的卷筒芯，原告因此起诉被告专利侵权。在法院审理期间，法官大胆尝试了仍在讨论中的间接专利侵权理论，认定被告侵犯了原告的专利权。然而，法官并没有仅仅止步于此，而是在此基础上对间接侵权理论进行了拓展，指出专利间接侵权制度不能规范发明设备中通常使用的易损件，只能用于与专利有关的零部件。此案件标志着美国专利间接侵权制度开始萌芽并开始被司法裁判所接受。

美国专利间接侵权制度的建立和发展并不是一帆风顺的，20 世纪初正是美国反垄断执法最严格的时期。在这个重要的发展时期，美国的专利权间接侵权制度与反垄断制度进行了艰苦和长期的博弈。在 1909 年的 Leeds and Catlin Co. v. Victor Talking Machine Co. 案❸中，美国的专利间接侵权制度得到了加速的发展，麦肯纳（Mckenna）大法官在判决书中就提到：单一或非合并设备应视作享有专利权的单一体，协助使用此类单一体的行为同样构成对专利权

---

❶ Wallacev. Holmes, 29 Fed. Cas. 74 (No. 17, 100) (C. C. D. Conn. 1871).

❷ Morgan Envelope Co. v. Albany Perforated Wrapper Paper Co., 152 U. S. 425 (1894).

❸ Leeds and Catlin Co. v. Victor Talking Machine Co., 213 U. S. 301 (1909).

的侵犯。美国司法界基本上同意禁止专利间接侵权。但必须承认，专利间接侵权制度的建立，将专利权保护范围从专利产品延伸到非专利产品，扩大了专利权的保护范围。这进一步巩固和加强了专利权人的垄断权利，也加剧了专利法与反垄断法之间的矛盾。然而，随着时间的推移，被认定为间接侵权的产品范围逐渐扩大，不仅实施专利技术的非专利产品被包含在内，即使是那些有其他商业用途的产品也不能幸免。这种现象在美国最高法院 1912 年对 Henry v. A. B. Dick Co. 案❶的判决中得到了很好的体现。本案中原告享有轮转印刷机的专利权，并在专利许可的情况下将专利产品销售给消费者。附件的情况一般是机器只能使用由原告制造的蜡纸、油墨和其他物品。本案主审法官勒顿（Lurton）认为，专利权人可以有效限制使用专利机器的时间、地点或方法。此外，法官解释附属侵权行为：协助侵权是指故意协助或协助非法制造、销售或使用专利发明，被视为侵犯专利产品的配合协议的使用行为被视为专利侵权行为，并将构成侵权。为商品提供协助的行为被认定为间接侵权行为。该案件将间接专利侵权的适用范围扩大到与专利本身无关的产品。勒顿法官认为，构成间接侵权专利的产品范围不仅包括仅适用于实施专利技术且没有其他商业目的的产品，还涵盖其他商业用途的产品。该种理论已经突破 1871 年的 Wallace V. Holmes 案的适用范围。专利权人发现了更多的途径给予自己的专利权最大程度的保护，这在无形中也扩大了其专利的垄断地位。专利制度中蕴藏的平衡状态暂时性地被打破了，利益的天平又倾斜到了专利权人一方，这引起了社会公众的极度不满情绪。因为专利间接侵权同专利直接侵权有很大的差别，专利间接侵权将保护范围扩大到了非专利产品之上，这在事实上形成了对非专利产品的垄断保护。这种状况的存在与反垄断法的立法宗旨相抵触，并极有可能导致众多无辜的社会公众陷入专利制度设置的专利间接侵权陷阱之中。

不久之后，美国联邦最高法院通过对 Motion Picture Co. v. Universal Film 案❷的判决推翻了对 Henry v. A. B. Dick Co. 案的判决。该案法官克拉克（Clarke）以专利权滥用为由，对专利权人以协议的方式限制消费者使用专利产品的方式予以限制，禁止专利权滥用的原则也被应用到专利间接侵权案件

---

❶ Henry v. A. B. Dick Co., 224 U. S. 1 (1912).

❷ Motion Picture Co. v. Universal Film, 243 U. S. 502 (1917).

之中，进而利用该规则对专利权人的权利进行适当的限制。

由此，利益的天平重新回归平衡。在 1931 年的 Carbice Corp. 案❶中，法院判定专利搭售协议构成专利权的滥用，在第三人向专利产品的购买者出售了专利权人搭售协议所指向的物品的时候，只要这种物品不是专利产品，即使是专利产品的重要零部件，该第三人的行为也不会被认为是侵犯专利权的行为。这样就对专利间接侵权制度的适用范围进行了一定程度的收缩，基本上限制了专利间接侵权的适用空间。同时，如果专利权人在销售其专利产品的时候所附的协议被认为是违反反垄断法规定的，那么，被告的行为往往不会被认为是专利侵权行为。这个时候，作为专利权人的原告也不能获得任何救济。

随着禁止专利权滥用原则在司法实践中的广泛应用，专利间接侵权规则很难有适用的空间，在 1944 年的 Mercoid Corp. v. Mid-Continent lnv. Co. 案❷中，美国联邦巡回上诉法院认为，专利权人虽然有广泛的专有权利的空间，但是对于非专利材料，专利权人并不能利用其专利进行垄断。一个新的规则在该案中得到了确立，即如果某种产品并不是专利产品，则无论该产品是消耗性材料还是组合专利的构成部件，都无法获得专利保护。试图将非该类产品囊括进专利法的保护范畴，那么，这个人的行为就会构成专利权的滥用。这个新的原则否定了 1871 年 Wallace v. Holmes 一案所确定的专利间接侵权原则。可以看出，美国法院对专利间接侵权的态度是摇摆不定的。这也正说明了在专利制度中，专利权人与社会公众之间的利益一直存在平衡的需要，体现了专利权的本质。因此，如何平衡专利权人的利益与社会公众利益之间的关系是专利间接侵权制度得以有效应用的前提条件。美国司法案件的判例也证明，无论过于倾向于专利权人还是采用禁止专利权人滥用原则完全倾向于社会公众，都是这一问题的两个极端，所以留给美国司法界的问题是如何在利益的天平上有效地处理社会公众与专利权人之间的利益关系。

(三) 专利间接侵权制度的成熟

专利间侵权制度在发展阶段从极度扩展到几乎殆尽，既是专利法与反垄

---

❶ Carbice Corporation of America v. American Patents Development Corporation，283 U. S. 27 (1931).

❷ Mercoid Corp. v. Mid-Continent Inv. Co.，320 U. S. 661 (1944).

断法的博弈过程，也是社会公共利益与专利权人利益的争夺过程，这一利益的不均衡性引起了美国国会的注意，在 1944 年 Mercoid Corp. 案之后，美国法院和国会在该原则上进行了长时间的博弈，而最终结果则体现在 1952 年《美国专利法》中。

综上，从美国专利权间接侵权制度的艰苦发展历程中可以发现，专利权人的私人利益与社会公众之间的利益始终在其中发挥着逻辑主线的重要作用。换句话说，当专利权人通过规避专利间接侵权规则的方式来维护自己的利益时，就产生了禁止专利权滥用的抗辩规则。但是，禁止专利权滥用更多地体现了社会公众的利益，《美国专利法》最终修改，达到了专利权人利益与社会公众利益的平衡。

三、美国辅助型专利间接侵权构成要件分析

《美国专利法》第 271 条（c）款规定的是专利间接侵权中的辅助侵权，具体是指当卖方提供的零件或部件虽然没有侵犯任何专利，但作为专利所涵盖的其他机器或组合物的一部分，如果产品有其他有效用途，或者是"适用于实质性非侵权用途的主要商品"，那么卖方很有可能没有对第三方的侵权行为作出贡献。相较于第 271 条（b）款之引诱而言，271 条（c）款之间接侵权则是一种辅助型专利间接侵权的概念。

根据《美国专利法》第 271 条的规定，结合判例法对辅助型专利间接侵权的解释可以发现，辅助型专利间接侵权的构成要件如下。

（一）行为要件

依条文的规定，帮助型专利间接侵权之成立，原告至少要证明被告有以下行为：许诺销售、销售和进口等。

（二）物品要件

《美国专利法》第 271 条（c）款对辅助型专利间接侵权中的物品进行了一定的限制，概言之，包括如下几个方面：首先，行为客体为该专利发明的一部分，物品发明是其部分零件，是其部分材料，方法发明则是用于该方法的材料或装置；其次，该部分是专利发明的本质部分，并非商业上适用于实

质非侵权的日用品或通用品。

美国法官对提供某产品的行为是否构成专利帮助侵权进行解释时，也集中在"实质性非侵权用途"❶上。美国联邦第五巡回上诉法院法官布朗（Brown）就曾指出，"实质性非侵权用途必须符合经济效益原则，必须是切实可行的，甚至必须是可以大批量生产而不能是事后任意杜撰的、虚假的、不能实现的、不符合经济的、纯粹试验性质的。"❷ 后来，美国法院一直沿用这一标准。❸ 根据美国的判例，案件涉及的权利要求记载的内容可以认为是专利产品的实质部分，如果在权利要求中没有记载，即使用于实施发明，也不能认为是专利产品的实质部分。❹

（三）主观要件

关于辅助型专利间接侵权的主观构成要件，《美国专利法》使用的是"知道"一词。实际上，美国早在 1897 年 Thomson – Houston Electric Co. v. Ohio Brass Co. 案❺中就重点讨论了该行为主观故意要件。并且根据《美国专利法》第 271 条（c）款的措辞，其要求行为人"知道"其提供的产品是为侵犯专利权而专门制造的或者专门改制的。在 Aro Mfg. Co. v. Convertible Top Replacement Co. 一案❻中，美国联邦最高法院明确地指出，"适用《美国专利法》第 271 条（c）款规定的前提条件应当是，被指控为帮助型专利间接侵权的人需要知道，他自己设计的零部件将会被组合起来，而这个被组合起来的物将会成为第三方专利保护的对象。"❼ 应当明确的是，这里要求的是"实际知道"，而不包括"应当知道"。

该案同时也是近年美国专利间接侵权诉讼中最常被引用的判例之一。不只因本案是美国 1952 年《专利法》修正增加间接侵权规范后，美国联邦最高法院两度就同一专利间接侵权作出的判决，也因本案涉及两大汽车厂，福特

---

❶ 李明德. 美国知识产权法 [M]. 2 版. 北京：法律出版社，2014：109.

❷ Fromberg, Inc. v. Jack W. Thornhil, 315 F. 2d 407（1963）.

❸ 例如，美国联邦巡回上诉法院在以下案件中曾引用上述标准：I4i Limited partnership v. Microsoft Corp. 598 F. 3d 831（Fed. Cir. 2010）。

❹ Fujitsu, Ltd, v. Netgear, Inc., 620 F. 3d 1321（Fed. Cir. 2010）.

❺ Thomson–Houston Electric Co. v. Ohio Brass Co., 80 F. 712（1897）.

❻ Aro Mfg. Co. v. Convertible Top Replacement Co., 377 U. S. 476（1964）.

❼ Aro Mfg. Co. v. Convertible Top Replacement Co., 377 U. S. 488–490（1964）.

（Ford）公司及通用汽车（General Motor）公司，而当时正处在汽车业蓬勃发展的年代。

1. 事实经过

被告敞篷车顶更换公司（Convertible Top Replacement Co. ，以下简称 CTR 公司），自动汽车体研发公司（Automobile Body Research Co. ，以下简称 ABR 公司）取得美国专利第 2569724 号在马萨诸塞州的所有权利，这是一个有关敞篷车顶的物品专利，由多个组件所组成。该专利物品的结构是通用汽车公司及福特公司于 1952—1954 年的敞篷车原始设备的一部分。通用汽车公司自 ABR 公司取得授权，福特公司在 1952—1954 年并未取得授权，直到 1955 年 7 月 21 日之后才与 ABR 公司达成协议。因此，福特公司在取得授权之前制造及销售该型车为侵害专利行为。

Aro 公司也没有取得 ABR 公司的专利授权。敞篷车顶是由折叠组件与敞篷布料所构成，Aro 公司生产的是敞篷布料部分，该部分不像其他组件那样与车体有相同的使用寿命，因为敞篷布料部分容易磨损，大约三年即需要更换一次。Aro 公司所生产的敞篷布料经过特别裁制以安装于敞篷车上，用于 1952—1954 年的通用汽车，以及福特汽车装有第 2569724 号专利车顶结构的车型中。

CTR 公司起诉指称，Aro 公司在 1956 年有专利直接侵权及帮助侵权行为，因为 Aro 公司制造及销售用于更换通用汽车及福特汽车装有专利发明之结构的车顶。马萨诸塞州地方法院的判决对 CTR 公司有利，该法院认为，"车辆所有人更换敞篷布料构成直接侵害专利权，Aro 公司制造、贩卖更换式敞篷布料为帮助侵权"❶。美国第一巡回上诉法院维持原判决❷，但后来被美国联邦最高法院推翻❸。

2. 美国联邦最高法院第一次判决——已授权专利品之修理

美国联邦最高法院首先厘清本案所更换的敞篷布料只是专利发明组合中的组件之一，专利权请求项所载发明的单一组件不能单独主张权利，这是无

---

❶ Aro Manufacturing Co. , Inc. v. Convertible Top Replacement Co. , 119 U. S. P. Q. 122（Massachusetts 1956）.

❷ Aro Manufacturing Co. , Inc. v. Convertible Top Replacement Co. , 270 F. 2d 200（1st Cir. ）.

❸ Aro Manufacturing Co. , Inc. v. Convertible Top Replacement Co. , 365 U. S. 336（1960）.

专利的组件。美国联邦最高法院引用《美国专利法》第271（c）款的条文，其对帮助侵权的定义中有"在该专利之侵权下"的文字，此帮助侵权在直接侵权存在的前提下才会成立，也就是说，如无直接侵权，则无帮助侵权。

要判定本案是否有直接侵权，要依据更换敞篷布料是否造成专利发明的"制造"行为。也就是说，决定性的问题在于，汽车所有人更换损坏的敞篷布料是否构成侵害专利。敞篷布料的更换若是属于"修理"，则是允许的；若是属于"重做"，则是不允许的。因为"重做"虽然没有制造专利组成的全部组件，但已被当作"制造"的行为，而修理则不属于"制造"行为。

在这个问题中，美国第一巡回上诉法院认为，敞篷布料在专利组合中并非次要的或相对价廉的组件，也不是相较于其他组件在短期内就会损耗者，因此，敞篷布料的更换构成主要的重做（a major reconstruction）。专利权人也主张，敞篷布料是本专利发明中的重要或核心部分，该组件因很难更换而无法和该专利发明组合区分，当该核心部分损坏而更换时，即构成侵权的重做。

美国联邦最高法院不同意此论点。回到专利法的精神，专利发明组合包含请求项所有组件的组合，所授予的专利是针对整体组合而非单一组件。在法律上，并没有保护专利发明组合中的重要组件或核心组件的问题。[1] 因此，专利发明组合中的单一组件是没有专利之独占权的，无论该组件对该专利有多重要，无论该组件的价格如何，也无论组件有多难更换。专利发明的所有人可以维持其整体在可使用的状态，将已损坏、无专利的组件予以更换，并不会构成整体专利发明组合的重做，这是财产所有人修理其财产的合法权利。据此，本案汽车所有人更换敞篷车顶是允许的修理，而非不允许的重做。

3. 美国联邦最高法院第二次判决——无授权专利品之修理

美国联邦最高法院第一次作出的决定是以汽车所有人购买专利品为前提，也就是只就通用汽车的情况作出决定，而未就福特汽车的部分作出判决。通用汽车所有人购买的是经过专利权人授权的敞篷车顶，而可以合法地就其财产进行修理。但是，当该专利发明组合并无授权，如同福特汽车，传统的原则是即使修理也构成侵权。

在美国联邦最高法院第一次判决将原审推翻之后，地方法院法官以前述

---

[1] Mercoid Corp. v. Mid-Continent Co., 320 U. S. 667（1944）.

原则，驳回 CTR 公司对福特及通用汽车之诉。CTR 公司上诉时主张，因福特公司未经专利权人授权而制造、销售该敞篷车顶结构而侵害该专利，从福特公司购买汽车者因使用及修理该结构而侵权；Aro 公司因供应该敞篷布料而构成侵权，为《美国专利法》第 271（c）款中的帮助侵权。上诉法院同意其主张，作出对 CTR 公司有利的判决，即使更换敞篷布料只构成修理，对此无授权部分，车主仍然直接侵权，Aro 公司为帮助侵权。美国联邦最高法院再度受理上诉，重新厘清 Aro 公司制造和贩卖福特汽车上更换式敞篷布料的行为，是否依第 271（c）款应负帮助侵权之责。

美国联邦最高法院再度引用《专利法》指出：若无直接侵权，就无帮助侵权。本案的决定性问题是，车辆所有人就其车辆上有专利权的敞篷车顶，更换损坏的敞篷布料组件是否侵害专利。福特公司制造及销售未获授权的敞篷车的侵害行为并无反证可推翻，若福特公司有此授权，其购买者就不会因使用该汽车而侵权，购得专利权人所销售的专利组件或在其授权下是一种"隐含授权之使用"❶。福特公司缺乏授权而制造、销售，其购买者并未获得隐含使用的授权，其对专利发明之使用是"未经授权"而成立第 271（a）款之直接侵害。

如果物品所有人的使用是侵害专利权，则其更换某组件的修理也是侵害专利权。若某人无权建构一侵权机器，则对他人只是修理该机器亦无保护；修理者因供应该专利组成之重要部分，成立帮助侵权。❷ 结果是，用 Aro 公司销售的新品来更换损坏的敞篷布料，构成修理而非重做，因而这对通用汽车已获授权是可允许的，但对未获授权的福特汽车是不允许的。在此，Aro 公司成立帮助侵权的前提条件，也就是汽车所有人要有直接侵权，已无疑问地成立。

下一个问题是，Aro 公司的行为是否符合第 271（c）款其他要件而成立帮助侵权，美国联邦最高法院认为 Aro 公司在此条文下是有责的。

美国联邦最高法院首先回顾了第 271（c）款立法前之案例法。美国联邦最高法院指出使用无专利机器本身是未经授权的，结果是，对于这些机器的备用组件并无隐含授权。在此使用下，未经授权，清楚地构成侵权，备用组

---

❶ Adams v. Burke, 84 U. S. 453（1873）.
❷ Mach. Co. v. Maimin, 161 F. 748, 750（1908）.

件之使用违反禁制令。

早在 1897 年，已有案例指出"意图制造及销售有专利的组成之某组件者，应负共同侵权责任，且等于对专利权人以及事实上组成这个完整组成物品者负责"❶。

向专利权人购买机器者，可能通过部分所需组件之更新，而有意识地帮助组合、修理、更新一专利机器组合。但是，当他这么做的时候，他必须确认，若他想逃避侵权责任，其购买和使用该机器要获得授权，不论明示或隐含。❷《美国专利法》第 271（c）款立法时，美国国会曾经明确地指出，这是案例法的条文化。Aro 公司的销售与"专利组合的组件……构成该发明的本质部分……特别制造或适用于此专利之侵权使用，并非商业上适用于实质非侵权之用的日用品或通用品"的条文文字完全相符。事实上，这几乎是单一的使用该组件，很难适用于任何非侵权行为。

接下来，美国联邦最高法院提到一个在第 271（c）款条文中双方及下级法院都未提到的要件，即"主观要件"。在归责给 Aro 公司之前，Aro 公司须有关于该组件的意识。Aro 公司是否符合条文的"意识"或"知道"？下级法院发现，Aro 公司知道该更换之布料是特别设计用于 1952—1954 年的敞篷车而不适用于其他场合。或条文是否更进一步要求 Aro 公司知道敞篷车顶是有专利的，且知道福特公司未获得授权，因此福特汽车的所有人更换布料构成侵权。

在此问题上，大部分法院检视第 271（c）款确实需要显示所谓的帮助侵权者知道其组件是特别设计用在有专利且侵权之组合中。本案中，Aro 公司清楚地有此认知，在 1954 年 1 月 2 日的信件中，ABR 公司告知 Aro 公司其有第 2569724 号专利；它已授权给通用汽车，并无授权给他人。显然，Aro 公司接到该信件后已有充分的认知。事实上，大部分的销售都发生在该日之后，因为该型车辆最旧的是 1952 年车型，而敞篷布料的平均寿命是 3 年。而在该日之前的销售，Aro 公司因缺乏对福特汽车敞篷车顶是有专利及侵权这件事并无认知而不必负责。本案件被发回地方法院再调查事实，除非 Aro 公司对该日

---

❶ Thomson-Houston Elec. Co. v. Ohio Brass Co., 80 F. 712, 721（1897）.

❷ National Brake & Elec. Co. v. Christensen, 38 F. 2d 721（1930）；Reed Roller Bit Co. v. Hughes Tool Co., 12 F. 2d 207, 211（1926）.

之前的销售有所认知，否则其在该日之前的侵权责任将被撤销，而其在该日之后的帮助侵权行为，美国联邦最高法院则维持了下级法院的判决。

4. 小结

对于帮助侵权是否成立，《美国专利法》第 271（c）款规定了四个要件，美国联邦最高法院从法律规范意旨，又在案例法中导引出两个要件：第一，须有直接侵权之存在；第二，行为人与直接侵权人不是同一人。

直接侵权是否成立，须有涉直接侵权的行为人实施专利发明之请求项所载的全部构成要件。以物品专利而言，若涉直接侵权之行为人已制造或贩卖专利发明物品，正好就是一般专利侵权的状况，虽然其零件可能是由第三者供应，但并不需要将第三者列为共同侵权被告，向直接侵权者求偿即可。至于完成组装并贩卖的直接侵权行为人是否可向零件供应厂求偿，则委由两者间之私法契约而定。例如，本案福特公司未获专利权人之授权，出厂新车即装有该敞篷车顶而卖给消费者，也就是"销售"该敞篷车顶专利，专利权人以福特公司为被告，主张直接侵权即可。至于敞篷车顶专利物品若是由另一家零件厂供应部分零件，福特公司是否要向该零件厂求偿，则视两者间的契约而定。根据上述内容，"间接侵权行为人与直接侵权行为人不同"这一点可说明第 271（c）款间接侵权具有补充直接侵权不足之性质，可用直接侵权主张权利者，自然不必以间接侵权主张。

另外，虽然间接侵权是从侵权行为法的共同侵权行为发展而来的，而且可将间接侵权行为人单独列为被告，但若直接侵权不存在，则很难将其归责为共同侵权。因而，在案例法中又增加一项要件：须有直接侵权的存在才有间接侵权。本案例可说明，涉直接侵权行为人并无制造或贩卖专利发明的全部构成要件，而只是"使用"该专利发明，此种"使用"是否构成直接侵权，对于间接侵权是否成立，具有关键性影响。

"使用"专利发明物有两种情况：第一种情况是该专利发明物是购自专利权人或被授权人，此时，通说认为专利权在出售时即已耗尽。在权利耗尽理论中，主流学说的"默示同意论"认为，买卖契约未约定专利权出售时是否耗尽，就等于默示同意购买者可以使用该专利物品，不再有侵权之问题。第二种情况是该专利发明物并非购自专利权人或被授权人，此时，专利权并未耗尽，使用该专利物品仍属直接侵权之行为。前者即向通用汽车购买敞篷车顶的消费者，后者则是购买福特汽车的消费者。后者之消费者使用未获授权之专利物品虽然是侵权行为，但专利权人不可能找到全部消费者，将其全部列为被告，而是要找到出售该专利物品者，将其列为被告，这正是直接侵权的情况。

然而，消费者使用该专利物品时，若有部分零件损坏，向未获专利授权的厂商购买该零件而更换，即属第 271（c）款帮助侵权所欲规范之典型情况。此时，有一制造、贩卖无专利组件的厂商，该厂商并未制造全部组件而构成直接侵权，是否就完全没有妨害专利权人应有之权利，是间接侵权是否成立所要考虑的。在此需要考虑两个问题：第一是所修理的专利物品是否权利耗尽，第二是所修理的专利物品是否已构成重做。

在第一个问题中，对于权利耗尽的专利物品，消费者将其修理后，恢复到可使用的状态，本来就是可允许的，若不允许，则岂非消费者都要抛弃部分损坏的专利物品，再重新购置新品，这显然不合理。专利权的保护也必须考虑与公众利益取得平衡，消费者购得专利物品后，有权维护或修理自己的财产处于可使用的状态。况且，专利物品还有更换耗材的情况，正如本案例中的敞篷布料，其平均寿命只有 3 年，相较于其他组件，寿命是较低的。第二个问题则是限制允许的修理范围，若所修理更换的零件过多，已超越一般社会通念上所认知的修理，则代表该专利物品已损坏，消费者可能会再购置新品，此时专利权人即有再度出售专利物的利益，自然是专利权人得主张的权利。这种超出范围的修理被称为"重造"，是不允许的。

于是，产生一项重要原则，也就是"允许的修理、不允许的重造"。至于何种程度的修理是允许的，成为帮助侵权诉讼中争论之重点。在本案中，美国联邦最高法院是以所修理的组件与其他组件的相对寿命来评估，而非以组件的重要性来评估的。

（四）修理与重做的判断

美国司法实务上有关第 271（c）款最常见的类型，是供应某一无专利之组件给专利物品持有人进行组件之更换，这种更换是修理或重做，是决定第271（c）款是否成立的关键问题。在 Aro 公司案中，美国联邦最高法院虽已建立区分修理与重做的规则，但因物品种类繁多，个案情况不同，后续出现的实务案例均围绕这一问题有所争论，本节将以五个具有代表性的案例作为探讨的基础。

1. PORTER 案❶——番茄收获机头的收割圆盘更换是修理

本事件涉及的美国第 3999613 号专利是一种番茄收获机的机头（专利代表图如图 3-1 所示），用来收割番茄。此种机头包含两个带刻痕的同向旋转盘，有重叠的边缘，两动力带动的轴可旋转该盘，支撑结构可让盘定位并允许调整。盘上的刻痕可让盘在转动时，容易以植物的茎将番茄作物拔起。

Porterway 公司（以下简称 P 公司）是第 3999613 号专利之所有人，该公司除了出售番茄收获机头外，也出售包含旋转盘在内的相关零件。若需要更换新的旋转盘，P 公司收费 112.7 美元。另一 Farmers 公司（以下简称 F 公司）也出售该旋转盘，收费只有 79.5 美元。P 公司的收获机售价是 42400 美元，且未分开销售机头。P 公司起诉指称 F 公司就其所有的第 3999613 号专利第 9 请求项，有直接侵权及间接侵权行为。

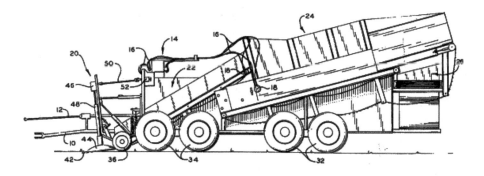

图 3-1　第 3999613 号专利代表图（其中组件编号 42、44 为旋转盘）

地方法院调查事实后，解读第 3999613 号专利第 9 请求项，包含比旋转盘更多的零件，因此直接侵权不成立是很明显的。F 公司更换旋转盘是允许的修理行为，不是直接侵权，因为直接侵权不成立，所以帮助侵权也不成立。地方法院作出不侵权的简易判决。

P 公司不服地方法院判决，而上诉至美国联邦巡回上诉法院，只争论帮助侵权不成立的部分，声称若地方法院适当解读请求项的话，就会发现向 P

---

❶ Florence PORTER, Executrix of the Estate of Wellington W. Porter, and Porterway Harvester Manufacturing Co., Inc. v. FARMERS Supply Service, Inc., 790 F. 2d 882 (1986).

公司购得收获机的所有人构成直接侵权，因为他们借由更换损坏的旋转盘而重做该机头。地方法院对修理和重做的区分之认定有违美国联邦最高法院判例的原则，在重做和修理之间的法律区分，影响的因素应该是所更换的是该发明的"重要"或"可区分"的部分。因此，F公司为帮助侵权。

美国联邦巡回上诉法院指出，就修理与重做的法律区分，美国联邦最高法院已不采"重要"或"可区分"的规则。依地方法院所作的事实调查，相对较便宜的旋转盘必须再度因磨损而更换，也就是在收获机头正常的使用寿命下，旋转盘会因磨损而更换多次。美国联邦最高法院在Aro公司案中已指出购买专利物品组合后，所获得的使用权包含了"保存其适于使用一直到磨损或破坏为止"。而获得专利授权的用户可更换任何组件，不论该组件对该专利组合有多重要，被更换的组件本身并无专利权。

因此，本案更换专利物品组合中的破损元件，是修理而非重做。结论是维持原地方法院判决。

2. Met-Coil案❶——出售机器对方法请求项有隐含授权

Met-Coil公司（以下简称M公司）是美国第4466641号专利的所有人，此专利为连接金属风管的装置和方法（图3-2）。依请求项所载之发明，金属风管之边端被弯成凸缘，特别是在角落处咬合，而将各段风管用螺栓接合。M公司也制造及销售滚压成型机，购买者可利用滚压成型机来弯曲金属风管的凸缘，以实施第4466641号专利请求项所载之发明。M公司也销售特别成型的角落组件以适用于凸缘。

Korners公司（以下简称K公司）则制造角落组件与M公司的凸缘合并使用，且销售给M公司滚压成型机的购买者。M公司起诉主张K公司有教唆侵权。

被告K公司提出简易判决的请求，理由是M公司销售的滚压成型机对其购买者有隐含授权，可用来制造该凸缘。因该授权，K公司认为M公司的顾客未侵害该专利请求项，因此，K公司既无教唆也无帮助侵权。原告M公司则主张其机器之销售并无隐含授权。地方法院采K公司之申请作出简易判决，专利权人上诉。

---

❶ Met-Coil Systems Corp. v. Korners Unlimited, Inc., 803 F. 2d 684 (Fed. Cir. 1986).

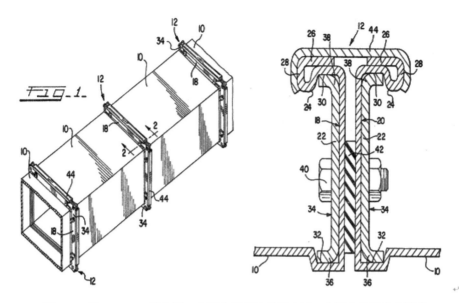

图 3-2　第 4466641 号专利（左图为风管连接示意图，右图为凸缘弯曲形状）

本案是方法请求项之侵权事件，滚压成型机本身并无专利，而是在使用滚压成型机时，会实施专利权请求项所载之方法，也就是将风管边缘滚压制成凸缘，然后将一段段的风管连接起来。

地方法院认为，"完整的凸缘是 M 公司专利风管连接系统的重要部分"，"凸缘在此风管连接系统之外无其他用途"。在此事实下，法院认为，向 M 公司购买机器者得到了隐含授权。

M 公司辩称，虽然在机器销售时未显示该销售由明显的授权中保留权利，但 K 公司并未满足举证责任，侵权者 K 公司有责任证明有隐含授权存在。关于此点，美国联邦巡回上诉法院同意地方法院的认定，亦即 K 公司已满足该举证责任。专利所有人无限制地销售机器只用于完成请求项方法和产生请求项产品，必须明白地推论为获得专利授权使用。因此，举证责任转移到 M 公司，M 公司无法举出任何证据证明其未授权。

因而，美国联邦巡回上诉法院维持地方法院的判决，M 公司的顾客获得隐含授权，以实施 M 公司专利请求项之发明，本案并无直接侵权。在缺乏直接侵权的情况下，也无帮助侵权。

3. Lummus 案[1]——提供切刀组件构成重做

本案涉及美国第 3485120 号专利，即切割长材料的装置和方法（图 3-3），这是一种切割一排纤维连续性材料，如订书针的装置，代表性的第 13 请求项包含切刀组件、固定组件、滚子装置等，第 22 请求项为方法请求项。在切刀组件中，刀刃的距离决定了被切割材料的长度，当需要变更材料长度时，切刀组件要更换成具有不同刀刃距离的组件。

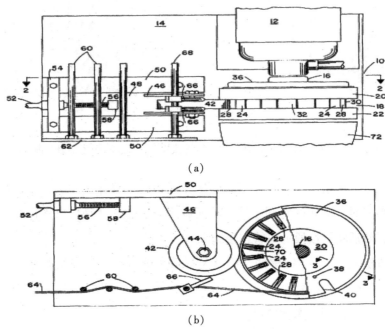

（a）

（b）

图 3-3　第 3485120 号专利代表图

专利所有人提出侵权告诉，被告 D. M. &E 公司及 MD 公司是设计专用于第 3485120 号专利装置之切刀组件的制造者和销售者。地方法院判决被告有帮助侵权，被告上诉。

本件诉讼的主要争论点在于，切刀组件的更换是一种允许的修理，还是不允许的重做。

被告辩称地方法院给予陪审团的指示并不充分，地方法院给出的指示是：一专利机器的购买者，有权就该机器之部分组件进行修理，但无权重做该机器。当一专利机器的一部分比整部机器先损耗而不能使用时，此种修理是允

---

[1]　Lummus Industries, Inc. v. D. M. & E. Corporation, 862 F. 2d 267（Fed. Cir. 1988）.

许的。在此情况下，更换已损耗的组件是允许的而不构成侵权。然而，更换未损耗之组件，当该组件是发明的本质部分时，构成侵权，因为这是一种重做专利机器的行为。法院指引陪审团应就双方所提出之证据，考虑切刀组件的寿命、相对价格，以及其他证据来判断本案事实是修理或重做。

被告认为给陪审团的指示应该包含下列问题：切刀组件之更换，该装置在使用寿命中，维持该装置整体的有用状态是被期待的或必需的。而且，地方法院所描述的"如果被更换的组件是足够重要的组件，就不可能是修理"是误导陪审团。

美国联邦巡回上诉法院审理后指出，地方法院给陪审团指示有关允许的修理和不允许的重做之差异叙述是适当的，地方法院的指示已足够向陪审团解释，切刀组件的购买者直接侵害专利请求项，切刀组件的制造者和销售者构成帮助侵权。此部分维持地方法院的判决。

4. Sage 案❶——重复使用组件不构成帮助侵权

Sage Product 公司（以下简称 S 公司）是美国第 Re33413 号专利"尖锐物舍弃系统"（图 3-4）的受让人，该专利之请求项包含一外容器，可能固定在一墙壁，以及一配合的可移动式内容器。外容器有一延伸槽可连接于内容器内部，可移动式内容器有一尖锐物舍弃系统。当内容器充满后，可自外容器移开，可移动式内容器是第 Re33413 号专利组合中的无专利组件。

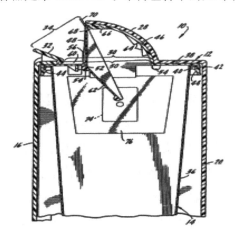

图 3-4　第 Re33413 号专利代表图

---

❶　Sage Products, Inc. v. Devon Industries, Inc., 45 F. 3d 1575 (Fed. Cir. 1995).

第 Re33413 号专利说明书解释此发明是有关污染组件之舍弃，特别是医疗领域使用的尖锐器具（如注射器），内容器充满后设计成舍弃式。适当的舍弃，如焚化，可避免充满废弃物的内容器之不适当再使用。发明说明建议内容器可由塑性物，如聚丙烯来构成，燃烧时只产生二氧化碳和水。

依第 Re33413 号专利说明书，S 公司希望其顾客在内容器充满后移除内容器，而注明"只能单次使用"的记号于容器上，S 公司也对再使用内容器的消费者采取行动，拒绝直接出售内容器给该消费者。

虽然第 Re33413 号专利不鼓励再使用，但再使用空的、干净的内容器于物理上是可能的，实际上，内容器并不易产生经常性损害。

由于 S 公司希望内容器被移除并舍弃，因此除销售专利发明之组成外，S 公司也单卖内容器。由于外容器在正常使用的情况下可维持很长时间，S 公司卖的内容器远多于外容器，内容器的销售有相当规模的市场，S 公司指出，在全美有超过半数的医院使用其尖锐物舍弃系统。

Devon 公司（以下简称 D 公司）制造 S 公司销售的内容器，该内容器既可用于 D 公司所制的墙篮上，也可与 S 公司的外容器搭配使用。D 公司未制造外容器，若与外容器组合，则侵害第 Re33413 号专利。

S 公司起诉指出，医院使用 D 公司之内容器与 S 公司之外容器，直接侵害第 Re33413 号专利请求项，因此 D 公司构成教唆侵害及/或帮助侵权。D 公司提出简易判决之申请，地方法院指出更换内容器构成 S 公司专利物品的修理。因为医院并未直接侵害第 Re33413 号专利，所以 D 公司并无帮助侵权或教唆侵权的责任。S 公司上诉。

上诉时，为了证明 D 公司有教唆侵权或帮助侵权，S 公司必须证明 D 公司内容器的使用者直接侵害了第 Re33413 号专利。S 公司因而声称医院自 S 公司专利容器的组合中更换可移除式内容器，是不允许的重做第 Re33413 号专利组合。被告 D 公司则指出一旦医疗废弃物充满后，更换无专利的内容器是可允许的修理，因为内容器是专利发明组成中的可舍弃更换部分。

美国联邦巡回上诉法院引用最高法院判例指出，只是更换无专利物品组合之单一元件，一次更换一部分，无论重复相同组件或连续不同组件，并不逾越物品所有人修理其财产的权利。决定何种行为构成修理或更换，与组件的尺寸或相对重要性是无关的。专利发明组合中的无专利组件部分，无论其如何有价值，无论其对专利如何重要，该无专利组件部分不在专利权的独占保护下，与其他无专利之装置并无不同。

美国联邦最高法院所建立的修理原则并未限制在暂时或不重要的修理，修理包含任何经由更换已消耗的无专利组件，而维护和使用专利发明组合之整体。

S公司未争论更换已损坏的内容器是一种重做。反而，S公司争论当未损坏的内容器充满医疗废弃物时，实质上已消耗、已用尽，或需要修理，结果是物理上再度使用内容器是可能的，虽然是困难的，更换内容器造成重做。为支持其论点，S公司提供证据指出其内容器可能被重新使用，且事实上被一些医院重新使用。

美国联邦巡回上诉法院指出，并非一组件在其不能重新使用时才算已消耗，而是如同地方法院所认定，当一组件无法在实际中使用或不可能继续使用，而须更换时，该组件已属损耗。当S公司所售的内容器充满废弃物后就已消耗，此时使用者更换内容器不属侵权。

S公司争论第Re33413号的请求项不是请求舍弃式内容器而是可移动式内容器，要求法院就请求项为可能的宽广解释，未来，发展此专利组合成为用于舍弃垃圾的系统并不是危险的，此时就不必再舍弃内容器，因此更换内容器构成重做。如果是这样，美国联邦巡回上诉法院指出其结论可能会不同。但在此，由第Re33413号专利所教示者，S公司本意上将内容器设计成安全可移动式及舍弃有危险的废弃物，前述论点与事实不符。

S公司有物品专利与无专利组件的组合。至少，S公司知道专利发明组合的购买者会小心地、周期性地更换其中的无专利组件，内容器在使用专利组合时是消耗组件。S公司本身制造内容器来更换且强烈要求专利发明组合之所有者周期性地购买该更换组件，还希望维持内容器在市场上的独占，这等于将其专利权扩张到无专利的组件。结论是，本案为可允许的修理行为，维持地方法院不侵权之判决。

5. Sandvik案[1]——铁头刀刃之更换时重做

本案涉及美国第4381162号专利，这是一种有刀刃的钻头，该钻头有麻

---

[1]　Sandvik Aktiebolag v. E. J. Co., 121 F. 3d 669 (Fed. Cir. 1997).

花部及碳化物刀刃，该刀刃因其中心部位的特别设计而使切削能力得到改良，可适用于高进给量的机器。该刀刃由更耐磨耗的碳化物制成，以黄铜焊焊接于麻花部上，黄铜焊所需温度达 1300℉。❶

Sandvik 公司（以下简称 S 公司）是第 4381162 号专利的被授权人，制造这种有专利的供商业使用的碳化物刀刃钻头（图 3-5）。碳化物刀刃虽然耐磨，但使用一段时间后，也可能钝化或破损，必须重新研磨，或更换新的刀刃。正常而言，这种刀刃可切削超过 1000 吨的材料才需再磨利，当然，实际寿命会因被切削材料的硬度而有所差异。S 公司知道钻头需要磨利，事实上在其所提供的手册上也说明应如何磨利，S 公司并未主张磨利的行为构成侵权。

E. J. 公司提供钻头修理服务，包含重新磨利及更换刀刃。当刀刃破损须更换时，必须先加热至 1300℉将破损刀刃移除，然后将新的长方体碳化物刀刃焊于麻花部上。待冷却后，将刀刃研磨成第 4381162 号专利所述的几何形状，研磨过程有五个步骤。

S 公司主张 E. J. 公司更换刀刃的行为构成重做第 4381162 号专利，是侵权行为，S 公司未制造或销售刀刃，E. J. 公司则抗辩这是可允许的修理。地方法院认为这是允许的修理行为，作出不侵权之简易判决。S 公司上诉。

美国联邦巡回上诉法院认为，本案的钻头刀刃并非可更换的组件，虽然刀刃在钻头有效寿命内可能需要研磨多次，但并未预期相较于麻花部有较短的寿命。本案并无证据显示，有更换刀刃的实质市场存在，也无很多使用者会有更换刀刃的需求。既有的证据显示，S 公司并无意图让其钻头更换刀刃，既未提供手册指出如何更换刀刃，也未建议钻头可能或应该更换刀刃，S 公司只是指示其顾客如何研磨刀刃。因此，无证据显示 S 公司的钻头刀刃被设计成可更换的部件。结论是，本案中刀刃之更换构成重做，推翻地方法院判决。

---

❶ 1℉（华氏温度）= -17.22℃（摄氏温度）。——编者注

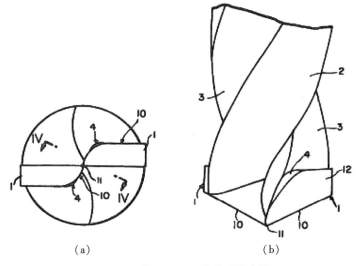

（a）　　　　　　　　　　（b）

图 3-5　第 4381162 号专利代表图

6. 小结

帮助侵权必须以直接侵权的存在为前提，直接侵权是否成立，则以元件的更换究竟是修理还是重做为争论焦点。专利物品的所有人进行修理是允许的，进行重做则是不允许的，这对供应更换组件者是否成立帮助侵权具有决定性影响。通常，当某一组件相对于其他组件的寿命明显较短时，会被认为是一种耗材的更换，这是维持整个专利物品仍可使用的修理，例如，PORTER案中番茄收获机头的旋转盘；在 Sage 案中，内容器本来就被设计成耗材。然而，并非所有的耗材更换都是修理，在 Sandvik 案中，虽然刀刃也是耗材，但法院从专利权人并无更换刀刃的商业行为，认定该具有专利的钻头是将刀刃与钻头麻花部设计为一体，因此刀刃的更换已构成重做。

修理或重做的问题并不一定是有某一组件的损坏，在 Lummus 案中，该专利机器可能需要多组切刀组件，以适用于不同长度的订书针的切割需求。因为，此种切刀组件之供应并不是耗材的更换，而被认为属于重做。

至于方法专利的间接侵权问题，在 Met-Coil 案中，行为人使用机器时，会使用请求项所载之方法，只要该机器是购自专利权人，一律以默示同意说认定专利权人已隐含授权，也就是使用该机器时，不得再以方法请求项指称其侵害专利。若专利权人在出售该机器时并未授权使用该专利方法，必须负举证责任证明之。

四、美国引诱型专利间接侵权构成要件分析

《美国专利法》第 271 条（b）款、（c）款规定的是间接侵权。其中，（b）款之间接侵权惯称为教唆型专利间接侵权，（c）款之间接侵权惯称为帮助型专利间接侵权。

第 271 条（b）款涉及的是引诱侵权，也就是说，"一方鼓动另一方直接侵犯专利"❶。教唆侵权所规范之侵权行为是一种教唆的行为，也就是对直接侵权者有教唆的行为。从条文本身来看，第 271 条（b）款侵权之成立，作为原告的专利权人，必须证明被诉侵权者积极教唆他人实施直接侵权之行为。若想要证明引诱型专利间接侵权行为的存在，专利权人必须证明存在如下两个要素：第一，有直接侵权的存在；❷ 第二，造成侵权行为的主观意图。

在美国的司法实践中，还存在如下几种特殊类型的引诱侵权，如"明知实施自己的专利需要以第三人的专利作为基础，仍然许可他人使用自己所拥有的专利"❸，"专利侵权产品的维修"❹，"专门设计某种设备或系统，而这种系统可以用于实施专利侵权行为"❺，等等。

根据法条，结合判例法对引诱型专利间接侵权的解释可以发现，美国引诱型专利侵权的构成要件如下。

（一）行为要件

在教唆型专利间接侵权的构成要件中，行为要件要求行为人有积极教唆的行为。关于教唆行为的具体类型，负责制定第 271 条的里奇（Rich）法官认为，并没有办法穷尽教唆行为的类型，既可以包括宣传被告销售的产品可作侵权适用，也可以包括提供说明书、产品标签、数据表等来说明如何使用被告的产品以侵权专利，还可以包括保护顾客免收专利侵权诉讼的协议等。

---

❶ Hewlett-Packard Co. v. Bausch & Lomb Inc. , 909 F. 2d 1464（1990）.

❷ Serrano v. Telular Corp. , 111 F. 3d 1578, 1583（1997）.

❸ Hussey v. Bradley et al. , 5 Blatchf. 210（1864）.

❹ Ro Manufacturing Co. et al. v. Convertible Top Replacement Co. , 375 U. S. 804（1963）.

❺ Baut v. Pethick Const. Co. , 262 F. Supp. 350（1966）.

（二）主观要件标准

"美国专利间接侵权制度中的主观要件标准经过了一个从出现到确立的长时间的过程。"● 由于成立第 271（b）款之案例不多，且案例事实差异很大，很难说出一套成立引诱型专利间接侵权的具体准则。是否成立第 271（b）款，主观要件居关键地位，以致后续诉讼案件集中在主观要件的争论上。

1. Water Tech. 案●——构成教唆侵权

本案涉及一种改良的杀菌树脂，被用来消毒及纯化水质。原告 WTC 公司将使用前述技术制造的水杯提供给露营者、背包客、旅行者使用。Calco 公司是该领域的竞争者，其制造及销售的一种吸管也含有前述杀菌树脂。加特纳（Gartner）是某化学实验室的总裁，为 Calco 公司所制吸管做测试，加特纳同时也是一名顾问。

在本件专利发展前二三十年，科学家使用卤素（碘、溴以及氯）等材料进行水的消毒，但这种技术会在水中残留消毒剂。堪萨斯州大学的兰伯特（Lambert）及菲娜（Fina）教授在 1960 年年末发展出一种杀菌法，将水通过一种含有二价碘的离子交换树脂进行消毒，获得美国第 3817860 号及第 3923665 号专利。1973 年，这两件专利被专属授权给 Aqua-Chem 化学公司，该公司的哈奇（Hatch）博士发展出两种改良的发明，用原来的技术再加上 30%～40% 的多价碘及五价碘，并于 1980 年获得美国第 4187183 号及第 4190529 号专利，两专利均为 Aqua-Chem 化学公司所有。

1977 年，Aqua-Chem 化学公司将其申请中的专利专属授权、兰伯特及菲娜的专利再授权给 WTC 公司，WTC 公司利用这些技术发展出水纯化杯。1979 年，加特纳以 Brunswick 公司顾问的身份与 Aqua-Chem 化学公司接触，有意利用其技术发展其他水纯化装置。1980 年，加特纳申请一种吸管式水纯化装置，只使用含有三价碘的树脂，加特纳再次与 Aqua-Chem 化学公司接触，取得他想要的公式，此公式为第 4187183 号及第 4190529 号专利所揭示。加特纳将有专利的 Aqua-Chem 化学公司提供的树脂公式交给 Calco 公司，授权给 Calco 公司以制造其水纯化吸管。

● 宁立志. 专利辅助侵权制度中的法度边界之争 [J]. 法学评论，2010（5）：35-45.
● Water Technologies Co. v. Calco Ltd., 850 F. 2d 660（Fed. Cir. 1988）.

1980 年 9 月前，Calco 公司很担心专利的事情，但在加特纳的帮助下，于同年 11 月制作出第一批水纯化吸管，并由加特纳协助测试，一部分吸管由加特纳销售。

1981 年，加特纳再次发展出改良的树脂公式，并以新的树脂制造水纯化吸管并上市。WTC 公司发现此吸管后，认为有侵害其自授权人 Aqua-Chem 化学公司所获专属授权之专利，于 1982 年起诉 Calco 公司。Aqua-Chem 化学公司于 1982 年终止 WTC 公司的专属授权。

本件侵权诉讼经地方法院审理后认为，Calco 公司制造、销售水纯化吸管的行为侵害四件专利，加特纳为教唆侵害，其侵害是有意的，加特纳对 Calco 公司造成专属被授权人的所有损害都有责任。

Calco 公司上诉至美国联邦巡回上诉法院，本案的争议焦点很多，以下仅摘录加特纳是否有第 271 条（b）款教唆侵权的争点。首先，在地方法院认定有直接侵权的部分，美国联邦巡回上诉法院认为并无错误。其次，在教唆侵权部分，加特纳辩称并无证据显示其有特别意图导致教唆侵权之存在。美国联邦巡回上诉法院指出，若需要证据，并不需要直接证据，间接证据已足够。加特纳指出，他并不知道 Calco 公司销售的吸管使用最初一批有直接侵权的树脂，因欠缺此知识而不成立教唆侵权。对于使用他所改良的树脂吸管，加特纳声称，其所使用的是一种无直接侵权的树脂，而且他曾写信给 Brunswick 公司，指出他增加成分后可能绕过既有的专利，他已就改良的树脂申请专利。法院指出，加特纳已将所有的树脂公式交给 Calco 公司，帮助 Calco 公司制造侵权树脂，且协助准备商品所附的消费者使用说明，加特纳曾致力于管控 Calco 公司对侵权树脂的制造。加特纳写给 Brunswick 公司的信件及专利申请并非可证明缺乏意图的明显证据。法院参酌所有客观证据后，已足可认定加特纳构成教唆侵权。

2. HP vs. B&L 案❶——不构成教唆侵权

本案涉及两件专利，第一件是原告惠普（HP）公司主张被告侵权的 LaBarre 专利，第二件是 B&L 公司所有的第 Re 31684 号的 Yeiser 专利，B&L 公司据以主张 LaBarre 专利无效。两件专利都是用来在图纸上产生二维图形的

---

❶ Hewlett-Packard Co. v. Bausch & Lomb Inc., 909 F. 2d 1464 (Fed. Cir. 1990).

X-Y 绘图机，这种绘图机可分成两大类：第一类是图纸固定，绘笔在一方向
（Y 方向）的可移动轨道上移动，鞍座在另一方向（X 方向）移动；第二类是
图纸在 Y 方向移动，绘笔固定于鞍座 X 方向移动。上述两件专利都是第二类
绘图机，两者的图纸都是在 Y 方向移动而由一对或多对滚轮带动。

为了绘出精确的图形，在 Y 专利和 L 专利中都揭示了很重要的装置，在
图纸和节距滚轮间不可滑动以确保图纸往复移动时的定位。因而，Y 专利教
示至少一节距滚轮必须借由刻痕或借由橡胶层或类似物以形成高摩擦表面。L
专利则教示有效消除滑动的方法，是用碳化硅粗砂石包覆于滚轮上。粗砂石
不仅增加节距滚轮和图纸间的摩擦，也在图纸上产生小凹痕。在图纸于 Y 方
向往复移动时，这些凹痕和粗砂石重复吻合，能够进一步避免图纸和滚轮之
间的滑动。由于这个吻合效果，HP 称 LaBarre 的绘图机必须考虑为正向传动
绘图机，图纸是由齿嵌入纸上的孔来带动，有别于在图纸上的传动是由摩擦
产生的摩擦传动绘图机。

LaBarre 的第 1 请求项是在 USPTO 已知 Yeiser 专利的情况核准。第 1 请求
项最后修正加入"其中粗表面……有随机的形式、尺寸，及粗点之高度"后
被核准。B&L 公司通过其休斯敦仪器部门，开始在 1982 年年末至 1983 年年
初销售粗砂石滚轮绘图机。1985 年 9 月，B&L 公司与 Ametek 公司达成购买协
议，Ametek 公司以总价 4300 万美元购买 B&L 公司所售的休斯敦仪器部门
（包含所有的资产及权利），购买协议中有关专利的主要协议是：B&L 公司将
Yeiser 专利授权给 Ametek 公司；B&L 公司可就 Ametek 公司侵害 LaBarre 专利
一事赔偿；B&L 公司及 Ametek 公司合作，以发展一绘图机不会侵害 LaBarre
专利。

HP 公司在 1986 年 5 月提起本诉，称 B&L 公司在出售休斯敦仪器部门前
有直接侵害 LaBarre 专利，出售之后则有《美国专利法》第 271（b）款的教
唆侵权。关于直接侵权，B&L 公司承认侵权，但主张 LaBarre 专利请求项因
Yeiser 专利而依《美国专利法》第 103 条之规的显而易见性而无效。B&L 公
司辩称，Yeiser 专利所教示的刻痕轮会实质产生凹痕而与刻痕轮的粗表面吻
合，这是 LaBarre 专利请求项所要求的。关于教唆侵权，B&L 公司否认在
1985 年 9 月出售休斯敦仪器部门给 Ametek 公司的行为构成教唆侵权。

美国加利福尼亚州北区地方法院在调查事实后，认为 LaBarre 专利有效，

B&L 公司在 1985 年 9 月出售休斯敦仪器部门之前构成侵权。然而，美国加利福尼亚州北区地方法院认为，B&L 公司未构成教唆侵权行为。双方均上诉。

本案是否成立第 271（b）款间接侵权之关键在于，必须证明何种程度的知识或意图可构成第 271（b）款的教唆行为，这个问题是开放的。第 271（b）款所规范者比第 271（c）款广得多，条文当然未说明需要证明何种意图以成立教唆行为。然而，根据在 1952 年之前的案例法有关教唆行为的定义，以及第 271（b）款只用于 1952 年之前的条文，法院认为，实际的意图已产生构成侵权的行为，是成立教唆侵权的必需要件。但此证明在本案中是欠缺的。

回到本案出售休斯敦仪器之整个事件，法院判决指出，很明显，B&L 公司只是要将休斯敦仪器以最高价卖出。B&L 公司对 Ametek 公司对休斯敦仪器所作的并无兴趣，休斯敦仪器为 Ametek 公司所有后，是否继续制造粗砂石滚轮，B&L 公司并不关心。HP 公司指出，出售休斯敦仪器时包含制造粗砂石滚轮绘图机的特别计划，以及关键人员的知识。然而，这是休斯敦仪器被出售所有资产及权利的事实之结果。B&L 公司并无兴趣继续控制 Ametek 公司进行该计划。因而，粗砂石滚轮绘图机只是构成休斯敦仪器之出售的一部分。对于 B&L 公司和 Ametek 公司的购买协议，以及 Ametek 公司指出休斯敦仪器也在发展、制造和贩卖模拟及数字编码器、数字器、计算机辅助绘图设备及其他产品。未发现在 B&L 公司及 Ametek 公司所签协议的任何内容有充分尝试性的意图来教唆侵权；B&L 公司就 Yeiser 专利授权给 Ametek 公司也无尝试性的任何意图构成教唆侵权。授权协议未表明给 Ametek 公司权利去制造、使用及贩卖绘图机，它只是提供 Ametek 公司实施 Yeiser 专利而不主张权利。双方其实都很清楚，除了 Yeiser 专利，其他专利仍可能禁止 Ametek 公司制造、使用及销售绘图机。B&L 公司与 Ametek 公司间的协议约定，共同努力找到避免侵害 LaBarre 专利的方法。如果这一约定能说明什么问题的话，也仅仅表明 B&L 公司同意帮助 Ametek 公司开发不侵害其他专利权的绘图机，无意引诱侵权。

由这两个案例可以了解，第 271（b）款的间接侵权是否成立，重点在于行为人的主观要件。行为人主观意图为何，旁人当然无法得知，只能用客观的证据来推论行为人是否有主观意图，而原告必须举出客观的证据。在 HP 案中，B&L 公司的制造、销售行为已成立直接侵权，然后将制造、销售专利品的部门出售给 Ametek 公司，Ametek 公司继续制造、销售专利品而构成直接侵权时，可否说 B&L 公司出售事业部门的行为是一种帮助或教唆 Ametek 公司的侵权？客观的证据是 B&L 公司出售事业部门时的协议，法院就该协议内容，认为 B&L 公司只是意图高价出售该事业部门，并无意图帮助或教唆 Ametek 公司直接侵权，而判决不成立第 271 条（b）款之间接侵权。而在 Water Tech. 案中，加特纳不只知道系争专利的存在，还协助直接侵权者制造及测试侵权商品，客观证据已可证明加特纳主观要件的成立。

3. DSU❶ 案——较为一致的主观要件标准的确立

主观要件标准的不确定性造成了法院对案件判决的不确定性。在 2006 年的 DSU 案中，美国联邦巡回上诉法院以全院联席会的方式，建立了较为一致的主观要件标准。

本案涉及美国专利第 5112311 号，Utterberg 是第 5112311 号专利的共同发明人，拥有 DSU 及 MDS 公司，DSU 公司拥有第 5112311 号专利，MDS 公司则拥有第 5112311 号专利之专属授权，MDS 公司以 "MasterGuard" 及 "Point-Guard" 的商标名称在市场上出售商品。

被告侵权对象物是 ITL（澳大利亚公司）在 "Platypus" 的商标名称下贩卖的物品。ITL 在马来西亚及新加坡制造 Platypus。Platypus 并不包含注射针，而只有壳部。

JMS 公司是一家大规模的日本医疗器材供货商，在美国设有 JMS 北美公司而与 MDS 公司有竞争关系。JMS 公司在 1999 年之前向 ITL 购买 Platypus 针保护部，与 ITL 达成营销全世界的协议。在协议中，JMS 公司向 ITL 购买其在新加坡及马来西亚所制造的开壳构造，JMS 公司卖给消费者前再将其装于针上。

DSU 公司诉 Platypus 侵害第 5112311 号专利，也诉 JMS 公司及 ITL 共同教唆侵权。在解读请求项后，被诉侵权对象物含有系争请求项 46、47、49 及 52、53 的其他限制条件，故侵害该请求项。

地方法院陪审团发现 JMS 北美公司及 JMS 公司有直接及帮助侵权，JMS 公司教唆 JMS 北美公司侵权，但认为 ITL 未帮助侵权或教唆侵权。上诉时，DSU 公司争论 ITL 有帮助侵权。

---

❶ DSU Medical Corporation & Medisystems Corporation v. JMS Co. Ltd, 471 F. 3d 1293（Fed. Cir. 2006）.

美国联邦巡回上诉法院审理时，首先指出原告 DSU 公司必须证明 ITL 所制造及销售的壳部没有其他的实质非侵权用途，这一点由地方法院的事实调查资料已可证明。而在主观要件上，则有争论。本案地方法院给陪审团的指示是：为了成立教唆侵权，首先必须有直接侵权的行为，且证明被告有意识地教唆侵权，带有意图以鼓动侵权。被告必须有意图引起构成直接侵权的行为，且必须已知道其行动会引起直接侵权。不像直接侵权必须在美国境内发生，当直接侵权在境内发生时，教唆侵权的行动并不必须在境内。

DSU 公司引用 Hewlett-Packard Co. v. Bausch & Lomb Inc. 案❶，指出教唆者只需要有意图引起第三者的行动，该行动若构成直接侵权，就应成立教唆侵权。地方法院给陪审团的指示不适当。

然而，在 Water Tech. 一案中则指出，第 271（b）款规定，凡主动教唆专利侵权者，将被归责为专利侵权人。为建立第 271（b）款的归责能够成立，专利持有者必须证明被告曾知悉该专利，被告主动及意图帮助及唆使他人的直接侵权。然而，只具有可能侵权的知识不能构成侵权，必须证明有特别的意图及行动去教唆侵权。

为了厘清主观要件的标准，美国联邦巡回上诉法院将此争点交由全院联席会决定。美国联邦巡回上诉法院先引用最高法院于 Grokster 案的判决先例，这虽然是著作权案，但美国联邦最高法院在本案中曾引用美国联邦巡回上诉法院对先前有关教唆侵权的判决原则。美国联邦最高法院引用 Water Tech. 案的判决指出：早期案例所发展的教唆侵权之规则在今日并无不同。"积极动作……用于鼓动直接侵权"之证据，结果是，若任何人提供一个产品的目的在于促成该产品被用于侵权，必须有坚定的意图以引起直接侵权，从而因为第三者的直接侵权结果有了归责性。

在 Grokster 案中，美国联邦最高法院指出，"所谓侵权者必须显示……有意识地教唆侵权，不只是有意识教唆构成直接侵权的动作"，法院解释对"意识"的要求：必须证明被告具有特别的意图以鼓动他人侵权，且被告有构成教唆行为的知识。原告负责证明侵权者有教唆侵权行为，且他已知或必须了解他的动作会教唆实际的侵权。

美国联邦最高法院引用在 Water Tech. 案中，证明有意图是必需的，但不

---

❶　Hewlett-Packard Co. v. Bausch & Lomb Inc.，909 F. 2d 1464（Fed. Cir. 1990）.

需要直接证据，周边证据也可以证明。虽然法院在 HP 案中指出，"证明实际的意图产生的行动会构成侵权，是成立教唆的必需条件"，但其在 Grokster 案中澄清，教唆侵权的意图需求，超过只是有意图引起行动以产生直接侵权。最近法院用的文字是"侵权者有意识地教唆侵权且拥有特别意图以鼓动他人之侵权"。据此，证明教唆侵权需要有违法行为之证据，直接鼓动他人之侵权，不只是教唆者有直接侵权者行动的知识。因而，在本案中，地方法院对陪审团的指引是正确的。

本案所建立的主观要件基准相当重要，教唆侵权的主观要件标准显然较帮助侵权要高，须证明"侵权者有意识地教唆侵权且拥有特别意图以鼓动他人之侵权"，也就是说，只有侵权之意识或认知是不够的。本案之标准成为现时所用之标准，被后续争论主观要件的案件所引用。例如，2009 年 Broadcom 一案❶，地方法院陪审团裁决教唆侵权成立，被告上诉时争论法院给地方法院指示的主观要件标准，美国联邦巡回上诉法院审理后认为该指示并无错误。

五、美国专利间接侵权与直接侵权行为的法律关系

从对美国司法实践的具体考察中可以发现，在认定专利间接侵权时，必须首先确认直接侵权行为的存在，即认定专利间接侵权时采用"从属说"，这点可以从《美国专利法》第 271 条（f）款（1）❷和（2）❸中解读出来。间接侵权必须以直接侵权存在为前提，而直接侵权是否成立，则多以元件的更换究竟是修理或重做为争论焦点。专利物品的所有人进行修理是允许的，重做则是不允许的，这对供应更换组件者是否成立帮助侵权具有决定性作用。通常，当某一组件相对于其他组件的寿命明显较短时，会被认为是一种耗材的更换，这是维持整个专利物品仍可使用的修理，如 PORTER 案中番茄收获机头的旋转盘。然而，并非所有的耗材更换都是修理。例如，在 Sandvik 案中，虽然刀刃也是耗材，但法院依专利权人并无更换刀刃的商业行为，认定该具有专利的钻头是将刀刃与钻头麻花部设计为一体，因此刀刃的更换已构成重做。当然，修理或重做的问题并不一定有某一组件损坏。在 Lummus 案

---

❶　Broadcom Corp. v. Qualcomm Inc., 543 F. 3d 683 (Fed. Cir. 2008).

❷　35 U. S. C. § 271 (f) (1).

❸　35 U. S. C. § 271 (f) (2).

中，该专利机器可能需要多组切刀组件，以适应不同长度的订书针的切割需求。因为，这种切刀组件的供应并不是耗材的更换，而被认为属于重做。此外，对于方法专利的间接侵权问题，在 Met-Coil 案中，行为人使用机器时，会使用请求项所载的方法，只要该机器是购自专利权人，一律以"默示同意说"认定专利权人已隐含授权，即使用该机器时，不得再以方法请求项指称其侵害专利。若专利权人在出售该机器时并未授权使用该专利方法，则必须负举证责任。

美国间接侵权规则旨在弥补专利权人对直接侵权人的求偿不能，如间接侵权中的帮助侵权，虽然专利产品的专用部件并未全面覆盖涉案专利，向他人提供专用部件的行为也可能会被认定为间接侵权。可以说，间接侵权制度是旨在充分保护专利权人利益而作出的一种政策性扩张，是对直接侵权责任的补充，考虑到专利权人与社会公众的利益平衡，对间接侵权的认定必须作出严格限制。间接侵权必须以直接侵权为前提，就是这种限制的重要体现。正因如此，长期以来，《美国专利法》及其实践对专利直接侵权的认定相当谨慎，严格遵守单一主体规则和全面覆盖原则，因为一旦降低对直接侵权的认定标准，就意味着对间接侵权的扩张。但是，自 Akamai 案以来，美国联邦巡回上诉法院对间接侵权中的"直接侵权"的新注解，其扩张间接侵权以加强对专利权保护的倾向值得关注。

六、美国专利间接侵权的主观标准要件

在专利间接侵权制度中，侵权判定是理论界和实务界的核心争议问题。从上述立法规定和司法案例中可以看出，尽管美国将专利间接侵权分为帮助侵权和引诱侵权，但这两种类型间接侵权行为的核心，都在于侵权判定过程中主观要件标准的具体认定。例如，美国在 DSU 案中所建立的主观要件基准就相当重要。具体而言，从该案中可以看到，专利引诱侵权的主观要件标准显然比帮助侵权要高，必须证明侵权者有意识地引诱、教唆侵权且拥有特别意图以鼓动他人之侵权。也就是说，只有侵权之意识或认知是不够的。此外，该案判决所采用的标准也成为之后美国司法实践中常用的标准，即被后续争论主观要件的案件所引用。例如，2009 年 Broadcom 一案❶，地方法院陪审团

---

❶ Broadcom Corp. v. Qualcomm Inc., 543 F. 3d 683 (Fed. Cir. 2008).

裁决教唆侵权成立，被告上诉时争论给地方法院指示的主观要件标准有误；而此案经美国联邦巡回上诉法院审理后，认为该指示并无错误。由此可见，在专利间接侵权案件中，关于主观要件中"故意"的判定标准，对判决结果具有十分重要的影响。

综上所述，在美国立法和司法实践中，专利间接侵权制度被区分为帮助型专利间接侵权和教唆型专利间接侵权。其中，在帮助型专利间接侵权中，立法明确了侵权行为人的主观心态应当是"实际知道"侵权行为的存在；司法实践也确立了直接侵权的存在是判定间接侵权的前提条件。因此，总体来看，美国的专利间接侵权制度无论是从立法还是司法适用上，都有较为详细、明确的规定。其对于专利帮助侵权和引诱侵权的划分以及不同类型适用中具体判定标准的确立，都有效地解决了实践中普遍存在的专利间接侵权问题。其立法的详细性、明确性、可操作性以及司法裁判中对于判定标准的具体适用，都值得我国在完善专利间接侵权制度时进行借鉴。

第二节　欧盟专利间接侵权制度

一、欧盟专利间接侵权概况

发明创作只有在表现于物品上之后，才能在市场上进行销售或出口。这种"惊险的跳跃"可以使专利权人、著作权人等知识产权人获得巨大的回报，从而弥补他们在研发过程中的物质方面和精神方面的巨大付出。但是，之所以称"发明创作在表现于物品上"为"惊险的跳跃"，其背后的原因正是发明创作表现于物品上之后，就在某种程度上脱离了知识产权人的控制范围，仿冒和侵权等损害权利人利益的情况就会发生。因此，为了有效地保障知识产权人合法的专有性权利，世界各国纷纷掀起专利立法运动，这场运动最早发生于英国，继而在美国、法国以及欧洲其他国家传播开来。但是，物质基础决定上层建筑的理论还是没有被推翻，在这场"造法"运动中发挥着重要的作用。由于这些国家或地区的社会和政治体制不同，专利制度也表现出不同的形态。此外，鉴于专利制度所规定的专利保护仅限于被授予权利的国家或地区的有限范围，在某个国家或地区获得专利权的人并不能自然地在其他国家或地区也获得同样的专利。例如，某人向中国国家知识产权局申请并获得了一个"硬盘内容恢复方法"的方法专利，那么这个人就获得了一个"中国专利"。但是，该"中国专利"的专利权人要想在德国获得专利权，就必须依据德国的相关法律法规向德国的知识产权机构提出申请，才有可能获得一个"德国专利"。也就是说，并不存在一个所谓的"世界专利"。这就要求发明人必须在其想获得专利权的国家——提出申请，这种烦琐的程序在无形中增加了发明人的时间、金钱和精力成本。随着世界经济全球化和贸易一体化进程的不断加速，专利权侵权与救济的国际化发展成为势在必行之事❶，专利一体化的观念也应运而生。但是，仅仅有专利一体化的观念还远远不够，各国传统思想的差异反映在专利法领域便造成了难以克服的困难。在这个过程中，具有标志性的事件便是1883年《保护工业产权巴黎公约》的顺利签订。1883年的《保护工业产权巴黎公约》以国民待遇原则和最低保护标准等原则有效地担负起了平衡或者中和各国专利制度差异的重任。

在21世纪伊始，欧洲工商业发达、经济繁荣和市场繁荣等原因导致专利申请案倍增，这也导致了很多的专利申请得不到及时的审查而使专利主管机关积压了很多的申请。专利申请数量的激增往往会造成两种结果：第一，影响专利的申请和授权的周期，最直接的表现便是专利授权时间的延长；第二，影响获批专利的质量，专利申请数量的激增导致专利主管机关的工作量增加，进而导致专利授权品质难以得到保障。

一个共同体市场的基本要求便是共同体内人、财、物等要素的自由流通，关于专利的法律法规的差异自然与上述要求相违背。也就是说，共同体市场的一个愿景便是在共同体这个统一的市场范围内实现"共同体专利"，而不是分散的一个个"德国专利""法国专利"和"英国专利"等的梦想，这成为欧洲国家的一个重要共识，进而也成为缔结《欧洲专利公约》的原因之一。

第二次世界大战之后，欧洲国家因为战争多有损耗，都期待以团结的局面和平发展。法国政治家让·莫内（Jean Monnet）在这时提出建立欧洲联邦的构想。1949年，欧洲理事会在法国的斯特拉斯堡设立，该理事会设立的初衷便是促进欧洲联合、保护人权、推动经济增长和社会进步。法国于1950年

---

❶ 曾陈明汝. 两岸暨欧美专利法［M］. 北京：中国人民大学出版社，2007：181.

建议设立控制法国和德国煤钢生产的统一机构，从而将引起法国和德国之间纠纷的战略物资纳入共同体经营的范围。随后，法国和德国等六个国家于次年4月在法国首都巴黎签订建立"欧洲煤钢共同体"的条约。这份条约的签订是欧洲从经济融合向政治融合迈出的重要一步。

1962年，《欧洲专利公约》第一次草案被提出，该草案于1972年定稿之后交外交会议审议。在第一次草案提出四年之后，美国建议由智慧财产局联合国际事务局，即世界知识产权组织（WIPO）的前身负责研究专利合作的国际制度。1970年《专利合作条约》在美国华盛顿签署。

二、《欧共体专利公约》对专利间接侵权的规定

《欧洲共同体专利公约》（以下简称《欧共体专利公约》）于1975年在卢森堡签署，其第26条的标题是"禁止对发明的间接利用"，第26条第1项的内容为：如果第三人明知或者根据实际情况应知某种产品可以用于实施真实有效的专利，仍然未经许可而在成员国领土范围内向他人提供或承诺提供，则虽然该第三人没有直接实施侵犯专利权的行为，但是专利权人仍然有权予以禁止。当然，如果《欧共休专利公约》第26条第1项中第三人提供的产品是一种常用的商品，则专利权人原则上无权予以禁止，除非该第三人存在有意诱导被提供者实施专利直接侵权行为的情形。

关于什么才是《欧共体专利公约》第26条第1项中所述的"无权利用该专利发明的人"，该公约没有给出明确的答案。不过该公约在第27条列举了几类人："行为人是为私人和非商业目的而实施专利发明"、"行为人是为研究目的而实施相关发明"以及"诸如在药房根据医生处方单个地配制药品的行为"。

仔细研究《欧共体专利公约》第26条第1项与第2项的规定可以发现，二者之间存在紧密的联系，第2项规定对第1项规定而言是一种重要的补充，第2项针对的是提供"常用商品"的行为。结合《欧共体专利公约》第26条第1项与第2项的规定，可以将第2项理解为：即使提供的是"常用商品"，也有可能构成专利间接侵权行为。这种情况下，构成专利间接侵权行为的前提有两个：第一，必须证明存在专利直接侵权行为。这点可以从《欧共体专利公约》第26条第2项后半句的规定"第三人有意诱导被提供者作出公约第25条规定的行为"中发现。第二，需要证明行为人是主观故意，即"明知"

或者"根据实际情况明显应知",以及行为人有积极的诱导行为。

至于什么才是《欧共体专利公约》第 26 条第 2 项规定的"常用商品",该公约的解释为:认定某种产品为常用商品,需要具备以下两个方面的条件:第一,常用商品应当是一种具备多重用途的基本商品。如果一种商品虽然具有多重用途但在日常生活中比较罕见,那么,这种物品也不能被称为常用商品。第二,常用商品应当是比较容易获得的商品。这就要求这种商品除具有规范的制造商外,在市场上也比较容易获取。如果一种商品只能通过一个或有限的几个地点通过特殊的专门定制才能够获取,则这种商品也很难被认定为常用商品。这就要求常用商品"势必在商业领域能够惯常且普遍地获取一定程度的客户认知与识别性"❶。这样做一方面可以限缩常用商品的范围,另一方面限定了只有在某些特殊情况下提供常用商品才构成专利间接侵权。其直接的结果就是欧洲能够豁免专利间接侵权责任的产品范围相较于美国更为狭窄。❷ 也有学者认为,如果常用商品的销售者"参与直接侵权产品的促销活动、提供将其销售的常用商品用于直接侵权产品的售后服务或者维修活动等,也有可能被认定为诱导行为"❸。

至此,《欧共体专利公约》第 26 条给人的一个直观感觉就是,在欧洲,专利直接侵权行为的实际发生并非认定某种行为构成专利间接侵权之充要条件。提供常用商品的行为也有可能构成专利间接侵权行为;"明知或者根据实际情况明显应知"便可以满足《欧共体专利公约》所要求的要件。那么,对专利间接侵权行为如此宽泛的规定会不会造成专利间接侵权行为的范围过于广泛,甚至会造成专利权在某种程度上的滥用,进而打破专利权人的利益与社会公众利益之间的平衡状态呢?为了维持原本的私人利益与公众利益之间的平衡状态,需要对这种宽松的规定增加一定的限制。发挥这个作用的"阀门"便是《欧共体专利公约》第 26 条第 1 项规定的"被控侵权人提供或者承诺提供与专利发明的实质性特征有关的产品"。

---

❶ BENYAMINI A. Patent Infringement in the European Community [J]. Journal of International Economic Law, 1999 (3): 229, 235.

❷ 尹新天. 专利权的保护 [M]. 2 版. 北京:知识产权出版社,2005:527.

❸ BENYAMINI A. Patent Infringement in the European Community [J]. Journal of International Economic Law, 1999 (3): 228.

三、欧盟专利间接侵权构成要件分析

通过对欧盟专利间接侵权法律实践的考察，可以发现欧盟专利间接侵权制度与美国专利间接侵权制度存在很大的差异，并且有着值得我国专利间接侵权制度加以参考和借鉴的特别之处。具体而言，可总结和归纳出以下三个方面的具体内容。

（一）关于专利间接侵权与直接侵权的法律关系问题

通过对上述法律条文的解读，可以发现欧洲对待专利间接侵权行为的思路是：虽然传统的专利法仅规制专利直接侵权行为，并不能有效控制专利间接侵权行为人提供物品的行为。但正是先有真实、有效的专利权的存在，才可能有专利间接侵权行为的发生。真实、有效专利权的存在，使被控侵权人提供物品的行为显得非常有价值。从这个意义上来讲，专利间接侵权是间接地利用有效存在的专利权的行为，专利直接侵权则是直接地利用有效存在的专利权的行为。进一步来说，在《欧共体专利公约》的语境下，认定某种行为构成专利间接侵权时，并不需要直接侵权行为的有效存在，这与美国《专利法》中关于间接侵权的法律规定具有明显的差异。具体而言，专利间接侵权行为在欧洲是一种与专利直接侵权行为并列的专利侵权行为类型；而美国《专利法》认为，专利间接侵权行为与直接侵权行为有紧密的关联，即表现为专利直接侵权行为是专利间接侵权行为成立的前提。

（二）关于专利发明实质性部分的认定问题

至于何谓"与专利发明的实质性特征有关"中的"实质性特征"，根据对《欧共体专利公约》的深入解读可以得出如下结论：从正面来看，实质性特征与该部分在专利技术中的重要性有紧密的联系。质言之，该实质性特征应该是被控侵权人提供或许诺提供的产品在专利技术中占有非常重要的地位。从反面来看，实质性特征肯定不能是细小的，从而使被控侵权人提供或许诺提供的产品在专利技术中的地位无足轻重。如果被控侵权人提供或许诺提供的产品虽然是为专利产品提供的，而且该部件除用于专利产品之外再无其他任何商业用途，但是，被控侵权人提供或许诺提供的产品在整个专利产品中

仅仅能够起到辅助性作用，那么，被控侵权人提供或许诺提供产品的行为也不会构成《欧共体专利公约》所描述的专利间接侵权行为。相比较而言，在美国和日本规定的专利间接侵权制度中，被控侵权人提供或许诺提供的产品既可以是专利技术的核心部分，也可以是不甚重要的部分，但必须是除实施专利技术外没有其他任何实际用途，而且必须存在专利直接侵权行为。而在欧洲，前述被控侵权人提供或许诺提供的产品是否具有其他任何用途并不是重要的考量对象，被忽视的还有是否存在专利直接侵权行为，但是，《欧共体专利公约》对被控侵权人提供或许诺提供的产品是否与发明专利的核心部分相关给予了高度的重视。这些差异体现了欧洲与美国、日本在专利间接侵权方面的不同认知路径。

例如，"有人获得了一项踏板式自行车的专利权，这种自行车采用踏板机构代替现有自行车的链条链轮传动机构。踏板机构包括由铝合金板材制成的踏板以及安装在踏板上的齿轮，通过与轮轴上的齿轮相啮合来实现传动。现在假如有人为这种自行车的侵权制造厂家提供专门用于将踏板固定在自行车中轴上的销子，而且这种销子具有很强的专有性，以至于这种销子除了使用在这种包含专利权的踏板式自行车上之外别无用途。"❶ 那么，这种销子的提供者在美国、日本和欧洲就会面临不同的判决结果。在美国和日本，这种销子的提供者的行为极有可能被认定为专利间接侵权。但是，依《欧共体专利公约》来看，这种销子的提供者很有可能免于承担任何侵权责任。这是因为，其一，这种销子相对于整个自行车而言不是一个核心的部分，而是一个微不足道的细小部分，即使这种销子除用于这种包含该专利的自行车之外没有任何其他用途。其二，假如认为在踏板式自行车中微不足道的销子的提供者是在引诱或者教唆别人侵权踏板式自行车的专利权，则显然与常理不符。当然，根据这种思路，如果有人提供的不是微不足道的销子，而是自行车的脚踏板，则提供脚踏板的行为很有可能被认定为专利间接侵权行为。

（三）关于专利间接侵权的类型设置问题

根据《欧共体专利公约》中关于专利间接侵权的法律规定，可以发现欧洲关于专利间接侵权的类型设置，采取的是以"辅助侵权"为主，并辅之以

---

❶ 尹新天. 专利权的保护 [M]. 2 版. 北京：知识产权出版社，2005：529.

"引诱侵权"的具体法律构造。其中,《欧共体专利公约》第 26 条第 1 项具体规定了专利辅助侵权的法定构成要件:一是主观上需要满足"明知或者根据实际情况明显应知"的具体要求;二是客观行为上需要满足"与实施专利发明有关的实质性部分"的帮助行为要求。由此可见,这种关于"专利辅助侵权"的法律构造,一方面有助于保护专利权人的合法利益;另一方面通过对客观行为要件的严格限定,也能够平衡好专利权人的利益与社会公众利益的关系,进而有利于产业的发展和社会的进步。此外,《欧共体专利公约》关于"引诱侵权"的具体例外规定,一方面,针对常用商品的实施行为作出了相应的除外规定;另一方面,也在例外的基础上,作出了一定程度上的合理限制,进而更加合理地规划了欧洲专利间接侵权的类型化设置,具有十分重要的积极意义和参考价值。质言之,关于专利间接侵权的类型设置问题,不一定非要完全照搬美国式的法律规定,完全可以基于自身的社会实际,以及法律体系的特点,作出符合自身实践需要的专利间接侵权的设置模式。

第三节　德国专利间接侵权制度

德国之所以要规定专利间接侵权,其背后的主要原因是制止为专利直接侵权人提供与发明的实质性要素相关的工具,以便专利法将对专利权人的保护扩大到专利侵权的准备阶段。

根据《德国专利法》的相关规定,为直接侵犯专利权的第三方提供工具的行为无法得到规制,因为专利权的保护范围是专利权利要求表述的范围。同时,由于专利权人经常陷入如下困境,即往往难以获得证据表明提供与本发明的实质性要素相关的上述工具有故意侵权的主观性,因此不能用共同侵权的规定予以管制。1981 年以后,《德国专利法》用特别的方法处理了将发明的实质要素与独立专利侵权联系起来的行为,进而形成了德国的间接专利侵权体系。❶

德国的专利侵权制度的规制依据集中体现在《德国专利法》第 9 条、第 10 条和第 11 条,其中第 9 条是关于专利直接侵权的规定,第 10 条是关于专

---

❶　范长军. 德国专利法研究 [M]. 北京:科学出版社,2010:115.

利间接侵权的规定，第 11 条是关于专利效力的例外的规定。

一、《德国专利法》对专利间接侵权的规定

1877 年，德国颁布了第一部《专利法》。现行的德国专利制度有三个重要的组成部分，分别是 1981 年生效的《专利法》、1976 年的《国际专利条约法》和 1968 年的《实用新型法》。

《德国专利法》第 10 条❶是对专利权效力的延伸性规定，主要包括四个方面：首先，任何第三人在明知或者根据情势应知其提供的物品将会被用于侵犯别人专利权的情况下，仍然从事提供这种物品的行为，那么这也会被视为侵犯专利权的行为；其次，如果该第三人提供的商品属于在日常交易中可以获得的普通商品，专利权人就无权禁止；再次，如果第三人在这个过程中有诱导的故意，那么即使是在日常交易中可以获得的普通商品，专利权人也有权予以禁止；最后，《德国专利法》第 11 条第 1~3 款所规定的行为人，不属于有权实施专利的人。

《德国专利法》第 11 条❷是关于专利权限制或例外的规定。根据规定，在德国，专利权对某些情形不具有效力。大致来说，《德国专利法》第 11 条对专利权例外的规定可以分为如下几个类别：第一，如果个人是出于非营利目的而实施相关专利。第二，将专利作为科学研究和实验对象使用，主要包括以下两种情况：专利实施行为是实验性质的；专利实施的目的是培育、发现、研发。第三，为提供行政审批信息使用或提供专利药品或医疗器械等，主要包括以下两种情况：为获得欧盟范围内的药品许可；在他国境内的药品许可需要在欧盟范围内进行研究和试验。第四，根据处方、需要在医疗机构范围内进行个别药品的配制。其他的例外还有"临时过境的外国运输工具对专利的使用"等。

二、德国专利间接侵权的发展

作为大陆法系国家的代表，德国的专利间接侵权制度也很有其代表性。德国专利间接侵权制度的发展并非一条直线，而是充满了波折。以下案例可

---

❶ Germany Patent Act (as amended up to Act of April 4, 2016).

❷ Germany Patent Act (as amended up to Act of April 4, 2016).

以反映德国专利间接侵权制度的发展。

（一）Nespresso 咖啡机案的基本案情

2012 年 5 月 18 日，雀巢瑞士子公司 Nestec SA 在德国杜塞尔多夫法院对被告提起德国专利侵权诉讼，要求其停止在德国市场的业务，即出售涉嫌侵犯原告专利的咖啡胶囊。同时，原告方面还要求被告向其提供诸如产品销售范围和数量等相关"侵权"信息。经过一系列程序，德国杜塞尔多夫法院认定，原告已经在 Nespresso 咖啡机的系统中申请并获得了专利，其中包括胶囊提取设备，并且仍然有效。目前，原告分销四台据称使用该专利技术的 C 型咖啡机。在本案中涉及的 C 型咖啡机皆由原告及其许可人制造和销售。此外，原告本身通过直销网点生产和销售最初用于这种咖啡机的咖啡胶囊。

原告申请临时禁令的对象即被告是一家瑞士公司，该公司在德国设有分公司。被告通过其网络平台 www. k-kapseln. de 以极低的成本出售咖啡胶囊。同时，被告在其网站上用德语展示咖啡胶囊，并为德国消费者提供相应的运输服务。该胶囊的使用说明，即"用于 Nespresso 咖啡机"显示在胶囊的外包装和内包装中。

原告以专利间接侵权向法院提出诉讼请求。由于在这种情况下，有争议的咖啡胶囊专门用于原告销售的咖啡机，同时咖啡胶囊是圆锥形的，前缘下有一个环形边缘和一层密封剂层，这些特征均是使用原告咖啡机技术的先决条件。根据原告的专利，胶囊是有弹性的，因为弹性边缘在压力下被推入咖啡机的锁定装置中。此外，原告认为该临时禁令具有现实的迫切性。尽管原告在提起临时禁令之前的一段时间就知道被告实施了一定数量的侵权行为，但其与临时禁令有关的专利是清楚而有效的。此外，临时禁令的迫切性还体现在对被告非正常市场排挤行为的抑制等方面。因为被告出售其产品的价格比原告的价格低很多，甚至不到原告产品价格的 30%，从而原告认为，被告的行为威胁到了原告在该领域的市场地位。

被告的抗辩理由是：原告主张专利侵权并不存在。因为从《德国专利法》第 10 条第 2 款规定的内容来看，涉案的胶囊属于普通商业交易中的普通产品。

另外，被告还列举了专利权穷竭原则作为辩护理由：由于 C 型咖啡机是由原告及其许可人专门制造并投放市场的，原告对咖啡机提取系统的权利已经通过其合法的"销售行为"耗尽。对于咖啡机的购买者来说，在 C 型咖啡机中使用从被告处购买的咖啡胶囊与咖啡机的"合法和目的"使用有关，更换单个咖啡胶囊不构成专利法意义上的"新造"。此外，临时禁令的申请也缺乏迫切性。自从 2011 年 9 月初以来，被告已经开始经营涉案咖啡胶囊，并在上市之前进行了充分的营销。最后，与临时禁令有关的专利处于效力待定状态，因为它是完全基于原告作出的更改。在这种情况下，根据《欧共体专利协议》第 82 条第 3 款的规定，如果原告未能及时向欧洲专利局支付应付的费用，或未及时提交翻译文件，则有被撤销的风险。

(二) Nespresso 咖啡机案的核心问题

与专利直接侵权构成要件一样，专利间接侵权的构成要件也包括客观要件和主观要件两个方面。根据《德国专利法》第 10 条第 1 款的规定，专利权还具有这样的法律效力，即如果第三人明知或者根据实际情况应知某种涉及该发明核心要素的物品可以用于实施真实、有效的专利，仍然未经许可而在成员国领土范围内向他人提供或承诺提供，则虽然该第三人没有直接实施侵犯专利权的行为，但是专利权人仍然有权予以禁止。同时，《德国专利法》第 10 条第 2 款规定了间接侵权的一种例外情形，即如果上述第 1 款行为的客体是一般交易中可以获得的商品，则不构成间接侵权；除非第三人故意唆使他人实施了《德国专利法》第 9 条❶所规定的各种直接专利侵权行为。

本案中，原告的诉讼请求并没有得到法院的支持。其中，一审法院认可了原告申请颁布临时禁令在程序上的合法性，但是，除程序上的合法性之外，原告还需要对其诉讼请求提供相应的事实作为证据支撑。由于原告没有提供这样的事实，因此法院判决其主张的不作为以及提供信息的请求不成立。原告不服，遂向二审法院提起上诉。二审法院对原告 Nestec SA 撤销一审判决的诉讼请求予以驳回。结合法院查明的案件事实，本案中涉及专利间接侵权构成要件的以下核心问题。

1. 咖啡机的专利是否因销售而耗尽

咖啡机的专利是否因为销售而耗尽的另外一种表述是：咖啡机的买方在

---

❶ Germany Patent Act (as amended up to Act of April 4, 2016).

使用第三方提供的零部件时是否超出使用范围，进而导致其使用从"有权使用"变为"无权使用"？根据德国相关法律，专利产品的买方通常可以采用两种方式来捍卫其合法使用第三方零部件的权利：一是专利权人的明示或默示同意；二是基于专利枯竭原则，即对消费者而言，专利权因销售而穷竭。

根据《德国专利法》第 10 条第 1 款关于禁止间接侵权的规定：任何第三人在明知或者根据情势应知其提供的物品将会被用于侵犯别人专利权的情况下，仍然从事提供这种物品的行为，那么这也会被视为侵犯专利权的行为。在判断特定物品是否涉及发明核心要素的标准上，德国联邦最高法院在著名的流量计案和定量吸管案中确定了以下基本原则：如果一个物品适合在受保护的专利技术的功能实现中与专利权利要求的一个或多个特征一起发挥作用，则该物品属于本发明涉及的核心元素和内容。而且原则上，专利请求的目的也构成了本发明的核心。在这种情况下，咖啡胶囊借助其引导边缘通过引入装置、锁定装置和胶囊的运动部件在功能上起作用。通过与胶囊和其他组件一起工作，实现了本发明的想法，即机械可靠且容易的胶囊提取方法。

法院认为，咖啡机的购买人是否有权使用原告的发明与被告的其他抗辩是否成立没有必然的联系。之所以这么说，是因为原告的发明权由于咖啡机投入市场进行销售的行为而耗尽。进而，作为专利间接侵权消极构成要件之一的"使用人无权使用"得不到满足。因为本案的双方当事人对于涉案的使用争议咖啡胶囊的 C 型咖啡机都是原告通过合法途径投入市场的，顾客购买这些合法投入市场的咖啡机就自然地获得了使用这些机械设备的权利。

法院也强调，在这种情况下，在 C 型咖啡机中使用咖啡胶囊属于有目的地使用咖啡机，并且不涉及合法创建新咖啡机的争议。关于允许的使用与被禁止的创作的区别，审判法院引用了德国联邦最高法院的相关判例，证据如下：对专利产品的正常使用或者说合乎规定的使用有多种途径，既包括专利产品在性能良好时合乎其发明目的的使用，也包括专利产品在损坏时通过种种方法对其进行修理以恢复其正常的功能。如果所采取的恢复具体受专利保护产品的功能的措施超出了重新恢复其丧失或受到损害的功能，则涉及对受专利保护的产品进行新造。对区分法律允许的合乎规定的使用与法律禁止的新造具有决定性影响的是，所采取的措施是旨在保持特定纳入市场交易的受专利保护的产品的同一性，抑或等同于创造一个与专利发明相同的新的产品。

这似乎并不是一个容易回答的问题，因为这个问题牵涉专利法领域的平衡原则，在回答这个问题时，需要对平衡原则进行仔细考量：一方面，是专利权人对于专利主管部门合法授权的专利所拥有的私人权益；另一方面，是购买人对于其通过交易所购买的、符合专利保护规定的具体产品不受限制的使用权。

法院进一步解释，在这个过程中，必须在考虑发明的独特性能、功用以及优点的情况下，确定合乎规定的使用界限。从专利法的角度而言，该界限一方面体现了产品的同一性，另一方面也表明了在特定产品上相互冲突的利益是如何得到平衡的。从原则上讲，对于那些在产品使用寿命期限内需要多次更换的零件进行更换，一般不构成新造，因为购买者有理由期待其所购买的设备不仅限于使用一同购买的备用零部件（本案中指咖啡胶囊）。另外一种情况是，如果正是可替换零件体现了特定发明的技术原理，诸如发明影响了该零件的工作方式或者使用寿命，从而在该零件上体现了特定发明的核心理念。据此，在本案中，为了保持受专利保护的产品的同一性，更换了 C 型咖啡机中使用的咖啡胶囊。在考虑到该发明的独特性能（功用以及优点）的情况下，并没有超越合乎规定的使用界限。尽管咖啡胶囊与该发明的其他部分（如导入装置、锁定装置、移动装置以及胶囊接收装置）共同发挥作用，但是，与该发明核心部分共同发挥作用仅是构成间接专利侵权的必要条件，而并非将更换零部件视为新造的充分条件。

2. 咖啡胶囊是否体现了发明理念的核心内容

法院认为，就技术发展而言，胶囊的领先优势一直非常普遍。然而，即使是在这种情况下，与禁令有关的专利技术也没有对胶囊的结构或外观作任何改进。本发明的核心更多地涉及如何通过引入装置、锁定装置和可移动的接收装置，将咖啡胶囊从过渡位置引入提取位置。因此，对本发明来说，具有决定性作用的是那些用于胶囊处理的部件，而不是被动地作为上述过程的主体的胶囊。

胶囊结构本身对于禁令相关的发明原理并不具有重要意义。该专利的第0003 款中虽然提到该技术的目的在于在设备中对胶囊进行准确定位，从而为胶囊提取创造条件，并且胶囊的加载过程也应该得以简化。但是，在第 0004款中明确地表示，已有的技术由于涉及多个活动组件的共同作用，因而过于复杂，制造成本高，而且存在无法准确定位胶囊的弊端。从此处可以发现，咖啡胶囊并不需要改变，需要作出改善的是咖啡胶囊这个物品的提取设备，从而简化其工作方式并降低制造成本。原告的发明通过以下方法达到上述目标：一方面，设置了一个可以将胶囊固定在过渡位置的锁定装置；另一方面，仅有一个活动的零部件，并由它将胶囊推送到提取位置。因为该发明的核心体现在那些在胶囊装入之后对其进行固定以及推送的零部件上，推送过程本身并不是关键的核心技术，胶囊本身只是一个被提取装置传送的物品而已。换言之，原告仅合法地拥有一项专利，即必须具有前缘，胶囊的其他结构对于该专利的实施则无关紧要。

因此，法院并不赞同原告所主张的下述观点，即就胶囊而言，其专利对胶囊的结构作出了对其发明实施至关重要的规定。原告称，对专业人士而言显而易见的是，胶囊的前缘必须具备这样的特征：具有充足的灵活性，以便产生相互作用。其发明只有与这样具有灵活前缘的胶囊结合才能共同发挥作用，否则胶囊便不能通过移动的零件导入锁定装置中。为了证明这一点，原告援引了欧洲专利局专利异议部门的一项裁决。在该裁决中，该部门明确表示，对于专业人士而言显而易见的是，胶囊需要具有最低限度的硬度才能发挥作用。法院认为，这一观点并不具有说服力，因为在专利请求书中并没有任何关于胶囊的前缘应当采用何种结构的说明。该专利要求材料中并未要求胶囊本身具备特定程度的弹性，即非弹性材料制成的胶囊也包括在内。另外，原告所援引的欧洲专利局专利异议部门的裁决也不能够支持其主张。原告援引的这段文字涉及异议人提出的这样的异议，即相关专利没有清楚且全面地予以公开，从而使专业人士无法解读，但涉案专利说明未清楚表明胶囊必须具备怎样的硬度以发挥作用。正是以此为背景，作为对上述异议的回复，专利异议部门仅仅对相关专利说明进行了解读，即对于专业人士而言已经非常清楚的是，胶囊必须具有一定的弹性和硬度。在这种弹性和硬度下，胶囊本身不会因为弹性过大而很难从一个位置移动到另外一个位置。法院认为，当专利异议部门明确表示胶囊应当具有某种最低限度的硬度时，其绝非意在表示胶囊以及其前缘必须由弹性材料制成。因此，原告的专利中并没有针对胶囊的结构作出对其发明具有决定意义的规定。至于胶囊的前缘具有弹性的可能性，仅涉及一个所列举的例子的结构，而非专利权内容的说明。在判断一个零件对于特定发明的技术价值时，并非依据所列举的实例，而仅依据专利权内容的说明。

因此，法院认为，原告进一步主张权利用尽应该根据销售的具体设备进行调查，并且没有依据。原告认为，特别销售的 C 型咖啡机是这样的，即锁定装置是固定的，如果胶囊的前缘是有弹性的，并且可以在锁定装置下压缩，咖啡机才能正常运行。然而，判断一项发明权利是否耗尽并不取决于特定模型中的有关部分是否真正发挥重要作用，而更多地取决于专利的内容。权利用尽原则的重要意义在于确保专利权人因其受保护的权利获得报酬。因此，更换胶囊是否构成新的问题并不取决于销售设备实现其专利技术的具体方式。否则，在涉及对相关专利内容完全不重要的一件设备的情况下，提供这样的部件可能会发挥额外的功能；但是，在专利没有要求该功能的情况下，更换零件将被视为新的创造。

最后，该案例与美国最高法院著名的"定量移液系统"相比，取代了部分发明。本案中的相关专利涉及由手持固定式移液管和注射器柱塞组成的固定移液管系统。在功能上，注射器活塞与手持移液管相互作用，因为注射器柱塞具有与保持器和移液管上的固定器相互作用的特殊边缘。尽管根据美国联邦最高法院的说法，本发明的目的是简化注射器活塞和定量移液管本体的连接与拆卸过程，但注射器活塞仅仅在连接和断开过程中作为被动对象起作用，因此，该过程改进仅在移液管的定量装置中反映出来。Nespresso 咖啡机案的情况也是如此：胶囊之所以起作用，是因为它具有独特的引入和固定能力，不同于具有独特特征的上述"量子体系"的边缘，胶囊的边缘在现有技术中与非常普遍的边缘已经没有区别。

3. 发明的优点是否以积极影响胶囊的作用方式或者使用寿命来体现

从外观上看，胶囊装载的简化体现在胶囊的设计上，因为加载过程和定位过程的对象是胶囊转移的关键。定位过程和提取过程都不是由胶囊本身完成的，而是由其他部分完成的。此时，本案与德国联邦最高法院著名的"流量计"的判决无法相提并论。在这种情况下，德国联邦最高法院从法律角度考虑了"新创造"，因为发明对这些部分的运作方式有直接影响。利用本发明，测量胶囊的可替代性大大提高。本发明的优点直接作用于可更换部件。涉及这种情况的发明并不影响胶囊的作用模式，而只影响咖啡机的作用模式。

此外，这种情况与"流量计"的不兼容性在于，胶囊在空间和功能上构成了专利设备的核心部分。虽然胶囊对于咖啡机的操作是必不可少的，但是它并不构成本发明的重要特征，其方式与包含在"流量计"测量胶囊中的许多核心部件几乎相同。

此外，这种可能性对于衡量双方的利益并不具有决定性的作用，并且所讨论的发明的经济利益可能不会集中在胶囊提取系统上，而是预期咖啡胶囊需求，法院认为，其对双方利益的衡量不具有决定性意义。因为如果原告希望以这种方式实现其专利的经济价值，那么只有将本发明包含在胶囊中，才能保护本发明的技术价值。

总而言之，在私人权利与社会公众利益的平衡中，物品的买受人享有的不受限制地、合乎目的地使用专利设备的私人利益，要远远高于原告作为专利权人实现其发明经济价值的利益。

三、德国专利间接侵权的构成要件分析

通过对德国专利间接侵权实践的考察，可以发现德国专利间接侵权制度在侵权类型设置、构成要件，以及与专利直接侵权的法律关系方面，有着自身的特点和逻辑自洽性。整体而言，由于立法对一般侵权构成要件的规定是封闭性的，因此，间接专利侵权这种行为在过去是不能作为一种专利侵权的独立情况来加以处理的。❶ 然而，由于专利保护的实践需要，专利法需要对专利间接侵权这种特殊侵权类型作出相应的立法回应，进而才能更好地促进产业的发展，更好地实现专利权人与社会公众利益的平衡。具体而言，就德国专利间接侵权制度构建的经验而言，可以分为以下三个部分具体展开。

（一）关于专利间接侵权的类型设置

在专利间接侵权的类型设置方面，《德国专利法》采取的是以辅助侵权为主，辅之以教唆侵权的二元式立法体例。这种二元式立法体例虽然与美国专利间接侵权的立法体例有着相同之处，但与美国专利间接侵权制度不同的是，《德国专利法》中的引诱侵权仅作为对普通商品侵权例外规定的一种补充式的

---

❶ 克拉瑟. 专利法：德国专利和实用新型法、欧洲和国际专利法［M］. 单晓光，张韬略，等译. 北京：知识产权出版社，2016：993.

反限制规定。究其原因，德国专利间接侵权立法体例的形成，在很大程度上源于对一般侵权理论的传承和发展。正如有学者所言，大陆法系国家采用共同侵权规则解决知识产权间接侵权问题的做法与英美法系国家类似。❶ 然而，考虑到专利保护实践的发展需求，这种补充式的引诱侵权的立法体例，是否将会不利于对专利权人合法利益的全面保护？对此，本书认为，随着社会的发展，引诱侵权这种侵权行为类型，将会越发普遍。因此，专利法需要全面地考虑引诱侵权这一特殊类型，进而对专利权人采取更加周延的法律保护。由此可见，关于专利间接侵权的类型设置，一方面，需要结合自身法律体系的路径依赖和特点，作出符合自身实践需要的类型设置；另一方面，也需要考虑到专利侵权行为的发展趋势，进而更加充分地实现对专利权人利益的保护。

（二）关于专利间接侵权的构成要件

1. 主观要件

专利间接侵权的成立需要满足故意的要件。并不要求客户之后实际上实施了这一计划，只要在提供或许可提供该工具时客户具有这样的意图就足够了。❷ 专利权人需要对客户的意图进行举证。在 2001 年 10 月的空气加热装置案❸中，德国联邦最高法院指出，这类证据需要证明，所提供的工具可以用于并将用于侵权用途，具有非常高的可能性，用于侵权用途必须排除合理怀疑。而在 2005 年 7 月的皮带轮传动电梯案❹中，德国联邦最高法院认为，单纯使用者知道将这些组件用于专利产品的好处，甚至有一定的可能性会这样做，并不能代替事实证据以说明行为人实际上准备这样用。除客户具有将提供的工具用于侵权的意图外，行为人还知道或显然应当知道客户具有这样的意图。另外，德国联邦最高法院还认为，间接侵权需要知道专利的存在，并且知道

---

❶ 朱冬. 知识产权间接侵权中停止侵害适用的障碍及克服 [J]. 法学家，2012（5）：88.

❷ 闫文军. 金黎峰. 专利间接侵权的比较与适用：兼评 2016 年最高人民法院司法解释的相关规定 [J]. 知识产权，2016（7）：47-53.

❸ 闫文军. 金黎峰. 专利间接侵权的比较与适用：兼评 2016 年最高人民法院司法解释的相关规定 [J]. 知识产权，2016（7）：47-53.

❹ 闫文军. 金黎峰. 专利间接侵权的比较与适用：兼评 2016 年最高人民法院司法解释的相关规定 [J]. 知识产权，2016（7）：47-53.

专利的保护范围。❶

2. 行为方式

根据《德国专利法》的规定，专利间接侵权的行为方式是许诺销售或交付。与可以构成专利直接侵权所包含的广泛的行为种类不同，《德国专利法》中专利间接侵权只能通过两种行为方式予以实现，即承诺提供或者提供。这就排除了生产、使用或者占有等行为方式构成专利间接侵权的可能性。承诺提供是一种独立地使用专利发明的行为类型，原则上先于将物品投入流通的行为。承诺提供不仅包括提供出售的行为，还包含所有根据其客观的意思表示，使特定物品以外在可以为人所知的方式处于可以获得对其支配权的状态，如提供出租、授权、出借或者赠与等。因此，任何一种可能使第三人获得相关物品的提供都能够满足条件，例如，在橱窗中或销售展会上展示商品，在广告中推销、演示、摆放模型等。提供的概念与将商品投入商业流通的概念类似。（有对价或无对价的）供货必须使接收人处于这样的状态，即通过供应的物品能够对专利加以使用，其中也包括对相关物品的进口。在 Nespresso 咖啡胶囊案中，被告既采取了承诺提供，又实施了提供的行为（通过其网络平台展示介绍并向德国消费者出售适用于原告咖啡机的咖啡胶囊）。

3. 行为对象

根据《德国专利法》的规定，专利间接侵权的行为对象是与发明专利的核心要素相关联的物品要件。德国联邦最高法院认为，工具是否与发明的主要要素相联系，取决于该工具在实现发明思想时与发明的主要要素是否在功能上共同发挥作用，是否与发明的核心思想存在充分的紧密关系。在 2007 年的 Pipettensystm 案❷中，德国联邦最高法院认为，对于发明的解决方案没有任何贡献的部分，即使其位于发明的特征部分，也不构成主要要素。而在 2012 年的 MPEG-2 解码程序案❸中，德国联邦最高法院甚至提出所述的手段必须对于发明的实现具有贡献，才能认定为与发明的主要要素相联系。

❶ 闫文军. 金黎峰. 专利间接侵权的比较与适用：兼评 2016 年最高人民法院司法解释的相关规定［J］. 知识产权，2016（7）：47-53.

❷ 闫文军. 金黎峰. 专利间接侵权的比较与适用：兼评 2016 年最高人民法院司法解释的相关规定［J］. 知识产权，2016（7）：47-53.

❸ 闫文军. 金黎峰. 专利间接侵权的比较与适用：兼评 2016 年最高人民法院司法解释的相关规定［J］. 知识产权，2016（7）：47-53.

此外，提供或者承诺提供的物品不属于"一般交易中可以获得的商品"❶。这一消极的构成要件从原则上排除了那些每个人随处都可以买到的日常生活所需的商品。在这种情况下，即使这些商品涉及相关专利发明的核心要素，也不构成间接专利侵权。但是，一个例外的情况是，第三人故意引诱被提供人采取专利直接侵权行为。

上述承诺提供或者提供的行为方式必须是在商事领域多次以营利为目的的行为。在专利间接侵权的情况下，不仅提供或承诺提供的行为必须在《德国专利法》的有效范围内，即在德国国内完成，而且接收人对所提供或承诺提供的物品的使用也必须在德国国内完成。

(三) 关于专利间接侵权与专利直接侵权的法律关系问题

关于专利间接侵权与专利直接侵权的法律关系问题，《德国专利法》并没有明确的规定。然而，在德国的司法实践和理论实践中，主流观点认为专利间接侵权的成立不以专利直接侵权的成立为前提条件。❷ 由此可见，德国专利间接侵权的认定条件不同于《美国专利法》的规定。因此，本书认为，专利间接侵权制度来自司法实践中单纯采用专利直接侵权的法律规制方式，并不足以有效保护专利权人的合法利益。至于专利间接侵权行为与专利直接侵权行为的法律关系问题，不一定非要拘泥于美国的司法实践，而是应该结合自身法律体系的发展特点，以需求为导向，总结出符合自身发展实践的认定条件。

第四节　日本专利间接侵权制度

关于专利间接侵权，日本知识产权实务专家冈田全启认为，"在牵涉侵权的准备性行为时，如果放任不理，常常会发生以后的侵权事件。"❸ 规制日本

---

❶ 《德国专利法》第 10 条第 2 款。
❷ 张航. 专利间接侵权制度研究 [D]. 北京：中国青年政治学院，2017.
❸ 冈田全启. 专利·商标侵权攻防策略 [M]. 詹政敏，杨向东，付文君，译. 北京：知识产权出版社，2005：79.

专利间接侵权的法律条文主要是《日本专利法》第 101 条。❶ 当然，法律并不是凭空产生的。《日本专利法》之所以进行修订并增加专利间接侵权的规定，必定是因为实践中出现了诸多关于专利间接侵权的纠纷。

一、日本专利间接侵权发展概况

日本的司法实践同样领先于日本的立法，具体到专利间接侵权则是，在《日本专利法》还没有规定专利间接侵权制度的时候，日本通过《日本民法典》❷ 中的共同侵权来应对这样的行为。

(一) 1959 年《日本专利法》专利间接侵权的规定及其解读

在 1952 年《美国专利法》的影响下，日本立法部门于 1954 年开始讨论专利法的修订工作，其中之一便是在《日本专利法》中增加专利间接侵权的规定，从而加强对专利权人的保护力度。《日本专利法》关于专利间接侵权的规定正是在 1959 年对专利法进行大规模修订的时候增设的。事实上，具体到修改的方案，虽然日本特许厅开始也考虑像《美国专利法》那样全面规定帮助型专利间接侵权和教唆型专利间接侵权，但最后，日本的立法部门认为，教唆型引诱侵权即使不在《日本专利法》的专利间接侵权规则中予以规定，同样可以依据《日本民法典》的共同侵权来应对。因此，"1959 年《日本专利法》的专利间接侵权规则便只包括帮助型专利间接侵权一种"❸，具体条文如下。

第一，假设某专利是一种产品专利，如果行为人在商业过程中对某种仅仅只能用于制造该产品的物品实施了诸如制造、出让、租借、出示或者进口等行为，则专利权人还是有权予以禁止。

第二，假设某专利是一种方法专利，如果行为人在商业过程中对某种特殊的物品，即仅仅只能用于制造该方法的物品实施了诸如制造、出让、租借、

---

❶ 根据世界知识产权组织（WIPO）官方网站的显示，"《日本专利法》自施行以来经历了数次的修改，包括制定于 1959 年 4 月 13 日的新专利法。此后，从 1994 年到 2016 年，《日本专利法》经历了 9 次修订，而有关专利间接侵权的修改主要是 1959 年、2002 年和 2006 年的三次修订"。http://www.wipo.int/wipolex/zh/details.jsp?id=16061.

❷ 《日本民法典》第 719 条。

❸ 汪中良. 专利间接侵权制度的立法构造：兼评《专利法修订草案（送审稿）》第 62 条 [J]. 黑龙江省政法管理干部学院学报, 2017 (2)：81–84.

出示或者进口等行为，则专利权人还是有权予以禁止。

通过对《日本专利法》第 101 条与《美国专利法》第 271 条（c）款的详细比对可以发现，《日本专利法》将专利间接侵权的范围严格限定在有限的范围之内，即仅仅只能用于制造该产品的物品。

（二）2002 年《日本专利法》对专利间接侵权的规定及其解读

为了应对司法实践中出现的众多问题，《日本专利法》在 2002 年进行修订时增加了一些条款，这些条款扩大了专利间接侵权的对象物，并增加了对行为人主观故意的要求。新增条款的具体内容如下：

第一，假设某专利是一种产品专利，如果行为人以生产经营为目的，在明知某种物品是仅仅只能用于制造该产品的物品的情况下，仍然对这些物品实施了诸如制造、出让、租借、出示或者进口等行为，则专利权人还是有权予以禁止。

第二，假设某专利是一种方法专利，如果行为人以生产经营为目的，在明知某种物品是仅仅只能用于制造该方法的物品的情况下，仍然实施了诸如制造、出让、租借、出示或者进口等行为，则专利权人还是有权予以禁止。

（三）现行《日本专利法》对专利间接侵权的规定及其解读

经过多次修订之后，现行《日本专利法》第 101 条❶规定，下列行为被视为侵权：

第一，假设某专利是一种产品专利，如果行为人以生产经营为目的，在明知某种物品是仅仅只能用于制造该产品的物品的情况下，仍然对这些物品实施了诸如制造、出让、租借、出示或者进口等行为，则专利权人还是有权予以禁止。

《日本专利法》第 101 条第 1 款是关于产品发明和专用于制造该专利产品的物品之间关系的一个详细规定。比如，假设专利为一台打印机，如果将组装该打印机所必需的所有物品进行成套出售，便属于本款所规定的情况。2002 年，日本对其专利法进行了一定程度的修订，对"物品"包含日常工作

---

❶ Japan Patent Act 101.

中使用的计算机程序等给予了明确的规定。● 因此，诸如模块之类的计算机程序等，作为计算机程序的零部件，当然也包括在《日本专利法》第101条第1款规定中所描述的"制造、转让或者进口、许诺转让专用于制造该专利产品的物品"中的"物品"之范围。

第二，如果某种专利涉及的是一种产品专利，如果行为人以生产经营为目的，在明知某种产品对技术问题的解决是不可或缺的情况下，仍然对这些物品实施了诸如制造、转让、进口等行为，则专利权人还是有权予以禁止。

《日本专利法》第101条第2款所规定的内容是日本在2002年对其专利法进行修订时新增加的内容。因为如果严格依照《日本专利法》第101条第1款的规定，则专利间接侵权条款就会形同虚设，毕竟世界上并没有任何物品仅仅具有某一种特殊的用途。因此，借此修订专利法的机会，日本对这样的漏洞进行了修订。与《日本专利法》第101条第1款不考虑主观要件的客观要件有所不同，在第101条第2款中，将主观要件中的"恶意"引入了专利间接侵权行为，条文采用的表述方式是："如果某种专利涉及的是一种产品专利，如果行为人以生产经营为目的，在明知某种产品对技术问题的解决是不可或缺的情况下，仍然对这些物品实施了诸如制造、转让、进口等行为，则专利权人还是有权予以禁止。"其中的"明知"是一种较高的认定标准，要求行为人在主观上必须是实际知道，而将过失的情况排除在外。这是因为，某种产品在日常生活中往往具有多种多样的用途，如果要求产品的提供者在过失的情况下也要承担相应的责任，则无异于对产品提供者的要求过于苛刻，交易的安全性更是无从保障。

《日本专利法》第101条第2款所规定的"该物品对技术问题的解决是不可或缺的"又该作何解释呢？笔者认为，可以从正反两个方面进行解释。从正面来看，"该物品对技术问题的解决是不可或缺的"除权利要求所记载的发明的构成元素之外，物品的制造、方法的使用中用到的工具、原料等都有可能被划入这个范围之中。从反面来看，即使是在一定程度上符合权利要求书的记载，并且与技术问题的解决不存在必然联系，而是现有技术一直需要的某种物品，那么，这种物品也不会被归入"对技术问题的解决是不可或缺的"

● 《日本专利法》第2条第3款第1项。

物品之中。

《日本专利法》第 101 条第 2 款所规定的"在日本广泛流通的物品除外"是保护交易稳定性的明智之举。这是因为，如果某种物品如螺钉、灯泡等已经在全日本范围内广泛流通，还要将其制造、转让或者进口、许诺转让等行为归入专利间接侵权之中是不利于贸易发展的。

第三，对产品发明专利而言，为了转让、进口等生产经营行为而持有该物品的行为。

《日本专利法》第 101 条第 3 款是关于持有物品的规定，该款的具体要求是，假设某专利是一种产品专利，如果行为人以生产经营为目的，在明知某种产品是仅仅只能用于制造该产品的物品的情况下，仍然对这些物品实施了诸如制造、出让、租借、出示或者进口等行为，则专利权人还是有权予以禁止。该规定与《日本专利法》第 101 条第 1 款和第 2 款的规定有所不同，其将"为了转让、进口等生产经营行为而持有该物品的行为"也归入侵权行为中，是为了更好地对专利权人的利益进行预防性保护，因为如果放任以转让、进口等生产经营等为目的而持有该物品的行为继续发展的话，之后发生侵权的概率将相当大。

第四，假设某专利是一种方法专利，如果行为人以生产经营为目的，在明知某种产品是仅仅只能用于制造该方法的物品的情况下，仍然实施了诸如制造、出让、租借、出示或者进口等行为，则专利权人还是有权予以禁止。

《日本专利法》第 101 条第 4 款是关于发明为方法发明和专用于实施该方法的物品的具体规定。比如，假设一种方法发明用于测试笔记本电脑的性能，如果对专用于实施该方法的某一物品进行销售，就构成了《日本专利法》第 101 条第 4 款所规定的专利间接侵权行为。但是，在这种情况下，要求这种物品除用于测试笔记本电脑的性能之外别无其他用途。如果发现这种物品除用于测试笔记本电脑性能之外还存在其他用途，则本款并不能适用。需要注意的是，如果这种物品虽然除用于测试笔记本电脑性能之外还存在其他用途，但这种用途并非常见的，而是可以具有很多其他替代手段，则还是可以适用本款的规定。

第五，专利发明为方法发明的，明知发明为专利发明且物品是实施发明所用到的物品的情况下，仍然以构成业务的方式，进行专利方法的使用中用到的且为解决发明的问题必不可少的物品的"制造、转让、进口、许诺转让"等行为均视为侵犯专利权，专利权人有权予以禁止。

该制度是《日本专利法》第101条第5项的规定，是日本在21世纪伊始的2002年对专利法进行修订时新增加的内容。需要注意的是，根据该项规定，如果某种专利涉及的是一种方法专利，则如果行为人"以生产经营"为目的，在明知某产品是"对技术问题的解决是不可或缺的"情况下仍然实施了诸如"制造、转让"等行为，则专利权人还是有权予以禁止的。

与《日本专利法》第101条第2款一样，《日本专利法》第101条第5款所规定的内容也是日本在2002年对其专利法进行修订的时候新增加的内容。关于何谓"明知"，何谓"在日本广泛流通"以及"该物品对技术问题的解决是不可或缺"等内容，在阐述《日本专利法》第101条第2款时也已经有过详细的解释，在此不再赘述。

第六，如果某种专利涉及的是一种方法专利，如果行为人以生产经营为目的，在明知某种产品对技术问题的解决是不可或缺的情况下，仍然实施了诸如制造、转让等行为，则专利权人还是有权予以禁止。

《日本专利法》第101条第6款是关于持有物品的规定，该款的具体要求是，如果一种专利是方法发明专利，则为了转让、进口等生产经营等目的而"持有"也被视为专利侵权行为。该款规定与《日本专利法》第101条第1款和第2款的规定有所不同，该款将"为了转让、进口等生产经营行为而持有该物品的行为"也归入侵权行为中，是为了更好地对专利权人的利益进行预防性保护，因为如果放任以转让、进口等生产经营等为目的而持有该物品的行为继续发展的话，下一步发生侵权的概率将相当大。出于对专利权人利益的考量，还是将这种"持有物品"的行为纳入了专利侵权的范围进行考虑。

该规定在原专利法规定的基础上，增加了有关非专用品间接侵权的规定（第2款、第5款），以及对未经专利权人许可为了转让、进口等生产经营目的而擅自持有专利产品的行为（第3款、第6款）的限制。其中，第3款和第6款的规定与专利间接侵权并无关系，其目的主要是针对既发行为，避免专利权人的利益受到难以弥补的损害。

基于上述第1款和第4款的规定，只要所涉及的物品是专用于制造涉案专利产品的，无论行为人是否具有主观过错，侵权均成立。同时，涉案物品必须是专用于专利产品或专利方法的。如果涉案物品还能作他用，则侵权不成立。

而第 2 款和第 5 款是关于非专用品的具体规定。无论是在《日本专利法》第 101 条第 2 款还是第 5 款中，都明示了除外情形，即"在日本广泛流通的物品除外"。但究竟何种物品才符合这种规定，《日本专利法》中却并未提及。日本学界普遍认为，所谓的"广泛流通"，是指这种商品可以在市场上被不特定的人轻松地获得。这类商品除对技术问题的解决是不可或缺的之外，还具有其他多种用途。当然，依照《日本专利法》第 101 条第 2 款、第 5 款的规定，专利权人要行为人承担侵权责任需要满足一定的构成要件：明知这种物品被用于专利产品的生产中；明知这种物品对该专利产品是不可或缺的等。

二、日本专利间接侵权典型案例

众所周知，实施了专利权直接控制的行为自然属于侵犯了专利权的专利直接侵权行为。但是，在实践中也发生了一些案例，在这些案例中，行为人并没有实施专利权直接控制的行为，但其生产制造的物品被专门用于侵害他人专利。很明显，如果放任这种行为的存续，将会不利于对专利权人利益的保护。因此，为了完善专利权的保护体系，就需要对此类行为进行一定的规制。《日本专利法》第 101 条所规定的专利间接侵权制度的立法目的正是基于此。

在日本的"一太郎"案中，软件产品涉及《日本专利法》中产品专利（第 101 条第 2 款）以及方法专利（第 101 条第 5 款）的间接侵权认定问题。"第 101 条的适用与解释问题成为本案的重要争点，日本知识产权高等法院二审对此作出了判决。"❶

（一）案情介绍

本案二审原告甲（二审被上诉人）为松下电器产业株式会社，被告乙（二审上诉人）是从事计算机软件系统开发以及销售等业务的企业。原告甲于 1998 年 7 月 17 日取得本案发明的专利权（日本第 2803236 号专利）。此发明

---

❶ 增井和夫，田村善之. 日本专利案例指南［M］. 李扬，等译. 北京：知识产权出版社，2016：224-225.

是涉及在软件用户界面上实现显示帮助信息的计算机信息处理设备相关的专利。本专利申请包含以下内容。

1. 第 1 发明

此专利实现在软件的用户界面上，用鼠标等设备指定并移动"帮助模式"图标（第一图标）后，在软件界面上移动鼠标指定其他功能图标（第二图标），则可实现在界面窗口上显示相应图标功能的帮助说明信息机能的处理设备。

2. 第 2 发明

在上述处理方法中，如果对第二图标的指定不是在指定第一图标之后立即进行的，则执行第二图标所代表的机能的信息处理设备。

3. 第 3 发明

涉及如下数据输入与表示装置的信息处理方法：如果指定第一图标后立即指定第二图标，则显示第二图标所实现机能的说明信息的处理方法。

在被告乙所开发设计并销售的软件产品中，"一太郎"和"花子"分别是文字处理软件与图形处理软件，在计算机系统中安装后方可使用。启动文字处理软件"一太郎"后，其用户界面类似于通常文字编辑处理软件（如 Microsoft Office Word 2003）的界面，显示有菜单、工具条和文字编辑区。通常情况下，如果单击工具条上的各个图标，软件将执行相应的程序，从而实现预定的功能。例如，单击工具条上打印机图形的图标，则软件执行打印的功能。而"一太郎"软件用户界面的特别之处在于，其工具条中有一个由鼠标的图形与"?"结合所构成的图标，以下称其为"帮助模式"图标。其功能如下：如果先单击"帮助模式"图标，随后再单击打印机图形的图标，则"一太郎"软件并不执行打印功能，而只是在编辑软件界面上显示出帮助提示信息，用以说明所指定的图标能够实现的功能与使用方法等。

基于上述事实，原告甲认为被告乙所开发并销售的"一太郎"等软件违反了《日本专利法》第 101 条第 2 款及第 4 款（现第 5 款）的规定，以被告乙侵害了本案的专利权（第 2803236 号专利）为由提起诉讼，请求被告乙终止"一太郎"等软件的生产及销售，停止侵害并请求法院支持销毁已生产的产品。东京地方法院一审判决被告乙的生产和销售行为属于《日本专利法》

第101条第2款及第4款（现第5款）规定的间接侵权之范围，支持了原告甲的诉讼请求。被告乙不服，向日本知识产权高等法院提出上诉。

在二审阶段，双方主要争点如下：首先，在计算机系统中安装上诉人乙的软件产品，是否满足本案专利的构成要素的充分条件，即上诉人乙的产品所使用的图标机能处理方法是否属于本案专利权的技术范围；其次，上诉人乙生产与销售"一太郎"等软件产品，是否属于《日本专利法》第101条第2款及第4款（现第5款）的间接侵权；最后，行使本案专利权的限制。

（二）法院判决

日本知识产权高等法院首先认定，上诉人乙所生产销售的软件产品在计算机系统中安装及使用的行为满足本案专利的构成要素的充分条件，属于其专利权的技术范围。上诉人乙主张，本案专利中的"图标"是可以移动并配置在桌面上的，具有用图形及文字表示各种数据及功能并处理各种命令的机能。上诉人乙生产及销售的"一太郎"等软件产品安装在计算机系统中，工具条上的"帮助模式"图标及"打印"等其他功能性图标均不能移动，同时这些图标也没有被配置在操作系统的桌面上。因此上诉人乙主张，"一太郎"等软件产品中的上述"帮助模式"图标以及"打印"等其他功能性图标，与本案专利中所定义的图标，不属于同一个概念。考察本专利中"课题的解决方法""发明的效果""功能"等项目后，法院在审查了本案专利申请时的详细说明清单以及技术常识后认为，本案专利中指定第一图标随后指定第二图标的处理方法，不存在上诉人乙所主张的对图标处理中必须具备"选择图标、移动图标、释放图标"等要素。法院认为，本案专利中的"图标"是指"软件界面上表示各种数据及处理机能，并处理各种命令的图形及文字符号"，而且此定义是判断"图标"属性时的充分条件。本案专利申请所记载的对图标处理过程中"选择、移动、释放"等处理方法只不过是列举实施形态，专利中的处理方法不限于此，因此，上诉人乙的上述主张不予支持。❶

二审法院判决认为，"一太郎"等软件产品中包括帮助机能在内的全部程序被安装到计算机系统中后，才真正符合本案发明专利的构成要素；上诉人乙所制造销售的软件产品向计算机系统中进行的安装过程应视作《日本专利

---

❶ 韩赤风，冷罗生，田琳，等. 中外专利法经典案例 [M]. 北京：知识产权出版社，2010：75.

法》第101条中的生产行为。上诉人乙所生产销售的软件产品是利用本案专利解决课题时不可欠缺的。进而二审法院对构成《日本专利法》第101条的主观要件作出判断。一审判决依据2002年11月7日的他案的某申请书送达之日作为判断上诉人乙知道的依据。二审法院认为，一审法院的判断有误，应以本案诉状送达之日（2004年8月13日）作为上诉人乙应当知道本案专利为被上诉人专利的日期。因此法院认为，上诉人以生产经营为目的从事本案软件产品的生产及销售等行为，应视为构成《日本专利法》第101条第2款所规定的对本案专利（第1发明及第2发明）的间接侵害。

《日本专利法》第101条第4款（现第5款）对方法专利的间接侵害作出了专门规定。法院依据本条款认为，上诉人乙的行为并非生产或转让计算机系统，而只是针对在计算机系统中参与生产过程的"一太郎"等软件产品的制造和转让。因此，本案中上诉人乙设计开发及销售"一太郎"等软件产品的行为不是第101条第4款（现第5款）所规定的间接侵害行为。据此，二审法院否定了第101条第4款（现第5款）的适用可能性。

上诉人乙在二审阶段提出了诸多证据，主张本案被上诉人持有的图标专利无效。二审法院审查了上诉人提出的涉及本案专利的专业文献等证据，认为上述专业文献所公开的现有技术与本案专利技术的差异只不过是"帮助菜单"和"帮助图标"而已。本案专利申请时，"帮助图标"本身已经是公开的现有技术；而且依据上述专业文献，"帮助菜单"也应被视为现有公开技术。法院认为，本案专利是依据现有技术文献轻易可以作出的技术，缺乏技术的先进性；被上诉人甲的专利违反了《日本专利法》第29条第2款之规定，应为无效专利。所以，被上诉人甲不得依据《日本专利法》第104条对上诉人主张行使其本案专利权。

最终，二审法院判决：由于被上诉人甲的"图标"专利存在无效事由，不得行使其专利权，上诉人乙开发设计及销售的软件产品没有侵害专利权，判决驳回被上诉人甲的诉讼请求。

（三）法院对专利间接侵权的判断

本案专利发明，即第一发明及第二发明，属于信息处理设备的产品发明；第三发明为方法发明。依据《日本专利法》第101条的规定，本案三审被上诉人（二审原告甲）主张，本案第一发明及第二发明涉及第 2 款的间接侵权问题，本案第三发明涉及同条第 5 款的间接侵权问题。

1. 产品专利间接侵权

依据《日本专利法》第 101 条第 2 款主张本案产品间接侵害产品发明专利权时，首先需要判断是否存在第 2 款 "对用于生产该专利产品所使用之物品" 中所指的 "生产" 这一事实，即需要判断是否存在 "生产" 用于侵害本案产品专利（第一发明及第二发明）的物品的事实。本案二审法院认为，原本计算机系统不是本案专利产品，不存在侵害本案产品专利的事实；但是，"一太郎" 等软件产品中包括帮助机能在内的全部程序被安装到计算机系统中后，计算机系统才真正具备了本案发明专利（第一发明及第二发明）的构成要素，此时的计算机系统成为第一发明及第二发明的专利产品。上诉人的软件产品被安装到计算机系统中后，才使计算机系统成为涉及本案专利的产品，因此，上述 "安装" 软件的行为是第 2 款中所指的 "生产" 行为。本案二审判决将 "一太郎" 等软件的安装行为视作第 101 条第 2 款专利产品的 "生产" 行为。虽然上述判断超出了一般意义上对 "生产" 概念的理解，但是由于实施发明专利的特征是利用无形的专利信息生产或制作出满足专利构成要素的产品，所以对产品专利间接侵权而言，将 "生产" 这一概念宽泛地解释为制作出满足专利构成要素的物品的行为符合立法目的。本案二审判决对此问题所作出的结论及判断论证过程具有说服力及合理性。

其次，需要考虑《日本专利法》第 101 条第 2 款所规定的间接侵权的另一个构成要素："该发明是解决生产课题之不可或缺的"。这一要素是针对当某产品不符合第 1 款所规定的侵权专用产品的条件时，从保护发明专利的角度，适当放宽对其侵权专用的限制，将规制范围从提供侵权产品扩大到提供侵权产品的重要部件。这既是第 2 款的立法目的，也是本案二审法院的基本思考方法。本案上诉人乙主张，本案专利的机能由 Windows 操作系统 Winhelp32. exe 程序实现，其 "一太郎" 等软件产品只有在计算机系统中调用这些程序才得以实现 "帮助模式" 图标的机能，所以 "一太郎" 等软件在实现本案专利机能上不是 "不可或缺的" 要素。如果计算机系统不需要安装 "一太郎" 等软件也能实现相同的机能，则未安装 "一太郎" 等软件的计算机系统已经可以视为本案的专利产品，固然可以认定 "一太郎" 等软件在实现本案专利中并非"不可或缺的"要素。但是二审法院认定没有安装"一太郎"等软件的计算机系统不能实现本案专利的机能的事实，未支持上诉人的主张。从上述本条文的立法目的以及解释的原则，法院的判决正确且具有说服力。

最后，还需要考察"在日本国内广泛流通的产品除外"这一要素。对于在市场上广泛流通且具有多种用途和机能的产品，即使是产品的部分机能和用途实施了某发明专利，还是认定其构成间接侵害，专利权对他人的行动自由的制约程度过高，需要适当限制。事实上，本案条款是为了平衡保护权利人的停止侵害请求权与制约他人行为自由的关系。本案二审法院判决，上诉人的软件产品不属于"在日本国内广泛流通的产品"。其主要理由为，上诉人的软件产品中含有"仅用于生产本案专利产品"的部分，即使认定这部分构成间接侵权，由于"一太郎"等软件的开发制作过程可以比较方便地删除"帮助模式"图标，没有"帮助模式"图标的软件也仍然具有其商业价值并不影响其销售；在此意义上，对上诉人乙的软件产品的制约是在一个合理的范围内。

综上所述，"上诉人以生产营业为目的从事本案软件产品的生产销售等行为，应视为构成《日本专利法》第101条第2款所规定的对本案产品专利（第1发明及第2发明）的间接性侵害，所以可以认为法院对此问题的判断具有其合理性。"❶

2. 本案方法专利的间接侵权判断

方法专利的间接侵权判断，依据《日本专利法》第101条第5款之规定，是将对用于实施该方法专利所使用之物品进行生产、转让的行为，以及提出从事进口、转让等行为视为间接侵权。但是，用于实施该方法专利所利用之物品的生产过程中所使用的其他物品的生产及转让等行为不是对专利权的间接侵害行为。本案中，安装了"一太郎"等软件的计算机系统实施了本案方法专利，所以生产或转让计算机系统的行为才是间接侵权。上诉人乙开发销售"一太郎"软件等被利用在生产计算机系统的行为中，上诉人的行为不是生产或转让计算机系统，只是生产和转让了用于生产或转让计算机系统所使用之物品（软件），所以上诉人的开发及销售行为不构成第5款的间接侵权。

---

❶ 韩赤风，冷罗生，田琳，等. 中外专利法经典案例［M］. 北京：知识产权出版社，2010：81.

对于上诉判断论证方法，存在诸多对立观点，主要的分歧在于对方法发明专利的间接侵权的对象是否应当限定为一个独立的个体，本案二审判决对此持肯定的立场。所以法院认为，安装了"一太郎"等软件的计算机系统才是间接侵权的对象，当方法发明为单纯的方法时，可以说这个理论有一定的合理性；但是对方法专利的其中一个构成要素（如构成方法专利的某一个步骤），不认为构成间接侵害，从间接侵权制度的立法宗旨考虑，本案关于第5款（旧第4款）方法专利的判决在理论上还存在一定的欠缺。事实上，如果从保护专利权的实效性的观点以及专利间接侵权制度的宗旨考虑，应当承认基于与其他产品相结合实施方法专利的物品构成第5款（旧第4款）的间接侵权，这是本案判决反映出的一个重点问题。

三、日本专利间接侵权构成要件分析

（一）纯粹客观主义的认定标准

《日本专利法》第101条第（1）款和第（3）款采用了纯客观主义的认定标准。此处争议的焦点是关于"物品要件"的问题。

《日本专利法》将专利间接侵权的范围严格限定在有限的范围之内，即"仅仅只能用于制造该产品的物品"。通过对《日本专利法》这一规定的解读就可以知道，出于知识产权政策的考量，日本对构成专利间接侵权行为的范围进行了限制。如果被控侵权人提供的物品仅仅只能用于制造该产品，那么，被控侵权人就可能构成专利间接侵权；如果被控侵权人提供的物品除用于制造专利产品之外，尚存在其他的任何用途，则被控侵权人提供物品的行为就不构成侵权。《日本专利法》之所以作出如此规定，正是出于维持专利直接侵权与专利间接侵权之间平衡的考量。就1959年《日本专利法》第101条的规定"仅仅只能用于制造该产品的物品"来说，既然被控侵权人提供的物品的用途如此单一，以至于该物品除被用于制造专利产品或被用于实施专利方法之外再无其他的任何用途，那么，在这种情况下，就可以根据《日本专利法》的规定，只要这种实施某种行为在行为之前没有获得专利权人的许可，"其通过提供该物品来诱导他人实施专利权人控制的行为的意图就非常明显了。在此，就不需要大费周章地寻找行为的主观恶意，而可径直认定其符合专利间

接侵权的构成要件。"❶

　　不过，《日本专利法》对专利间接侵权的考量还是过于谨慎，从而将专利间接侵权的适用空间不断地压缩至很狭小的范围。根据日常的经验很容易想象到，几乎不存在一种仅仅只能用于制造某种产品的物品，而不存在其他任何的用途。"仅仅只能用于制造该产品的物品"的反面解释就是"具有任何其他的用途"，那么由此观之，《日本专利法》中的间接侵权制度几乎没有适用的余地。显然，这不是立法者最开始对专利间接侵权进行立法规制的初衷，这个问题又涉及对1959年《日本专利法》第101条的规定"仅仅只能用于制造该产品的物品"的解释问题。对此，日本学者也多有阐述，吉藤幸朔于20世纪90年代在其《专利法概论》中提出："关于其他用途，比如，仅仅有使用于其他方面的可能性是远远不够的，还需要具有在经济上或者商业上适用的可能性；仅仅具有在经济上或者商业上适用的可能性也不够，还要具有把在经济上或者商业上适用的可能性转变为在经济上或者商业上适用的具体现实。"❷如果没有在经济上或者商业上适用的具体现实，谁也不会把这种物品作为其他用途而进行使用。上述学者关于其他用途的阐述只是一个原则性的规定，有原则就必有例外。例如，如果具有在经济上或者商业上适用的可能性，并且近期就把这种可能性变为现实，那么就会把这种情况当作"在经济上或者商业上适用的具体现实"进行处理。总而言之，需要对1959年《日本专利法》第101条的规定"仅仅只能用于制造该产品的物品"进行合理的解释，不能把虽然具有在经济上或者商业上适用的可能性，但是不知何时才能把可能性变为现实的情况当作具有其他用途，从而压缩专利间接侵权的适用空间，这也是同《日本专利法》第101条的立法宗旨相背离的。

　　不论是1959年《日本专利法》第101条的规定，还是日本学者吉藤幸朔等对"具有其他用途"的论述，都停留在纸面上或者应然的层次中。至于在实践当中是如何认定"具有其他用途"的，还需要将实践中发生的真实案例作为阐述对象，日本大阪地方法院在1979年2月16日给出的一份判决就涉及这个问题。该判决涉及一项有关装饰壁板安装方法的专利。被告成批生产并出售了套有聚氯乙烯压着体的钉子，专利权人依据1959年《日本专利法》第

❶　尹新天. 专利权的保护［M］. 2版. 北京：知识产权出版社，2005：523.
❷　吉藤幸朔. 专利法概论［M］. 宋永林，魏启学，译. 北京：专利文献出版社，1990：439.

101 条第 2 项（假设某专利是一种方法专利，如果行为人在商业过程中对某种特殊的物品，即仅仅只能用于制造该方法的物品实施了诸如制造、出让、租借、出示或者进口等行为，则专利权人还是有权予以禁止）规定，认为被告的行为构成侵权，并向法院提起诉讼。

该案的焦点之一就是被告所提供的钉子是否符合《日本专利法》第 101 条第 2 项的规定。对于此关键问题，被告辩解道，其出售的套有聚氯乙烯压着体的钉子并非《日本专利法》第 101 条所规定的专用物品。在当前的环境下，除可用于实施专利技术外，该钉子至少还可用于一般家用等。

大阪地方法院在判决中指出，在讨论涉案物品是否具有其他用途时，需要对可能性与事实作严格的区分，否则《日本专利法》中的专利间接侵权制度就可能形同虚设。据此，大阪地方法院进一步认为，被告如果仅举证证明涉案物品的实验性质或暂时性，还无法证明侵权不成立。被告要想证明其提供的物品具有其他用途，就必须证明这种用途具有商业价值。当然，从理论上来看，被告所列举的具有其他用途并非无稽之谈，也是有事实根据的。但是，理论和实践之间必定存在不小的差距。在人们的日常实践中，被告所列举的其提供的套有聚氯乙烯压着体的钉子具有固定、悬挂等用途都有现实的产品可以替代，或者说，现实中还有很多其他物品发挥的作用比被告所提供的套有聚氯乙烯压着体的钉子更有效，被告所列举的这项用途在实践中是很罕见的。因此，大阪地方法院认为，被告所列举的用途不能被认为这种钉子的真实用途。据此，大阪地方法院认定被告的行为构成间接侵权。

大阪地方法院的判决在日本引起了巨大反响。在此之前，日本的专利间接侵权制度更多地体现在理论中，在实践中很少出现认定某些行为构成专利间接侵权的情况。对此，日本一些评论者认为，"此案就像一块石头那样，在专利纠纷这面平静的湖水中产生了诸多的涟漪。"❶

（二）主客观相结合的认定标准

《日本专利法》第 101 条第 2 款和第 5 款采用了主客观相结合的认定标准。此处争议的焦点有两个：第一，物品要件的问题，即对"对技术问题的

---

❶ 鸿常夫. 日本专利判例精选［M］. 张遵逵，郝庆芬，等译. 北京：专利文献出版社，1991：278-292.

解决是不可或缺的"如何理解的问题。第二，主观要件的问题，即对"明知某种产品是对技术问题的解决是不可或缺的"中"明知"的解释问题。

1. 物品要件

《日本专利法》第 101 条第 2 款所规定的内容是日本在 2002 年对其专利法进行修订的时候新增加的内容。因为如果严格依照《日本专利法》第 101 条第 1 款的规定，则"专利间接侵权"就会形同虚设，毕竟世界上并没有任何物品仅仅具有某一种特殊的用途。因此，借此修订专利法的大好机会，日本对这样的漏洞进行了修订。

《日本专利法》第 101 条第 2 款所规定的"该物品对技术问题的解决是不可或缺的"又该作何解释呢？可以从正反两个方面进行解释。首先，从正的方面来看，"该物品对技术问题的解决是不可或缺的"除权利要求所记载的发明的构成元素之外，物品的制造、方法的使用中使用到的工具、原料等都有可能划入到这个范围之中。其次，从反的方面来看，即使是在一定程度上符合权利要求书的记载，即便与技术问题的解决不存在必然联系，而是现有技术一直需要的某种物品，那么，显然这种物品也不会被归入"对技术问题的解决是不可或缺的"物品之中。

《日本专利法》第 101 条第 2 项所规定的"在日本广泛流通的物品除外"是保护交易稳定的明智之举。因为，如果某种物品比如螺丝、灯泡等已经在全日本范围内广泛流通，还要将其制造、转让或者是进口、许诺转让等行为归入专利间接侵权之中是不利于贸易发展的。

2. 主观要件

同《日本专利法》第 101 条第 1 项不考虑主观要件的客观要件有所不同，《日本专利法》在第 101 条第 2 项中将"主观要件"中的"恶意"引入了专利间接侵权行为，条文采用的表述方式是："如果某种专利涉及的是一种产品专利，则如果行为人'以生产经营'为目的，在明知某种产品是'对技术问题的解决是不可或缺的'的情况下还对这些物品实施了诸如'制造、转让、进口'等的行为，则专利权人还是有权予以禁止。"其中的"明知"是一种较高的认定标准，必须要求行为人在主观上是实际知道，而将过失的情况排除在外。这是因为，某种产品在日常的生活中往往具有多种多样的用途，如果要求产品的提供者在过失的情况下也要承担相应的责任，则无异于对产品的提供者要求过于苛刻，交易的安全性更是无从保障。

（三）专利间接侵权是否以直接侵权为前提

在日本，关于专利发明的实施，"如果并非实施专利发明的整个结构，而只是实施了其中一个部分，或者通过与发明的整体结构不同的形式进行实施，就不会构成专利发明的实施。"❶ 质言之，在以下情形下，专利权人并不能以专利侵权为由要求行为人承担责任：第一，只是实施专利发明的一部分；第二，通过与发明的整体结构不同的形式来实施。

但是，在通过与发明的整体结构不同的形式来实施的情形下，如果放任某些特定的实施形式，将会不利于对专利权人利益的充分保障。因此，出于对专利权人专有性权利的尊重，《日本专利法》规定，对于某些特殊形式的实施形式，即使是通过与发明的整体结构不同的形式来实施，如果这种特殊的形式最终导致专利直接侵权的概率很大，那么，这样的行为也会受到《日本专利法》的规制，这也就是《日本专利法》在第101条第1款、第2款、第4款和第5款规定的内容。

在学理上，日本学界关于专利间接侵权的观点主要有如下几种❷：

1. 独立论

持专利间接侵权独立论的学者认为，专利直接侵权与专利间接侵权之间并不存在必然的联系，专利间接侵权也不以专利直接侵权的存在为前提。即使不存在专利直接侵权，专利间接侵权也一样可以发生。

2. 从属论

持专利间接侵权从属论的学者认为，专利直接侵权与专利间接侵权之间存在必然的联系，专利间接侵权要以专利直接侵权的存在为前提。只有存在专利直接侵权，才会考量专利间接侵权，换言之，没有专利直接侵权，就不存在专利间接侵权适用之余地。

3. 修正说

客观地讲，这里的专利间接侵权修正说与专利间接侵权独立论和专利间

---

❶ 青山纮一. 日本专利法概论［M］. 聂宁乐，译. 北京：知识产权出版社，2014：25.
❷ 青山纮一. 日本专利法概论［M］. 聂宁乐，译. 北京：知识产权出版社，2014：25-26.

接侵权从属论不是同一个层面的问题。这里的"修正"，是指这些学者既不赞同专利间接侵权独立论，也不赞成专利间接侵权从属论，并认为这两种观点都有不完善的地方，因此，需要对其作出一定的修正，专利间接侵权修正说因此而产生。该说认为，专利间接侵权从属论不符合文义解释的目的，而且在司法实践中容易导致与立法保护专利权人目的相悖离的结果。比如，如果坚持专利间接侵权从属论，当没有专利直接侵权行为时，就不会进一步考量是否存在专利间接侵权行为，那么，至少在如下情况下，会出现对专利权人利益保护不周的结果：在个人用产品的生产中用到的物品、为进行实验或研究而实施的专利发明人所使用的物品❶、先用权人的实施行为中用到的物品❷以及医疗行为中用到的物品等。进而，专利间接侵权修正说认为，比较符合立法旨趣的司法实践中的做法应该是以专利间接侵权独立论作为重要的前提条件，并结合《日本专利法》的立法目的等，对个案进行仔细的考量。

《日本专利法》第 101 条第 3 款和第 6 款是 2006 年修订专利法时新增加的内容，乍看之下与第 101 条第 1 款、第 2 款、第 4 款和第 5 款规定的内容差别很大。《日本专利法》在第 101 条第 3 款和第 6 款之所以要这么规定，其实质是为了对专利权人的利益进行全面的保护，因为对这个阶段的相关行为进行有效的规制，可以有效地将专利侵权行为扼杀在萌芽阶段。

四、日本专利间接侵权的经验评析

通过对日本专利间接侵权制度的立法梳理和司法考察，可以发现日本在专利间接侵权的类型设置、构成要件，以及与直接侵权的法律关系方面，都有着独特的法律制度构造。基于此，结合日本专利间接侵权制度的立法内容，可以总结和归纳出以下几个方面的评析内容。

（一）日本专利间接侵权的类型设置

在专利间接侵权制度的类型设置方面，日本仅规定了帮助侵权一种类型。当然，关于帮助侵权的具体设置，又可分为产品发明和方法发明两个不同方面。值得说明的是，日本没有规定引诱侵权这种专利间接侵权类型，主要是

---

❶ 《日本专利法》第 69 条。
❷ 《日本专利法》第 70 条。

因为其共同侵权理论可以较好地规制这种类型。由此可见，对于专利间接侵权制度的设置而言，需要考虑与一般侵权责任法的有效衔接和贯通。但是，在具体的类型化设置方面，还需要充分结合自身的法律体系，尤其是间接侵权与共同侵权的法律关系问题，进而更加合理化地实现对专利间接侵权制度的法律构造。

（二）关于专利间接侵权的构成要件

通过对《日本专利法》第 101 条的具体解读，可以发现日本关于专利间接侵权制度的法律规定，采取的是不断完善的立法进路。总体而言，可划分为以下两种类型：

一是仅需要客观行为要件，就能够认定专利间接侵权成立的类型。具体而言，主要涉及《日本专利法》第 101 条第 1 款、第 3 款、第 4 款和第 6 款的具体情形。

首先，是第 1 款关于产品发明与"专用于制造该专利产品的物品"之间的行为关系判定。比如，假设专利为一台打印机，如果将组装该打印机所必需的所有物品进行成套出售便属于本款所规定的情况。2002 年，日本对其专利法进行了一定程度的修订，对"物品"包含我们日常工作中使用的"计算机程序等"给予了明确的规定。[❶] 因此，诸如模块之类的"计算机程序等"，作为计算机程序的零部件，当然也包括在《日本专利法》第 101 条第 1 款规定中所描述的"制造、转让或者是进口、许诺转让专用于制造该专利产品的物品"中的"物品"之范围。

其次，是第 3 款关于产品发明专利而言，基于生产经营的目的而持有该物品。假设某专利是一种产品专利，如果行为人以生产经营为目的，并对这些物品实施了诸如出让、租借、出示或者进口等行为，专利权人还是有权予以禁止。该款规定与《日本专利法》第 101 条第 1 款和第 2 款的规定有所不同，其将"为了转让、进口等生产经营行为而持有该物品的行为"也归入侵权行为中是为了更好地对专利权人的利益进行预防性保护，因为如果放任"为了转让、进口等生产经营"等目的而持有该物品的行为继续发展，下一步发生侵权的概率将会相当大。

---

❶ 《日本专利法》第 2 条第 3 款第 1 项。

再次，是第 4 款关于方法发明的具体类型，如果行为人以生产经营为目的，并实施了诸如出让、租借、出示或者进口等行为，则专利权人还是有权予以禁止。比如，当一种方法发明为测试笔记本电脑性能的时候，如果将专用于实施该方法的某一物品进行销售的行为，就构成了《日本专利法》第101 条第 4 款所规定的专利间接侵权行为。但是，在这种情况下就要求这种物品除用作测试笔记本电脑的性能之外别无其他用途。如果发现这种物品除用作测试笔记本电脑性能之外还存在其他的用途，则本项并不能够使用。不过需要注意的是，如果这种物品虽然除用于测试笔记本电脑性能外还存在其他的用途，但是这种用途并非常见的，而是可以具有很多其他的替代手段，则还是可以适用本项之规定。

最后，是第 6 款关于方法发明的持有问题，即"为了转让、进口的目的而持有该方法生产的物品"的行为，也被视为专利侵权行为。由此可见，这种关于"持有型"侵权行为的规定，无疑起到了有效保护专利权人合法利益的积极效果。

二是需要主观的明知要件与客观行为要件相结合，而认定专利间接侵权成立的类型。具体而言，主要涉及《日本专利法》第 101 条第 2 款和第 5 款的两种情形。

首先，是第 2 款关于产品发明，需要满足主客观要件的间接侵权情形。该情形是日本在 2002 年对其专利法进行修订的时候新增加的内容。因为如果严格依照《日本专利法》第 101 条第 1 款的规定，则专利间接侵权条款就会形同虚设，毕竟世界上并没有任何物品仅仅具有某一种特殊的用途。因此，借修订专利法的大好机会，日本对这样的漏洞进行了修订。

与《日本专利法》第 101 条第 1 款不考虑主观要件的客观要件有所不同，《日本专利法》在第 101 条第 2 款中将主观要件中的"恶意"引入了专利间接侵权行为，条文采用的表述方式是"如果某种专利涉及的是一种产品专利，则如果行为人以生产经营为目的，在明知某产品对技术问题的解决是不可或缺的情况下，仍然对这些物品实施了诸如制造、转让、进口等行为，则专利权人是有权予以禁止的"。其中的"明知"是一种较高的认定标准，要求行为人在主观上必须实际知道，而将过失的情况排除在外。这是因为，某种产品在日常生活中往往具有多种多样的用途，如果要求产品的提供者在过失的情况下也承担相应的责任，则无异于对产品的提供者要求过于苛刻，交易的安全性更是无从保障。

此外，第 101 条第 2 款所规定的"该物品对技术问题的解决是不可或缺的"又该作何解释呢？本书认为，可以从正反两个方面进行解释：从正面来看，"该物品对技术问题的解决是不可或缺的"除权利要求所记载的发明的构成元素之外，物品的制造、方法的使用中用到的工具、原料等都有可能被划入这个范围之中；从反面来看，即使是在一定程度上符合权利要求书的记载，与技术问题的解决不存在必然联系，而是现有技术一直需要的某种物品，这种物品也不会被归入对技术问题的解决是不可或缺的物品之中。除此之外，关于"广泛流通物品的除外"规定，也是一种保护交易稳定性的明智之举。这是因为，如果某种物品如螺钉、灯泡等已经在全日本范围内广泛流通，还要将其制造、转让或者进口、许诺转让等行为归入专利间接侵权之中是不利于贸易发展的。

其次，是第 101 条第 5 款关于方法发明，需要满足主客观要件的间接侵权情形。这种情形与第 2 款的不同之处在于产品发明的方法不同，至于具体的构成要件，则并不存在很大的区别，对此不再赘述。

(三) 关于专利间接侵权与直接侵权的法律关系

在专利间接侵权与直接侵权的法律关系方面，日本的主流观点认为，专利直接侵权的成立与间接侵权成立相互独立。专利间接侵权制度的确立，采用的是一种实用主义的原则，旨在有效保护专利权人的合法利益。当然，从专利直接侵权与间接侵权的关系来看，日本学术界关于专利间接侵权主要有如下三种观点❶：一是专利间接侵权独立于专利直接侵权论。持专利间接侵权独立论的学者认为，专利直接侵权与专利间接侵权之间并不存在必然的联系，专利间接侵权也不以专利直接侵权的存在为前提。即使不存在专利直接侵权，专利间接侵权也一样可以发生。二是专利间接侵权从属于专利直接侵权论。持专利间接侵权从属论的学者认为，专利直接侵权与专利间接侵权之间存在必然的联系，专利间接侵权要以专利直接侵权的存在为前提，只有存在专利直接侵权，才会存在专利间接侵权。三是专利间接侵权修正说。客观地讲，

---

❶ 青山纮一. 日本专利法概论 [M]. 聂宁乐，译. 北京：知识产权出版社，2014：25-26.

专利间接侵权修正说与专利间接侵权独立论和专利间接侵权从属论不是一个层面的问题。这里的"修正"指代的是这些学者既不赞同专利间接侵权独立论，也不赞成专利间接侵权从属论，并认为这两种观点都有不完善的地方。因此，需要对专利间接侵权独立论和专利间接侵权从属论作一定的修正，专利间接侵权修正说因此而产生。专利间接侵权修正说认为，专利间接侵权从属论并不符合文义解释的目的，而且在司法实践中容易导致与立法保护专利权人目的相悖离的结果。比如，如果坚持按照专利间接侵权从属论的观点，没有专利直接侵权行为就不会进一步考量是否存在专利间接侵权行为。那么，至少在如下情况下会出现对专利权人利益保护不周的结果：在个人用产品的生产中用到的物品、为进行实验或研究而实施的专利发明人所使用的物品❶、先用权人的实施行为中用到的物品❷以及医疗行为中用到的物品等。因此，专利间接侵权修正说认为，比较符合立法旨趣的实践做法应该是以专利间接侵权独立论作为重要的前提条件，并结合《日本专利法》的立法目的等综合因素，在个案中进行自由裁量。综上所述，考察日本关于专利间接侵权的法律规定和司法实践，可以发现以下两个方面的观点：一是专利间接侵权制度不一定非要被禁锢在专利直接侵权成立的语境下，来作出相应的判定；二是专利间接侵权制度的法律构造，需要结合自身法律体系的发展特点，以及司法实践的具体需要，灵活地采取共同侵权的处理方式，以更好地解决专利引诱型间接侵权的现实问题。

第五节　专利间接侵权制度的比较

在比较分析的基础上，可以发现，虽然专利间接侵权制度是世界上普遍采用的一种对专利权人的权利进行保护的重要制度，但是在该制度的具体设计上，由于各个国家在政治、经济、文化和科学技术等方面存在差别，该制度也表现出了多种多样的形式。与相似性相比，这些差异性可以更多地为我国专利间接侵权制度的完善提供参考价值。在专利间接侵权的立法模式方面，

---

❶ 《日本专利法》第 69 条。
❷ 《日本专利法》第 70 条。

《美国专利法》和《德国专利法》采用二元立法模式。《美国专利法》在第271条（b）款规定了引诱侵权，在第271条（c）款规定了辅助侵权。《德国专利法》在第10条第1款规定了辅助侵权，在第10条第2款规定了诱导侵权。《日本专利法》采用一元立法模式。考虑到引诱侵权与共同侵权之间的高度相似性，《日本专利法》在第101条规定了帮助侵权。概而言之，这些国家或地区的专利间接制度具有如下特点。

一、专利间接侵权的类型

《美国专利法》在第271条（b）（c）款规定了两种间接侵权类型，分别是教唆型专利间接侵权和辅助型专利间接侵权。《德国专利法》在专利间接侵权的类型设置方面，采取的是以辅助侵权为主，辅之以教唆侵权的二元式立法体例。在专利间接侵权制度的类型设置方面，《日本专利法》仅规定了帮助侵权一种类型。

二、专利间接侵权的行为方式

《美国专利法》规定的辅助型专利间接侵权和教唆型专利间接侵权的行为方式有许诺销售、销售和进口等。《日本专利法》规定的专利间接侵权行为方式有生产、转让和进口等。《德国专利法》规定的专利间接侵权行为方式有许诺销售等。

三、专利间接侵权行为的对象必须是特定的产品

专利间接侵权的客体是产品，即某种行为要想构成专利间接侵权，那么，这种行为涉及的必须是一种特定的产品。不论是《美国专利法》还是《日本专利法》，专利间接侵权的立法都可以提供强有力的证明。比如，美国立法规定的专利间接侵权的客体是专利产品的部件（component）……材料（materials）或装置，日本立法规定的是"物件"（article）。如果说美国、日本立法例的规定都是非常明确的，那么，欧盟的立法规定则相对比较模糊，其规定的是"手段"（means）。单纯从字面意思而言，"手段"既可以指代某种产品，也可以指代方法步骤。但是，如果从《欧共体专利公约》第26条第1款整个条文的内容来看，此处的手段不可能将方法步骤包括在内，毕竟向某人

提供方法步骤给人的感觉与逻辑不符。此外，第26条第2款还将提供或者许诺提供常用商品的行为也纳入可能构成间接侵权的范围。不过，欧盟对常用商品进行了范围限制：首先，常用商品除是一种常用的基本商品之外，还须具有其他多种用途。此外，罕见的化学物质、特定的催化剂、微生物等即使具有其他用途也不会被认为是常用商品。其次，常用商品应当容易在市场上获得。如果这种商品仅仅在有限的范围内才能获得，则这种商品通常也不会被认为是常用商品。

四、专利间接侵权的主观过错必须是故意

《美国专利法》第271条（c）款规定行为人应当"明知其部件、材料或装置……"、第271条（b）款规定"该人主动诱导……""该人明知这样的部件是……"；《欧共体专利公约》第26条规定的"明知或者实际情况明显应知……"都表明，根据美国和欧盟的规定，专利间接侵权行为只能是故意。《日本专利法》认为，间接侵权的客体是"仅仅只能用于实施专利技术的物品"。《日本专利法》采用的一种推定的原则，即只要未经许可，提供该物品的人诱导他人进行直接侵权行为的意图是显而易见的，进而直接认定行为人构成间接侵权。

五、专利间接侵权与专利直接侵权的关系

《美国专利法》第271条（b）款与（c）款是从共同侵权行为发展而来的。在共同侵权行为的各种类型中，不论是教唆型专利间接侵权还是帮助型专利间接侵权，都要有直接侵权行为人存在，否则即难称共同侵权。因此，虽然条文未明定，但案例法明确指出，"无直接侵权的存在即无间接侵权"❶。但是，这种状况随着美国在20世纪80年代在专利法中增加第271条（f）款而出现了松动的迹象。德国、欧盟规定构成专利间接侵权行为原则上应该以存在专利直接侵权行为为前提条件❷，但是也存在诸多的例外。

不同国家和地区的专利间接侵权制度比较见表3-1。

---

❶ Aro Mfg. Co. v. Convertible Top Replacement Co., 377 U. S. 476 (1964)；Golden Blount, Inc. v. Robert H. Peterson Co., 365 F. 3d 1054 (Fed. Cir. 2004).

❷ 程永顺，罗李华. 中美两国对专利侵权行为的规定比较：下 [J]. 电子知识产权，1998 (6)：2-7.

表 3-1　专利间接侵权制度比较

要素\国家	法律依据	类型	行为模式	物品要件	主观要件	是否以直接侵权为前提	间接侵权是否有域外效力
美国	《美国专利法》第271条	辅助侵权诱导侵权	许诺销售、销售、进口	构成发明的实质部分、不具实质性非侵权用途	知道专利存在；知道部件的使用会侵犯专利权	是	是
日本	《日本专利法》第101条	辅助侵权	生产、转让、进口等	专用品；对发明"不可或缺"且非广泛流通的物品	专用品——无过错责任；对发明"不可或缺"且非广泛流通的物品——明知专利存在、明知物品用于发明的实施	是/否	否
德国	《德国专利法》第10条、第11条	辅助侵权诱导侵权	许诺销售等	与发明主要要素相关且非通常交易可购买到的物品	知道或应知；物品适于实施专利；受让人已有使用物品实施专利的确定意图	否	否
欧盟	《欧共体专利公约》第26条	辅助侵权诱导侵权	销售、许诺销售等	与该发明实质性部分相关的	知道或者情况表明其知道	否	否

本章小结

专利间接侵权制度在世界范围内广泛存在，但是不同国家或地区对专利间接侵权这一重要制度的法律规定不尽一致，其背后的决定性原因是各个国家的社会经济发展阶段以及具体环境不同。

虽然欧洲在习惯上也将《欧共体专利公约》第 26 条规定的行为称为专利间接侵权行为，但是，通过详细比较可以发现，欧洲的专利间接侵权制度与美国存在很大的差异。专利间接侵权行为在欧洲是一类与专利直接侵权行为并列的专利侵权行为，而美国认为专利间接侵权行为与专利直接侵权行为有紧密的联系，正是专利间接侵权行为促使了专利直接侵权行为的发生。这点从《欧共体专利公约》第 26 条的标题"禁止对发明的间接利用"就可以发现。欧洲对待专利间接侵权行为的思路是：虽然传统的专利法仅规制专利直接侵权行为，表面看来并不能控制专利间接侵权行为人提供物品的行为。但是，必须首先存在真实、有效的专利权，才可能有专利间接侵权行为的发生。有效存在的专利权使被控侵权人提供物品的行为显得有价值。从这个意义上而言，专利间接侵权是间接地利用有效存在的专利权的行为，专利直接侵权则是直接地利用有效存在的专利权的行为。

上述欧洲对专利间接侵权行为的认识思路，使得《欧共体专利公约》对专利间接侵权行为的规定与《美国专利法》对专利间接侵权行为的规定存在巨大的差异。最为明显的差异莫过于，依据《欧共体专利公约》，认定某种行为构成专利间接侵权时，并不需要有专利直接侵权行为的发生。首先，《欧共体专利公约》第 26 条第 1 款规定，专利间接侵权行为旨在"实施发明专利"；而《美国专利法》第 271 条（b）款中却出现了诱导侵权专利权，同时《美国专利法》第 271 条（c）款中也出现了"连带侵权责任"这样的表述。其次，《欧共休专利公约》第 26 条第 3 款的规定。该项的内容是，《欧共体专利公约》第 27 条第（a）（b）（c）款规定的行为人并不具备实施第 26 条第 1 款所述的专利发明。通过仔细分析可以发现，《欧共体专利公约》第 27 条第（a）（b）（c）款的规定与我国现行《专利法》第七章"专利权的保护"中第 75 条的规定有相似之处，都是关于专利侵权例外的规定。那么，《欧共体专利公约》第 27 条第（a）（b）（c）款规定的行为将适用专利侵权例外。但是，有了《欧共体专利公约》第 26 条第 3 款的规定，即使向第 27 条第（a）（b）（c）款这些人提供或者承诺提供与专利发明具有实质性关联的产品，同样有被认定构成专利间接侵权的风险。显然，在这种情况下，并不存在专利直接侵权行为。如果按照《美国专利法》的规定，在这种情形下，专利间接侵权行为也没有适用的余地。而依据《欧共体专利公约》的规定，适用专利间接侵权行为并没有任何法律技术上的障碍。最后，《欧共体专利公约》第 26 条第 2 款将提供常用商品的行为也纳入专利间接侵权适用的对象，而《美国专利法》第 271 条（c）款则排除了供给常用商品的行为构成专利间接侵权的可能性。不过，依据《欧共体专利公约》第 26 条第 2 款将供给常用商品归结为专利间接侵权行为也是有一定限制的，如行为人有意诱导被提供者作出《欧共体专利公约》第 25 条规定的专利直接侵权行为。

从比较法的视野来看，在专利间接侵权制度的构建上，美国、欧盟、德国、日本均规定专利间接侵权行为人的主观过错必须是故意的，专利间接侵权行为的对象必须是特定的产品。但是，在专利间接侵权的立法模式和专利间接侵权与直接侵权的关系上，各国有所差异。就专利间接侵权立法模式而言，《德国专利法》和《美国专利法》均采用二元立法模式，即具体规定了辅助侵权和引诱侵权两种间接侵权的行为类型。而《日本专利法》则采用一元立法模式，即仅规定了帮助侵权这一类型，而将引诱侵权纳入共同侵权的规制范畴中。就专利间接侵权与直接侵权的关系而言，《美国专利法》规定专利间接侵权的成立，需要以专利直接侵权行为的存在为前提要件；《日本专利法》认为专利间接侵权行为的成立，并不需要以专利直接侵权行为的存在为前提要件；《德国专利法》的司法实践也未将专利间接侵权与专利直接侵权行为挂钩。

概而言之，这些国家或地区的专利间接侵权制度存在如下特点：

1. 专利间接侵权的类型

《美国专利法》在第 271 条（b）（c）款规定了两种间接侵权类型，分别是教唆型专利间接侵权和辅助型专利间接侵权。《德国专利法》在专利间接侵权的类型设置方面，采取的是以辅助侵权为主，辅之以教唆侵权的二元式立法体例。在专利间接侵权制度的类型设置方面，《日本专利法》仅规定了帮助侵权一种类型。

2. 专利间接侵权的行为方式

《美国专利法》规定的辅助型专利间接侵权和教唆型专利间接侵权的行为方式有许诺销售、销售和进口等；《日本专利法》规定的专利间接侵权行为方式有生产、转让和进口等；《德国专利法》规定的专利间接侵权行为方式有许诺销售等。

3. 间接侵权行为的对象必须是特定的产品

专利间接侵权的客体是产品，即某种行为要想构成专利间接侵权，那么，这种行为涉及的必须是一种特定的产品。不论是《美国专利法》还是《日本专利法》，专利间接侵权的立法都可以提供强有力的证明。比如，美国立法规定的间接侵权的客体是专利产品的部件、材料或装置，日本立法规定的是物件。如果说美国、日本的立法规定都非常明确，那么，欧盟的立法规定则相对比较模糊，其规定的是手段。此外，《欧共体专利公约》第 26 条第 2 款还将提供或者许诺提供常用商品的行为也纳入可能构成间接侵权的范围。不过，欧盟对常用商品进行了限制：首先，常用商品除是一种常用的基本商品之外，还须具有其他多种用途。此外，罕见的化学物质、特定的催化剂、微生物等即使具有其他用途，也不会被认为是常用商品。其次，常用商品应当容易在市场上获得。如果这种商品仅仅在有限的范围内才能获得，则这种商品通常也不会被认为是常用商品。

4. 专利间接侵权的主观过错必须是故意

《美国专利法》第 271 条（c）款规定的行为人应当"明知其部件、材料或装置……"，第 271 条（b）款规定的"该人主动诱导……""该人明知这样的部件是……"，《欧共体专利公约》第 26 条规定的"明知或者根据实际情况明显应知……"都表明，根据欧盟和美国的规定，专利间接侵权行为只能是故意。《日本专利法》认为专利间接侵权的客体是仅仅只能用于实施专利技术的物品。《日本专利法》采用的是一种推定的原则，即只要未经许可，提供该物品的人诱导他人进行直接侵权行为的意图是显而易见的，进而直接认定行为人构成间接侵权。

5. 专利间接侵权与专利直接侵权的关系

《美国专利法》第 271 条（b）（c）款是从共同侵权行为发展而来的。在共同侵权行为的各种类型中，不论是教唆型专利间接侵权还是帮助型专利间接侵权，都要存在直接侵权行为人，否则将难称共同侵权。因此，虽然条文未明定，但案例法明确指出，"无直接侵权的存在即无间接侵权"[1]。但是，这种状况随着美国在 20 世纪 80 年代在专利法中增加第 271 条（f）款而出现了松动的迹象。德国、欧盟规定构成专利间接侵权行为原则上应该以存在专利直接侵权行为为前提条件[2]，但是存在着诸多的例外。

---

[1] Aro Mfg. Co. v. Convertible Top Replacement Co., 377 U. S. 476（1964）；Golden Blount Inc. v. Robert H. Peterson Co., 365 F. 3d 1054（Fed. Cir. 2004）.

[2] 程永顺，罗李华. 中美两国对专利侵权行为的规定比较：下 [J]. 电子知识产权，1998（6）：2-7.

第四章

我国专利间接侵权的现状与反思

我国现行《专利法》并未就专利间接侵权问题作出明确规定。作为司法实践中出现并发展而来的专利间接侵权规则，还存在诸多不完善的地方，阻碍着专利间接侵权制度功能的顺利发挥，这样既不利于对专利权人利益的充分保护，也不利于社会公众利益的平衡。概而言之，我国的专利间接侵权制度还存在"《专利法》并未规定专利间接侵权""专利间接侵权概念不明确""专利间接侵权范围尚存争议""专利间接侵权构成要件不明确而引发的裁判不一""共同侵权规则不能完全适应专利间接侵权行为"以及"网络专利间接侵权规则尚须细化"等问题。

下面，将对我国现行立法与司法实践中有关专利间接侵权制度的问题逐一评析。

第一节 《专利法》并未规定专利间接侵权

结合本书第一章对我国专利间接侵权立法现状的分析可以发现，我国现行《专利法》中并不存在对"专利间接侵权"的规定。同时，实践中用以规范专利间接侵权行为的法律文件层级也不够。

一、《专利法》不能有效规制专利间接侵权行为

在立法上，我国现行的《专利法》已经经过多次的修改，但是在最新修

改通过的《专利法》中还是没有出现专利间接侵权制度。

即使是为了细化原《专利法》（实施日期：2009 年 10 月 1 日）而由国务院通过国务院令第 569 号于 2010 年 1 月 9 日颁布并于 2010 年 2 月 1 日实施的《专利法实施细则》中也没有出现专利间接侵权这样的词语。此外，在我国的司法实践中已经出现了多起专利间接侵权纠纷，法院在居中裁判的过程中也总是向"共同侵权规则"靠近，即首先，在判决书主文中认定间接侵权成立；同时又将裁判依据指向了《民法通则》第 130 条和最高人民法院的《民通意见》第 148 条。❶

二、《专利纠纷解释（二）》效力层次不如法律

虽然最高人民法院颁布的《专利纠纷解释（二）》在一定程度上缓解了这一尴尬的局面，但是，从学理上来看，最高人民法院的司法解释与全国人民代表大会及其常委会立法的效力等级还是存在差异的。

谈论我国现行有关专利间接侵权的法律规范的位阶是否适应目前我国专利间接侵权司法实践的需要之前，有必要先了解一下目前我国法律规范文件的层次结构等内容。以下从"法的效力位阶""一般法与特别法、新法与旧法的效力"以及"法的效力的裁决"3 个层次来展开论述。

（一）法的效力位阶

法的效力的概念表述是规范性文件在一个体系中的位置，不同的规范性文件由不同的国家机关制定，国家机关所处的位置不同，其所制定的规范性文件的效力层次也会有很大的差别。

根据法律文件效力的一般原理，《中华人民共和国立法法》（以下简称《立法法》）做出了详细的解释，主要包括"上位法和下位法之间的关系"和"属于同一位阶的同位法之间的效力关系"。首先，关于《中华人民共和国宪法》（以下简称《宪法》）与其他规范性文件的效力问题，《立法法》规定，宪法是我国的母法，具有至高无上的地位，任何其他的规范性文件都不得与之相抵触。其次，其他规范性文件的效力问题。因为除《宪法》之外，为了

---

❶　《中华人民共和国民法典》自 2021 年 1 月 1 日起施行后，《民法通则》同时废止，《民通意见》中部分条款废止。

保证国家体系的良好运转，我国不同的国家机关还制定了其他很多的效力层次不等的文件。至于这些法律文件的效力，《立法法》规定，在法律、行政法规、地方性法规和规章中，法律的效力最高；行政法规的效力次之；地方性法规、规章的效力最低。针对法规与规章的效力孰高孰低的问题，《立法法》也作出了规定。此外，部门规章与部门规章之间以及部门规章与省、自治区、直辖市人民政府规章之间也会存在效力层次的认定问题，《立法法》规定这些规范性文件在各自的范围内的效力是一样的，同时，这些规范性文件也在各自的权限范围内施行。

（二）一般法与特别法、新法与旧法的效力

至于一般法与特别法、新法与旧法之间的效力关系，根据一般的法学理念，特别法优于一般法，新法优于旧法。因为对于同一个问题，一般法律文件规范的是一般的情形，面临着丰富多彩的实践之树，需要有特别的法律规范来进行规制。对此，我国的《立法法》也有明确的说明。❶

（三）法的效力的裁决

在不同的法律规范性文件规定的内容不一致时，法院该如何挑选合适的裁判依据也是一个值得思考的重要问题。《立法法》对此作出了两个方面的重要规定：其一，《立法法》规定，在法律之间、行政法规之间不一致的时候应该由哪些机关予以裁决。前者的裁决机关是全国人民代表大会常务委员会，后者的裁决机关是国务院。❷ 其二，《立法法》对地方性法规、规章之间不一致时该如何裁决的问题作出了规定。根据不同的情况，这些裁决机关可以是制定机关、国务院以及全国人民代表大会常务委员会。❸

三、《专利侵权意见》不能作为裁判的依据

专利侵权争议纠纷一旦被起诉到人民法院，接下来就是人民法院以事实为依据、以法律为准绳进行居中裁判。但是，人民法院在审理专利侵权纠纷

---

❶ 《立法法》第 103 条。
❷ 《立法法》第 105 条。
❸ 《立法法》第 106 条。

案件中据以裁判的规范性文件有哪些呢？质言之，人民法院审理民事案件的裁判依据是什么？遗憾的是，关于裁判依据这个重要的问题，我国《民事诉讼法》并没有作出具体的规定。最高人民法院审判委员会于 2009 年 7 月 13 日第 1470 次会议通过并于 2009 年 11 月 4 日实施的《最高人民法院关于裁判文书引用法律、法规等规范性法律文件的规定》对此作出了重要的补充。

根据上述规定第 4 条的内容可知，民事裁判文书应当引用。法律、法律解释或者司法解释对于应当适用的行政法规、地方性法规或者自治条例和单行条例，可以直接引用。同时，该文件在第 6 条还规定，除法律、法律解释或者司法解释、行政法规、地方性法规或者自治条例和单行条例之外的规范性文件，如果人民法院在案件审理过程中认为有必要且经审查认定合法有效的，可以作为裁判说理的重要依据。也就是说，规章及规章以下的规范性文件仅能作为论证说理的重要依据，而不能作为裁判依据。北京市高级人民法院的《专利侵权意见》在实践中仅仅能起到一定的参考作用，而无法在裁判中直接引用。

第二节　我国专利间接侵权概念不明确

如前文所述，我国《专利法》并未规定"专利间接侵权"。质言之，"专利间接侵权"并不是我国法律体系中的正式法律术语。针对专利间接侵权的具体内涵，我国诸多学者也展开了论证❶，学者们的观点在此不再赘述。

此外，"专利间接侵权"一词多出现于法院的内部指导文件或司法判决中。

一、法院的内部指导文件中的"专利间接侵权"

为统一司法标准，进而更有效地保护专利权，在北京市高级人民法院发布的《专利侵权意见》的第四部分"其他侵犯专利权行为的判定"的第

---

❶ 薛波. 元照英美法词典（缩印版）[M]. 北京：北京大学出版社，2013：316；尹新天. 专利权的保护 [M]. 2 版. 北京：知识产权出版社，2005：509；程永顺. 中国专利诉讼 [M]. 北京：知识产权出版社，2005：211；崔国斌. 专利法 [M]. 2 版. 北京：北京大学出版社，2016：749；张玉敏，邓宏光. 专利间接侵权制度三论 [J]. 学术论坛，2006，1：66。

（一）小节的标题"关于间接侵权"中使用了"间接侵权"这一词汇。比如，《专利侵权意见》中指出："间接侵权，是指行为人实施的行为并不构成直接侵犯他人专利，但却故意诱导、怂恿、教唆别人实施他人专利，发生直接的侵权行为，行为人在主观上有诱导或唆使别人侵权他人专利的故意，客观上为别人直接侵权行为的发生提供了必要的条件。"❶ 通过该定义可以发现：在"专利间接侵权"与"专利直接侵权"的关系方面，北京市高级人民法院认为二者存在紧密的联系；在具体的行为方式和主观要件方面，北京市高级人民法院认为二者存在着巨大的差异。

此外，北京市高级人民法院的《专利侵权判定指南（2013）》和《专利侵权判定指南（2017）》都对"间接侵权"给予了充分的重视。

二、法院的司法判决中的"专利间接侵权"

由于我国现行《专利法》并未规定"专利间接侵权"，因此，在司法实践中，法院在裁判的时候对"专利间接侵权"的概念更是无从参考。"胡某某与四川省绵阳市华意达化工有限公司专利侵权案"与"北京英特莱特种纺织有限公司诉北京新辰陶瓷纤维制品公司侵犯实用新型专利权案"就是两起典型的专利间接侵权纠纷。

在胡某某与四川省绵阳市华意达化工有限公司专利侵权案中，原告于1999年12月获得专利授权，原告认为被告四川省绵阳市华意达化工有限公司帮助、指导银河水泥厂等实施原告的专利方法的行为侵犯了其所拥有的专利权，一纸诉状将其起诉至四川省成都市中级人民法院。被告的抗辩理由是：被告对原告所涉专利权的真实性无异议。不过被告指导、帮助银河水泥厂的行为并不是实施原告的专利方法的行为。四川省成都市中级人民法院虽然以证据不足为由驳回了胡某某的诉讼请求，但是，在审判过程中，法院认为，原告主张被告指导、帮助银河水泥厂实施原告所涉专利的制造方法，虽然上述做法不构成专利直接侵权，但符合专利间接侵权的法定要件。质言之，间接侵权作为共同侵权的有机组成部分，是指教唆、帮助、引诱第三人实施专利侵权行为，且实质上已经导致第三人实施了具体侵权行为。❷

---

❶ 《专利侵权判定若干问题的意见（试行）》第73条。
❷ 四川省成都市中级人民法院（2004）成民初字第942号民事判决书。

在北京英特莱特种纺织有限公司诉北京新辰陶瓷纤维制品公司侵犯实用新型专利权纠纷一案中，北京市第一中级人民法院在认定被告北京新辰陶瓷纤维制品公司的行为性质时指出，专利间接侵权首先肯定不是一种专利直接侵权行为，专利间接侵权行为人承担专利间接侵权责任的原因是专利间接侵权行为人在客观上为他人实施专利直接侵权行为提供了帮助，同时专利间接侵权行为人在主观上表现为或诱导或怂恿或教唆别人的主观故意。正是专利间接侵权行为人的上述行为和主观故意导致了专利直接侵权行为的发生。本案中，在别人侵犯他人专利权的行为中，行为人北京新辰陶瓷纤维制品公司在主观上具有诱导或唆使别人侵犯他人专利权的故意，客观上行为人北京新辰陶瓷纤维制品公司为别人实施的直接侵权行为提供了必要的条件。❶ 因此，北京市第一中级人民法院认为被告的上述行为符合间接侵权的构成要件。二审法院北京市高级人民法院对于一审法院的判决表示赞同。❷

通过比较分析可以发现，在这两起专利侵权纠纷中，法院在居中裁判的时候，在认定被告的行为不属于专利直接侵权之后，接着从被告的行为方式和主观构成要件方面阐释其行为的性质，而并没有对"专利间接侵权"的概念有任何的提及。

第三节　专利间接侵权范围尚存争议

我国现行《专利法》并未规定"专利间接侵权"也引起了"专利间接侵权范围尚存争议"。主要表现在两个方面：首先，《专利纠纷解释（二）》全面规定了"教唆侵权"和"帮助侵权"；其次，部分司法案例中承认了专利间接侵权的域外效力。

一、专利间接侵权范围之争议

关于专利间接侵权的范围，无论是理论界还是实务界都有论述，但观点并不统一。纵观国内理论界和实务界的论述，关于专利间接侵权的范围，大

---

❶ 北京市第一中级人民法院（2002）一中民初字第 3258 号民事判决书。
❷ 北京市高级人民法院（2003）高民终字第 503 号民事判决书。

致可以分为如下几种情况。

（一）范围最小的专利间接侵权范围

北京市高级人民法院在总结多年审判经验，并广泛征求专家意见的基础上起草的《专利侵权意见》从第 73 条到第 80 条对专利间接侵权进行了详细规定。

《专利侵权意见》第 74 条将专利间接侵权的对象限定为"专用品"，而"非共用品"。这里的专用品是指仅"可用于实施他人产品的关键部件，或者方法专利的中间产品，构成实施他人专利技术（产品或方法）的一部分，并无其他用途"。同时，《专利侵权意见》将专利间接侵权的主观过错判定以"故意为原则"，即"诱导、怂恿、教唆或明知"。❶

（二）范围适中的专利间接侵权范围

张玉敏老师认为，大致说来，专利间接侵权行为包括两种情形❷：

第一，对于产品发明而言，行为人明知有关产品是专用性的物品诸如材料、设备、零部件、中间物等，即该产品只能用于实施某种专利，但是行为人仍然为了生产经营目的将该专用性的物品提供给他人。

第二，未经权利人许可，行为人基于生产经营的目的实施了积极诱导的行为且促使第三人实施了直接侵犯他人专利权的行为。

（三）范围最大的专利间接侵权范围

原国家科学技术委员会❸《中国的知识产权制度》早在 1992 年就明确了几种专利间接侵权行为❹：

故意制造、销售只能用于专利产品的关键部件；

未经专利权人的授权或委托，擅自许可他人实施专利技术；

专利实施许可合同的被许可方，违反合同中"不许转让"的约定，擅自许可第三人实施该项专利技术；

权利共有人未经其他共有人同意而许可他人实施专利；

---

❶ 《专利侵权判定若干问题的意见（试行）》第 76 条、第 77 条。
❷ 张玉敏. 邓宏光. 专利间接侵权制度三论 [J]. 学术论坛, 2006（1）：141-144.
❸ 国家科委是国家科学技术委员会的简称。1998 年，改名为科学技术部。
❹ 国家科学技术委员会. 中国的知识产权制度 [M]. 北京：科学技术文献出版社, 1992：126.

技术服务合同的受托方在为委托方解决特定的技术问题时，未经专利权人许可而利用了其专利技术。

但是，通过比较分析，只有"第一项，故意制造、销售只能用于专利产品的关键部件"所描述的行为才可以构成本书的论述对象，即"专利间接侵权"，其他几项规定要么属于专利技术合同中的违约行为，要么本质上属于无权处分行为。总之，这些都不宜被认定为间接侵权行为。

二、《专利纠纷解释（二）》全面规定了"教唆侵权"和"帮助侵权"

"专利间接侵权"规则处于"专利权正常行使"与"专利权滥用"的中间地带，必须谨慎适用。但是，我国的《专利纠纷解释（二）》却在第21条全面规定了包括"教唆侵权"和"帮助侵权"在内的两种间接侵权行为，这与我国的具体国情不符。

通过前文的表述可以发现，关于间接侵权的类型，《美国专利法》规定得比较全面，既包括"专利引诱侵权"，也包括"专利辅助侵权"。通过对条文的分析可以发现，《美国专利法》所规定的"专利引诱侵权"符合一般共同侵权行为的构成要件。但是事实上，在美国专利法语境下的"引诱侵权"并不是一种口头教唆行为的具体表现，而是必须附带一定的实际的行为。

同时，《美国专利法》第271条（b）款之教唆侵权是规范对直接侵权者的教唆、造意或帮助者，其成立与否，关键在于主观要件。被告是否符合主观要件，是由事实审法院的陪审团决定，但法院会将主观要件之基准指示陪审团，让陪审团依据该基准判断是否成立间接侵权。因而实务中在上诉审时，当事人屡屡争论地方法院给予陪审团的指示不当或错误。为解决争议，美国联邦巡回法院以案例法建立统一的主观要件基准，须"侵权者有意识地教唆侵权且拥有特别意图以鼓动他人之侵权"。

在欧洲，《欧洲专利公约》中也有与《美国专利法》中的"专利引诱侵权"类似的规定。根据规定，行为人在提供特定物品的过程中存在诱导被提供者产生直接侵犯专利权的行为意图时，也要承担间接侵权的责任。

无论是在美国还是在欧洲，"专利引诱侵权"在适用的时候都有赖于法官的具体解释。从美国专利间接侵权的司法实践过程中，"引诱侵权"的具体认定，存在着很大的司法自由裁量空间。但是，美国在这一制度诞生后的多年之中已经积累了丰富的司法经验，加上判例法国家具有援引先例的传统，这些都有力地保障了"专利引诱侵权"规则的正确适用。而在大陆法系国家，"专利引诱侵权"条款将带来司法适用的极大不确定性。这也是日本的"专利侵权"规则中仅包括"专利帮助侵权"的原因。由于日本对专利间接侵权规定得较为严格，所以没有就这种引诱侵权单独规定。

三、部分司法案例中承认了专利间接侵权的域外效力

我国首例专利侵权案，即"太原重型机器厂诉太原电子系统工程公司案"中，原告为太原重型机器厂，被告为太原电子系统工程公司（以下简称被告一）、阳泉电子设备二厂（以下简称被告二）。

原告太原重型机器厂于 1985 年 8 月 5 日向当时的国家专利局申请了"磁镜式直流电弧炉"的实用新型专利，随后于 1986 年 8 月 23 日经国家专利局批准授予其实用新型专利，专利号为 85203717。

1992 年 5 月 10 日，被告一接受台湾某公司的委托生产零部件。之后，被告一又委托被告二加工部分零部件。

原告太原重型机器厂在知道此事后，认为两被告侵犯了其"磁镜式直流电弧炉"实用新型专利，遂一纸诉状将两被告太原电子系统工程公司、阳泉电子设备二厂起诉到了太原市中级人民法院。

两被告的抗辩理由是：根据《专利法》的规定，要构成专利侵权，必须依据专利法领域的全面覆盖原则进行判断。根据案件事实，被告阳泉电子设备二厂认为其接受委托加工的激磁线圈只是一个部件，而且该部件在工业应用中被广泛使用。

太原市中级人民法院经审理，先对两被告是否构成专利直接侵权进行了认定。太原市中级人民法院认为："专利权的保护范围以专利权利要求书中记载的为准，判断某项产品是否侵犯专利权时需要依据全面覆盖原则。经过详细比对，本案中，两被告太原电子系统工程公司、阳泉电子设备二厂生产的产品的技术特征没有将原告的专利权保护范围覆盖。因此，两被告太原电子系统工程公司、阳泉电子设备二厂在这个案件当中并不会构成对原告专利权的直接侵权。"❶

---

❶ 太原市中级人民法院（1993）法经初字第 27 号民事判决书。

如果两被告的行为并未构成直接侵权，那么，两被告是否构成专利间接侵权。山西省高级人民法院经审理认为："上诉人的专利真实、有效。在该专利的有效期限内，被上诉人太原电子系统工程公司在没有经过专利权人许可的情况下，其加工的激磁线圈属于实施他人专利产品的核心部分，且主观上具有诱导他人直接侵权的故意，所以该行为与直接侵权行为之间存在相当的因果关系。"❶ 因此，山西省高级人民法院认为被上诉人已构成对上诉人专利的间接侵权。

第四节　专利间接侵权构成要件不明确而引发的裁判不一

如前所述，我国现行《专利法》第11条规定了侵犯专利权的具体行为，而没有涉及专利间接侵权。因此，在具体的司法实践中，法院多采用《民法典》中一般民事侵权的法律规定，按照共同侵权规则来进行处理。虽然2016年1月25日最高人民法院审判委员会第1676次会议通过了《专利纠纷解释（二）》，并自2016年4月1日起施行（现已根据2020年12月23日最高人民法院审判委员会第1823次会议通过的《最高人民法院关于修改〈最高人民法院关于审理侵犯专利权纠纷案件应用法律若干问题的解释（二）〉等十八件知识产权类司法解释的决定》修正），但该司法解释关于"专利间接侵权"的规定只体现在第21条，该条一共包括两款。在这么小的篇幅内不可能对涵盖"专利教唆侵权"和"专利帮助侵权"在内的"专利间接侵权"规则的构成要件进行详细的规定。这也造成了"专利间接侵权"规则在适用上的不一致性。

此外，在我国1984年《专利法》实施之后的三十多年时间中，专利间接侵权成立的案件出现的数量相对比较少，主要原因是专门的立法或者司法解释未对专利间接侵权作出明确规定，这就使当事人将纠纷起诉到法院之后，法官要么采取调解的方式进行处理，要么依据前述的共同侵权规则来进行处理。

虽然通过无讼网络科技（北京）有限公司的无讼数据库以"《关于审理

---

❶　山西省高级人民法院（1993）晋经终字第152号民事判决书。

侵犯专利权纠纷案件应用法律若干问题的解释（二）》"和"帮助"或"教唆"为关键词分别进行检索发现，在 2017 年，"帮助型专利间接侵权"与"教唆型专利直接侵权"的案例数量总体都不多。但是，随着《专利纠纷解释（二）》的后续出台，专利间接侵权案件在一定程度上有了司法适用上的规范依据，法院也要考虑到专利间接侵权案件纠纷将会大幅增加的这样一种趋势。因此，在这样的情况下，如果专利间接侵权构成要件不明确将会严重影响此类案件的审理。此外，专利间接侵权构成要件的不明确在实践中也引发了一定的纠纷。

一、标准并不统一：专利间接侵权是否需要有专利直接侵权

专利间接侵权在实践中还存在的一个焦点是："专利直接侵权行为的存在"是否构成"专利间接侵权行为"的前提要件。围绕此问题，实践中也存在着一定的纠纷。由于这些案例发生在《专利纠纷解释（二）》出台之前，而且在当时的背景下并没有相对统一的裁判标准，因此就出现了不同的裁判结果。有的法院认为，专利间接侵权的成立，是以专利直接侵权为前提条件的；而有的法院则认为，专利间接侵权的认定并不需要专利直接侵权行为的存在。

（一）专利间接侵权需要专利直接侵权存在

在"上海北林电子技术有限公司、上海风翼空调设备有限公司、上海工二空调设备有限公司知识产权纠纷一案"中，上诉人上海北林电子技术有限公司（以下简称北林公司）因侵害发明专利权纠纷一案，不服上海市第一中级人民法院的一审判决书❶，而向上海市高级人民法院提起上诉申请。该案以二审的"驳回上诉，维持原判"为终审判决结果。不过在二审的司法认定过程中，有一点需要注意的是：上海市高级人民法院在认定上诉人北林公司构成专利间接侵权时认为："由于北林公司所涉产品的专利技术特征已经落入涉案专利的法律保护范围，故一审认定北林公司生产、销售的产品行为构成帮助工二公司实施专利间接侵权行为，并没有不恰当之处。"❷ 也就是说，上海

---

❶ 上海市第一中级人民法院（2013）沪一中民五（知）初字第 2 号民事判决.

❷ 上海市高级人民法院（2013）沪高民三（知）终字第 85 号民事判决书。

市高级人民法院认为，如果需要将某种行为的行为人定性为专利间接侵权人，则必须有专利直接侵权行为的存在。

在"刘某某与济南开发区鑫环能锅炉研究所、济南新正能源设备有限公司实用新型专利侵权纠纷案"中，一审法院根据专利法规定的专利判定原则认定："鑫环能研究所和新正能源公司生产销售的产品并未将刘某某所获专利权的专利的技术特征全面覆盖，因此，本案中并不存在专利直接侵权行为。"❶上诉人刘某某因不服一审判决，向山东省高级人民法院提出上诉。山东省高级人民法院经过分析后认为，该案件的焦点有两个：第一，两被上诉人的行为是否构成对上诉人刘某某的实用新型专利权的直接侵犯。对于焦点一（即是否构成专利直接侵权），山东省高级人民法院认为："两被上诉人所采取的制造、销售、安装等涉案行为并未将刘某某所获专利权的专利的技术特征全面覆盖，因此，本案中并不存在专利直接侵权行为。"❷第二，两被上诉人的行为是否构成对上诉人刘某某的实用新型专利权的间接侵犯。对于焦点二（即是否构成专利间接侵权），二审法院同样予以否认。其认为："两被上诉人鑫环能研究所和新正能源公司生产、销售、安装 ZFG 锅炉分层给煤机等行为不构成对上诉人刘某某的实用新型专利权的间接侵权。"❸

在原告北京奇虎科技有限公司等依据其专利号为 ZL201430329167.3 的外观设计专利起诉被告北京江民新科技有限公司侵害其外观设计专利权一案中，北京市知识产权法院认为案件的焦点是，被告北京江民新科技有限公司（简称江民公司）的行为是否构成专利直接侵权或者专利间接侵权。针对此问题，北京市知识产权法院就涉案行为是否落入涉案专利保护范围进行了阐释，指出被诉侵权行为是被告向用户提供被诉侵权软件的行为，因被诉侵权软件并不属于外观设计产品的范畴，相应地，其与涉案专利的电脑产品不可能构成相同或相近种类的产品，据此，即便被诉侵权软件的用户界面与涉案专利的用户界面相同或相近似，被诉侵权软件亦未落入涉案专利的保护范围，原告认为被诉侵权行为侵犯其专利权的主张不能成立。❹进一步地，北京市知识产权法院就涉案行为本身的性质进行了界定解释，认为在此案中，用

---

❶ 济南市中级人民法院（2001）济知初字第 29 号民事判决书。
❷ 山东省高级人民法院（2001）鲁民三终字第 2 号民事判决书。
❸ 山东省高级人民法院（2001）鲁民三终字第 2 号民事判决书。
❹ 北京知识产权法院（2016）京 73 民初 276 号民事判决书。

户实施的行为仅为下载被诉侵权软件至其电脑的行为，并不存在制造、许诺销售、销售电脑等行为。原告虽主张用户存在销售或许诺销售预装有被诉侵权软件的电脑的可能性，但原告并未提交证据证明存在这一事实。基于此，在本案中并不存在直接实施涉案专利行为的情况下，即便确如原告所述被诉侵权软件属于侵权产品的中间物，被告提供被诉侵权软件的行为亦不可能构成帮助侵权行为。❶

从上述几个案例的判决可以发现，二审法院适用我国民法中有关共同侵权的规定来判断间接侵权行为是否成立，并由此得出没有直接侵权事实存在，间接侵权就不成立的结论。为了有效保护专利权人的权利，我国亟待出台脱离共同侵权制度的专利间接侵权法律制度。

（二）专利间接侵权不需要专利直接侵权存在

在"艾某（无锡）纺织机械有限公司诉浙江三某纺织机械有限公司等侵害发明专利权纠纷"一案中，IRO 有限公司是名为"导纱器"的发明专利（专利号为：ZL96195853.7）的专利权人，原告艾某公司诉称，其通过与 IRO 有限公司签订《专利实施许可合同》获得该发明专利的独占实施权。2012 年 6 月 12 日，原告发现了被告的侵权行为。原告随即要求被告立即停止侵权行为，但未果。故原告起诉至法院。

案件争议的焦点是"专利侵权的全面覆盖原则"的适用问题。经庭审比对，被诉侵权产品除缺少制动元件的技术特征外，其余技术特征均与涉案专利的技术特征相同。虽然根据专利侵权判定的"全面覆盖原则"，某一产品只有具备专利权利要求中所描述的每一项特征才能构成专利侵权产品，但在本案中，上海市第一中级人民法院注意到，被诉侵权产品中已经为安装制动元件预留了具体位置，即边缘带有凹槽的与夹持件相连的金属环，而该产品作为一款专门用于导纱的纺织设备，制动元件是必需的零部件，否则将无法调节纱线张力，从而影响织布的质量。上海市第一中级人民法院还注意到，"在被告的产品宣传册中，被诉侵权产品的照片明确显示在与夹持件相连的金属环上安装有橡胶制动圈。而涉案专利说明书已经披露制动元件可以是金属薄片或塑

---

❶ 北京知识产权法院（2016）京 73 民初 276 号民事判决书。

料薄片，而毛圈、橡皮圈亦是本领域普通技术人员能够联想到的部件"❶。由此可见，被告在展会上展出的被诉侵权产品本身即具有该制动元件。因此，被诉侵权产品落入涉案专利权保护范围。退而言之，"被告作为专业从事纺织设备制造、销售企业，明知被诉侵权产品与涉案专利的其他必要技术特征相同，仍制造并许诺销售被诉侵权产品，并客观上产生了为他人直接侵权行为提供必要条件的积极效果。因此，构成间接侵权，亦应承担相应责任"❷。也就是说，上海市第一中级人民法院认为，如果需要将某种行为的行为人定性为专利间接侵权人，专利直接侵权行为的存在并不是必要条件。

二、提供"专用部件"是否需要认定主观过错

在具体的司法纠纷中，判定一种产品是否除用于侵权就没有任何其他用途，作为一个事实问题可能相对来说容易区分。但是，在这一事实的基础之上是否可以直接推定提供者的主观恶意呢？关于这个问题，在司法实践当中存在争议，赞同者有之，否定者亦有之。

（一）提供"专用部件"推定为恶意

在"兰州铁路局科学技术研究所与北京跃特环保设备厂纠纷"案❸、"吕某某、萧某某与被告上海航空测控技术研究所（以下简称被告一）、上海长江服装机械厂（以下简称被告二）专利侵权纠纷"案中，法院都将行为人提供"专用部件"推定为恶意。

1. 案件事实与法院判决

在"吕某某、萧某某与被告上海航空测控技术研究所、上海长江服装机械厂专利侵权纠纷"案中，两原告诉称，其设计的"缝纫机用拉布装置的安装装置"于1995年获得了实用新型专利权。被告一在没有获得原告许可的情况下，利用原告的专利技术生产相关产品，而被告二将被告一所生产的产品进行销售。吕某某、萧某某以两被告的上述生产和销售行为严重侵犯了两原告的合法权益将其起诉到上海市第一中级人民法院。

---

❶ 上海市第一中级人民法院（2015）沪一中民五（知）初字第136号民事判决书。
❷ 上海市第一中级人民法院（2012）沪一中民五（知）初字第136号民事判决书。
❸ 上海市第一中级人民法院（1998）一中知初字第47号民事判决书。

两被告的主要辩护理由有二：其一，上海长江服装机械厂在两原告申请专利之前，已准备好生产系争产品的前提条件，符合专利法意义上的先用权；其二，所涉专利包括"缝纫机""拉布装置"和"安装装置"3个部分，但两被告的产品中并不包括"缝纫机"和"拉布装置"。根据专利全面覆盖原则，两被告的行为并不构成对原告专利权的直接侵犯。

2. 案件简要评析

本案当事人争议的焦点之一是两被告是否侵犯了系争专利权。上海市第一中级人民法院认为，"两被告认为其所涉产品的技术特征并未全面覆盖两原告有效专利的技术特征，因此不构成专利直接侵权"●。但是，"两被告对所涉部件是不是专门用于缝纫机，或者说涉案部件在脱离了缝纫机之后是否还具有其他独立的使用价值，并没有提供有效的证据来加以证明……被告方所涉行为构成专利直接侵权结果发生的主要原因，其间接侵权的责任不能免除。此外，考虑到两被告之间的法律关系，且共同实施了生产、销售行为，理应承担共同侵权责任"。●

（二）仅提供"专用部件"不能推定为恶意

在"广州金鹏实业有限公司诉杨某某专利侵权纠纷案"案中，原告广州金鹏实业有限公司（简称金鹏公司）诉称，原告依法享有专利号为ZL97116088.0的"自接式轻钢龙骨"发明专利权。被告在明知专利权有效存在的前提下，依然无视他人专利权，实施侵犯专利权的具体行为构成了专利侵权。

被告杨某某从两个方面进行了辩护。首先，与原告的专利产品相比，被控侵权产品缺少第3项必要技术特征；而且被控侵权产品的技术特征，并不同于原告所涉专利产品的相关必要技术特征。换言之，被控侵权产品与原告的专利产品仅有两项必要技术特征相同。按照专利法所要求的全面覆盖原则，显然被告的行为并未侵犯原告的专利权。其次，被控侵权产品并非除了用于原告的产品别无用途，因此，被告的上述行为并不构成专利间接侵权。

西安市中级人民法院认为，本案争议的主要焦点是"杨某某的销售行为

● 上海市第一中级人民法院（2003）沪一中民五（知）初字第212号知识产权判决书。
❷ 上海市第一中级人民法院（2003）沪一中民五（知）初字第212号知识产权判决书。

是否侵犯了金鹏公司的专利权"。关于这一焦点,西安市中级人民法院认为,"被告杨某某销售的产品没有吊杆部分,这同原告的专利产品相比,显然二者并不完全相同,也就是说被控侵权产品没有落入专利权的保护范围。"❶ 至于"杨某某的销售行为是否构成间接侵权",西安市中级人民法院认为,"如果说杨某某之前不知道金鹏公司的专利权有效存在的话,那么,本案中原告在接到被告的法律函件及具体说明时,其应当知道存在事先存在法律保护的专利权,且自身并没有获得实施该专利的许可……故应认定原告的销售行为,构成专利间接侵权。"❷

第五节 "共同侵权规则"不能完全适应"专利间接侵权行为"

在目前的司法实践中,法院在很多时候都运用"共同侵权规则"来应对"专利间接侵权纠纷"。客观来说,共同侵权规则虽然在专利间接侵权纠纷中发挥了重要的作用,但是因为专利间接侵权与共同侵权之间在侵权行为的认定因素诸如主观状态等方面存在诸多差异,共同侵权规则并不能完全适用于专利间接侵权。为了更明确地厘清专利间接侵权与共同侵权的区别,本节选取《专利纠纷解释(二)》的发布实施为时间节点,就其实施前后的共同侵权规则进行详细分析。

一、共同侵权规则的变迁

1. 《专利纠纷解释(二)》实施之前

在《专利纠纷解释(二)》实施之前,面对专利间接侵权纠纷时,我国的司法实践中多以《民法通则》第 130 条和《民通意见》第 148 条作为裁判依据,这两条是关于共同侵权规则的最初依据。2009 年 12 月 26 日,全国人民代表大会常务委员会以中华人民共和国主席令第 21 号令的形式颁布了《侵权责任法》,并于 2010 年 7 月 1 日开始实施。《侵权责任法》在一定程度上对《民法通则》第 130 条和《民通意见》第 148 条的共同侵权规则进行了修订。

---

❶ 西安市中级人民法院(2006)西民四初字第 019 号民事判决书。
❷ 西安市中级人民法院(2006)西民四初字第 019 号民事判决书。

比如《侵权责任法》第 9 条规定的"教唆、帮助型侵权行为"与《民通意见》第 148 条规定的"教唆、帮助型侵权行为"就有细微的差别，如图 4-1 所示：

类型	《侵权责任法》第 9 条	《民通意见》第 148 条
教唆、帮助无民事行为能力人实施侵权行为的	原则上单独责任，例外按份责任：教唆人、帮助人应当承担侵权责任；无民事行为能力人的监护人未尽到监护责任的，应当承担相应的责任	单独责任：完全由教唆人、帮助人承担侵权责任。被教唆人、被帮助人的监护人无须承担责任
教唆、帮助限制民事行为能力人实施侵权行为的	原则上单独责任，例外按份责任：教唆人、帮助人应当承担侵权责任；限制民事行为能力人的监护人未尽到监护责任的，应当承担相应的责任	连带责任：教唆人、帮助人应当承担主要责任。被教唆人、被帮助人的监护人承担次要责任

图 4-1　《侵权责任法》第 9 条与《民通意见》第 148 条对比

在面对专利间接侵权行为的时候，《侵权责任法》的第 9 条成了更为直接和重要的依据。

2.《专利纠纷解释（二）》实施之后

《专利纠纷解释（二）》第 21 条即所谓的"专利间接侵权条款"，在规制专利间接侵权行为方面发挥着重要功用。但是，无论是该解释的第 1 款"帮助型专利间接侵权规则"❶，还是第 2 款"教唆型专利间接侵权规则"❷，都深深地打上了"共同侵权规则"的烙印，这点从《专利纠纷解释（二）》第 21 条的责任，即专利权人依据《侵权责任法》第 9 条第 1 款和 2 款的规定提起诉讼就可以发现。❸

二、专利间接侵权行为与共同侵权规则的不一致

本节第一部分已经对共同侵权规则做了详细分析，那么，实践中发生的

---

❶　对于产品发明而言，如果行为人明知有关产品是专用性的诸如材料、设备、零部件、中间物等物品，即该产品只能是用于实施某种专利，但是行为人仍然为了生产经营目的将该专用性的物品提供给他人。一旦该第三人实施了直接侵犯专利权的行为，那么，专利权人就可以依据《侵权责任法》第 9 条第 1 款的规定提起诉讼。

❷　无论是产品发明还是方法发明，在未经专利权人许可的前提下，如果行为人为了生产经营的目的实施了积极诱导的行为，该行为促使第三人实施了直接侵犯他人专利权的行为，那么，专利权人就可以依据《侵权责任法》第 9 条第 2 款的规定提起诉讼。

❸　《民法典》施行后，《侵权责任法》同时废止，该法第 9 条内容现规定于《民法典》第 1169 条。

专利间接侵权纠纷为什么不能完全交由共同侵权规则来解决呢？

从现在的司法实践来看，专利间接侵权纠纷裁判的直接依据为《专利纠纷解释（二）》第21条，而该解释又是《民法典》第1169条"教唆、帮助共同侵权"的翻本，那么，将该条"教唆、帮助共同侵权"的适用情形予以分解就可以发现其中的问题：

"教唆、帮助侵权行为"之所以会被视为"共同侵权行为"，其原因就在于"教唆、帮助侵权行为"中体现了《侵权责任法》第8条所规定的"狭义共同侵权"的"共同"特征，具体体现为：教唆人故意+被教唆人故意；帮助人故意+被帮助人故意。具体到《专利纠纷解释（二）》第21条，首先，如果是"提供者故意+被提供者故意"，自然可以适用《侵权责任法》第9条"教唆、帮助共同侵权"规则；其次，如果是"提供者故意+被提供者过失"，很明显提供者的故意和被提供者的过失不具有共同性，《民法典》第1169条"教唆、帮助共同侵权"规则就不能再适用；最后，如果是"提供者故意+被提供者故意+被提供者不认为是直接侵权"，这时就更没有连带责任适用的可能性。

笔者进一步分析认为，共同侵权要求数个行为人就损害结果存在主观上的共同过错。具体而言，共同过错要求数个行为人之间存在共同的主观故意或过失，而主观上故意与过失的结合不构成共同侵权。而就专利间接侵权的认定要素来看，根据《专利法》第11条规定，即便主观上不存在过错也可能构成侵权。也就是说，在共同故意与共同过失之外，还存在着过失与故意相结合的情形。倘若将专利间接侵权案件完全归于共同侵权规则范畴内，会产生两种结果：其一，导致专利间接侵权的主观状态扩大至共同过失，有违于专利间接侵权本身的主观状态；其二，忽视过失与故意相结合的侵权状态会造成因不符合共同侵权的认定要素而出现行为不受法律规制的局面，出现法律适用的缺失与空白。由此可见，共同侵权规则并不能完全适用于专利间接侵权。

第六节　网络专利间接侵权规则尚须细化

通过比对《送审稿》第63条和《侵权责任法》第36条（现《民法典》1197条）可以发现，《送审稿》第63条基本沿袭了《侵权责任法》第36条。

这样《送审稿》第63条在适用中就至少有以下问题：

第一，网络服务提供者除了条文中明示的"删除、屏蔽、断开链接"等必要措施之外还可以采取哪些措施；

第二，权利人通知有错误时，可以为网络服务提供者和网络用户提供什么样的补救措施。

一、必要措施不够明确

比如，在"威海嘉易烤生活家电有限公司诉永康市金仕德工贸有限公司等侵害发明专利权纠纷案"❶ 中，天猫公司对浙江省金华市中级人民法院于2015年8月12日作出判其承担相应责任的判决❷不服，向浙江省高级人民法院提起上诉。

该案的焦点就是对《侵权责任法》第36条所规定的"必要措施"的理解。对此，浙江省高级人民法院认为，根据《侵权责任法》第36条第2款的立法规定，网络服务提供者在接到通知后，应采取一系列防止侵权行为继续发生的必要措施。其中，网络服务提供者所应采取的必要措施，应当秉承审慎、合理原则，以免损害被投诉人的合法权益。但是，将有效的投诉通知材料转达被投诉人并通知被投诉人申辩，也属于被告所应当采取的必要措施之一，而被告并没有采取上述"必要措施"。因此，浙江省高级人民法院驳回了天猫公司的上诉。在该案中，浙江省高级人民法院也认为："应根据所侵害权利的性质、侵权的具体情形，以及相应的技术条件等因素，来综合确定法律条文中的必要措施。"

该案从起诉—判决—上诉—判决的一系列过程都从侧面反映出，对"必要措施"的判断是一个综合因素的考察。可是，"必要措施"这个综合因素的考察却给现实生活中的市场主体带来了很多的困惑，"综合因素究竟应该包括哪些因素；同时，哪些因素又不应该在这个综合因素的清单中，这些都需要很强的判断力"，毕竟，"电商平台仅仅凭借自身的专业技术和专业知识往往难以判断究竟采取什么样的措施才是必要的"❸。

---

❶ 浙江省高级人民法院（2015）浙知终字第186号民事判决书。
❷ 浙江省金华市中级人民法院（2015）浙金知民初字第148号民事判决书。
❸ 郑悦迪. 电子商务平台专利间接侵权责任研究［J］. 当代经济，2017（32）：68-71.

二、未规定错误通知的法律责任

我国《侵权责任法》第 36 条中的"通知—删除"规则来自美国的《千禧年数字版权法》（Digital Millennium Copyright Act，DMCA）。如前文所述，《送审稿》的第 63 条又基本沿袭了《侵权责任法》第 36 条的规定。

"通知—删除"规则的核心要义，即"网络服务提供者在接到权利人的侵权投诉之后，如果采取一些诸如删除类的必要措施的话，那么，在网络用户被认定为侵权的时候，网络服务提供者可以免于承担责任"❶。一旦发生权利人通知错误的情形，权利人需要承担法律责任。《信息网络传播权保护条例》规定了"权利人在通知错误的时候应该承担一定的责任"❷。可是，在专利法领域，虽然《侵权责任法》第 36 条和《送审稿》的第 63 条都规定了"通知—删除"规则，可是专利法领域的法律机制并没有像著作权法中所规定的那样，是通过"限制专利权人的通知义务"来发挥相应机制的作用的。

三、"反通知—恢复"规则缺位

《信息网络传播权保护条例》还针对权利人的"通知—删除"规则规定了"反通知—恢复"规则，即"如果服务对象有合理的理由相信自己并未实施侵犯他人权利的，可以反通知网络服务提供者来恢复网络服务"❸。

《送审稿》的第 63 条并未采取"反通知——恢复"规则。那么，在网络服务者接收到权利人的通知时，要么采取必要的措施，要么就要承担侵权责任，在这个过程中并没有网络用户参与到这个程序中的余地。

市章小结

我国的专利间接侵权制度还存在着许多需要反思的问题。我国目前对专利间接侵权行为的法律规制主要通过《民法典》第一编"总则"第 167 条到

---

❶ 李晓秋. 客观认识专利法"通知—删除"规则［N/OL］. 中国知识产权报，(2016-8-26)［2022-4-12］. http://www.iprchn.com/cipnews/Index_News Content.aspx?NewsId=95249.

❷《信息网络传播权保护条例》第 24 条。

❸《信息网络传播权保护条例》第 16 条。

第 178 条、《民法典》第七编"侵权责任"第 1168 条到第 1172 条、北京市高级人民法院的《意见》第 73 条到第 80 条、《专利纠纷解释（二）》第 21 条的规范性文件予以规定，同时，司法实践中对专利间接侵权的裁判案例也可划分为"帮助型专利间接侵权"和"教唆型专利间接侵权"两种侵权行为类型。但是这些规范性法律文件以及司法裁判规则还不足以充分地保护专利权人的利益，法律规定和司法实践也存有诸多问题：

第一，我国立法文件中未规定专利间接侵权的规则。现有调整专利间接侵权纠纷的文件中，法律位阶最高的是《专利纠纷解释（二）》第 21 条，但是，其效力层级又不够。第二，专利间接侵权并非一个法定概念。现有"专利间接侵权"的概念仅是学者们的一种理论概括，正式的立法文件和司法解释并无此概念。第三，我国的专利间接侵权范围尚存在争议。《专利纠纷解释（二）》全面规定了"教唆侵权"和"帮助侵权"，部分司法案例中承认了专利间接侵权的域外效力。第四，专利间接侵权构成要件不明确而引发裁判不一。专利间接侵权构成要件不明确主要体现在两个方面：首先，专利间接侵权是否需要有专利直接侵权存在；其次，提供"专用部件"是否需要认定主观过错。第五，"共同侵权规则"并不能完全适用于"专利间接侵权"纠纷。在目前的司法实践中，法院在很多时候都运用"共同侵权规则"来应对"专利间接侵权纠纷"。客观来说，共同侵权规则虽然在专利间接侵权纠纷中发挥了重要的作用，但是因为专利间接侵权与共同侵权在侵权行为的认定因素诸如主观状态等方面存在诸多差异，共同侵权规则并不能完全适用于专利间接侵权。

此外，面对互联网环境下专利间接侵权的新发展，《送审稿》第 63 条在适用中存在以下问题：首先，网络服务提供者除了条文中明示的"删除、屏蔽、断开链接"等必要措施之外还可以采取哪些措施；其次，权利人通知有错误时，可以为网络服务提供者和网络用户提供什么样的补救措施。

第五章

我国专利间接侵权制度的构建

通过关于专利间接侵权制度的比较研究可知，域外关于专利间接侵权制度较为成熟的理论研究、立法现状和司法实践，不仅为我国专利间接侵权制度的构建❶提供了丰富的学术给养，更为我国专利间接侵权法律制度的搭建提供了直接的制度借鉴。但是，诚如梁治平先生所言："法律得到民众认可和信仰的重要前提是这项法律制度根植于我国的传统和现实之中。因为，外来的制度要想健康地存活下去也必须从我国传统中汲取营养。"❷ 由此可见，对于我国司法实践中出现的间接侵权归责难题，具有在法律制度层面解决的可能性。换言之，从法律制度层面构建具有中国特色的专利间接侵权制度，进而解决司法实践中存在的专利间接侵权归责难、专利间接侵权赔偿认定难等问题，具有高度的可能性。

第一节 我国专利间接侵权制度构建的必要性

专利间接侵权制度起源于最典型的实行判例法的美国，经历了"起源"

---

❶ 需要作出一点解释的是，本章为何使用"构建"而非"重构"或者"完善"。原因有二：其一，我国现行《专利法》中没有明确规定"专利间接侵权"，规制专利间接侵权行为的规则更多体现在《民法典》中。质言之，我国现行法对专利间接侵权行为而言并不是法外之地，因此，就不能说是对专利间接侵权制度的"重构"。其二，我国虽然有一定的法律规范对专利间接侵权行为进行规制，但是，对于我国的专利间接侵权而言，并没有形成体系化的制度，因此，也谈不上对专利间接侵权制度的"完善"。由此，本书认为用"构建"更为恰当。

❷ 梁治平. 法辨：中国法的过去、现在与未来 [M]. 北京：中国政法大学出版社，2002：3.

"发展"与"成熟"3个重要的时期，发展了辅助侵权、引诱侵权认定规则，有力地保护了专利权人的合法权益。此后，该制度为欧盟、日本、德国以及我国台湾地区等国家和地区所借鉴。我国之前进行的《专利法》的第四次修改工作，也试图引入专利间接侵权制度。但是，对于此种立法的尝试，理论界也存在着不同的观点和声音。有鉴于此，本书主要从专利间接侵权制度的存在价值、移植可能、实践需求等层面论述其在我国构建和确立的必要性。

一、专利间接侵权制度具有重要存在价值

在法制健全的社会，法律制度应该为权利人提供充分的保护，专利制度亦不例外。具体而言，专利制度应通过赋予智力劳动创造者以私权保障智力劳动创造者的劳动成果，同时，在他人侵犯智力劳动创造者的私权之时，通过法律的手段给予制裁。

然而，我国专利法仅存在关于专利直接侵权的法律规范。其中，专利直接侵权的判定标准采取的是"全面覆盖原则"。现实生活中，随着技术的不断发展出现了一种可以绕过"全面覆盖原则"而侵害专利人权益的情况。如果不对这种行为进行规制，专利权人的权益就会在一定程度上得不到保障。因此，有必要增加"专利间接侵权"的法定情形，从而使得专利权人的权益得到更加周全的保障。

一方面，专利间接侵权制度可以实现对专利直接侵权制度的规范性补足。社会实践的快速发展使得专利领域的侵权行为不再局限于专利直接侵权行为。这就使得新出现的间接侵权行为不能依据"专利直接侵权"判断标准的"全面覆盖原则"来加以有效解决。因为侵权人的行为并不能覆盖专利权人的合法权益范围，这时上述行为将无法得到专利法的有效规制，专利权人的合法权益将面临被侵害的风险。因此，需要更新思路，将原来不能受到专利权人专有权控制的行为也纳入保护范围，从而更全面地保护专利权人的权益。在这种新的结构中，专利权人可以控制别人从事其专有权控制之外的范围的行为。由此可见，专利间接侵权制度的出现和发展，有效地填补了传统侵权理论的部分不足，从而可以使专利权人的专有权得到更全面的保障，这些都可以为发明创造者的发明创造活动注入积极性和动力。

另一方面，专利间接侵权制度兼顾了不同当事人之间的利益。虽然说，

"个人存在的意义并不在于单单自己本身，而是为了整个社会"❶，并且 "人们普遍认为私有权受到社会义务的制约"❷，但是，古希腊先贤亚里士多德就曾经说过，"谈论全体幸福（快乐）的前提就是要保证各个部分的全部或大多数获得幸福（快乐）。如果这点很难保证，那么至少有若干部分获得幸福（快乐）。"❸

　　总之，专利间接侵权制度是这样的一种制度设计：首先，在专利间接侵权制度出现之前，当时的专利制度设计中既包括对专利权人专有权利的保护，也包括对专利权人专有权利的限制，这样就维持了一种平衡的状态；其次，随着社会的发展，出现了越来越多的避开直接侵权所依据的"全面覆盖原则"而损害专利权人利益的行为，这打破了专利制度原有的平衡状态，从而需要新的规则的介入来形成新的平衡状态，这样的规则就是专利间接侵权规则。专利间接侵权规则将这种原本不能被专利法规制的行为纳入自己的"势力范围"，从而保障了专利权人的利益，更会有利于社会的公众利益，毕竟各个部分的全部或大多数获得幸福（快乐）也有利于全社会的幸福（快乐）。哈耶克也有类似的观点，他认为："在一个不断发展的社会中，应该允许少数人拥有财富，如果这点都不能保证，那么财富继续存在的根据就会崩塌。因为毕竟这些人的财富既不是从其他人那里剥夺来的，也允许其他人享用。这些财富是前人们所开发的一种新的生活方式。我们不能阻止某些人去享有某些利益，否则大众就可能永远无法享有他们。"❹ 专利法中从仅仅规定专利直接侵权制度到既规定专利直接侵权制度又规定专利间接侵权制度，也反映出 "财产法既可以推动个人的成功，又可以保障个人幸福的获得。一部财产法的历史就是个人与社会利益的平衡史"❺。

---

❶　W. UUman, The Individual and Society in the Middle Ages, London, 1967, pp. 32, 40-42。转引自史蒂文·卢克斯. 个人主义 [M]. 阎克文，译. 南京：江苏人民出版社，2001：44。

❷　Alfred O. Rahilly, S. Thomas, sTheory of Property, 7 Studies, 337 (1920). 参见 MyrlL. Duncan, Property as A Public Conversation, Not A Lockean Soliloquy: A Role For Intellectual and Legal History In Takings Analysis, Environmental Law of Northwestern School of Law of Lew is & Clark College, Winter 1996, p. 1108.

❸　亚里士多德. 政治学 [M]. 吴寿彭，译. 北京：商务印书馆，1965：273.

❹　弗里德利希·冯·哈耶克. 自由秩序原理 [M]. 邓正来，译. 上海：上海三联书店，1997：159.

❺　王铁雄. 财产法：走向个人与社会的利益平衡：审视美国财产法理念的变迁路径 [J]. 环球法律评论，2007（1）：25-35.

二、专利间接侵权制度符合国际发展潮流

如前所述，专利间接侵权制度起源于美国，《美国专利法》在第271条规定了"引诱侵权"和"辅助侵权"，强调间接侵权行为人的主观过错必须是故意，间接侵权行为的对象必须是特定的产品。后来，大陆法系国家亦借鉴、移植了该制度。《德国专利法》在第10条第1款规定了"辅助侵权"，在第10条第2款规定了"教唆侵权"。《日本专利法》采用一元立法模式，考虑到引诱侵权与共同侵权之间的高度相似性，《日本专利法》在第101条规定了帮助侵权。由此可见，无论是英美法系的专利间接侵权制度，还是大陆法系的共同侵权制度，都是对专利权人的权利进行保护的一种重要制度，解决的问题都是行为人尽管并未直接实施侵害专利权人权利的行为，但在该过程中，行为人的行为对他人的专利侵权行为起到了引诱和辅助的作用。

在我国专利法中确立专利间接侵权制度是符合国际发展潮流的。原因在于：一方面，世界经济全球化和贸易一体化进程的持续推进增加了世界各个国家之间的黏合性的同时，也加大了对世界各国的影响。以专利法为例，同其他法律相比，专利法的国际化程度比较高，这也造成了这样一幅场景，即世界各国的专利制度越来越相似。例如，德国、日本、英国、中国台湾地区等国家和地区，都在专利间接侵权制度方面紧随美国的脚步，在其专利法律制度中规定了专利间接侵权，这也反映了这些国家和地区对专利间接侵权制度的重视程度。另一方面，我国企业具有参与海外国际竞争的需求。在当今经济全球化的大背景之下，我国的很多企业也勇敢地走出国门参与国际竞争。但是，这些企业的专利保护意识在一定程度上还有所欠缺，国外专利权人起诉国内主体侵犯专利权的情况以及国外主体侵权我国专利权人的情况时有发生，我国的企业在面临这些情况时往往显得有些被动。

我国在加入世界贸易组织（WTO）时承诺在知识产权保护方面不断地加大力度，二十九年过去了，我国的综合国力同21世纪之初相比已经不能同日而语。因此，我国现在应该对专利间接侵权制度的积极作用给予充分的重视，在专利法律法规中增加对专利间接侵权制度的规定。

三、专利间接侵权制度契合司法实践需要

从我国司法实践的现状考虑，也需要确立专利间接侵权制度。在我国专

利审判实践中，经常遇见相关专利间接侵权的案件，并且各地法院也已经先后作出了一些追究专利间接侵权行为人责任的案例。例如，较早也最为典型的"磁镜式直流电弧炉"一案❶❷，被告太原电子工程有限公司正是通过绕开"全面覆盖原则"来实施侵犯专利权人利益的行为。

在该案中，被告仅制造和销售原告（太原重型机械厂）的"磁镜式直流电弧炉"实用新型线圈。在案件审理中，正是由于专利法只有关于专利直接侵权的规定，未规定专利间接侵权。因此，一审法院裁定被告没有侵犯专利权，并驳回了专利权人的请求。然而，二审法院后来证实被告的行为构成侵权，但判决是基于被告和直接侵权人的共同侵权行为作出的。

事实上，在这种情况下，被告的行为明显属于专利间接侵权行为。还有"北京英特莱特种纺织有限公司诉北京新辰陶瓷纤维制品公司专利间接侵权案"❸。在这种情况下，原告是所涉实用新型的专利权人。虽然被告制造和销售实用新型产品缺少"薄钢板和连接螺钉"，但是，《产品手册》中的安装图和其他说明图清楚地表明，买方应安装薄钢板和连接螺钉进行安装。北京市第一中级人民法院认为，被告的行为构成侵权。在这案件中被告不但具有辅助侵权行为，而且还明显地存在着如美国法上所规定的引诱侵权行为。

在专利侵权纠纷中，"全面覆盖原则"是一个重要的原则，其适用的范围主要存在于如下几种情形：一是字面侵权。字面侵权是一种比较简单的侵权情况；二是侵权专利的技术特征与专利必要技术特征完全相同；三是侵权专利的技术特征数量多于所涉专利的必要技术特征数量。比如侵权物的技术特征包括 A+B+C+D，作为对比物的专利的技术特征包含 A+B+C 或 A+B+D。但是，该原则在适用中并不能涵盖所有情况，因此，就为侵权行为人绕过该原则侵害他人合法专利权提供了便利和可乘之机。

通过对我国此类大量案件的分析，我们不难发现，专利间接侵权行为在我国确实存在，并且不断增加，然而各地法院审理此类案件时在法律适用上却并不统一，需要立法作出回应。

随着两大法系之间的相互借鉴、移植，两者之间逐渐出现了融合的趋

---

❶ 山西省太原市中级人民法院（1993）法经初字第 27 号民事判决书。

❷ 山西省高级人民法院（1993）晋经终字第 152 号民事判决书。

❸ 北京市第一中级人民法（2002）一中民初字第 3255 号民事判决书。

势。因此，尽管专利间接侵权制度起源于判例法国家，但在现阶段，随着我国司法实践的深入，我国有必要在借鉴的基础上，引入专利间接侵权制度，以有效防止、制止行为人的间接侵权行为，从而更好地保护专利权人的合法权益。

第二节 我国专利间接侵权制度构建的路径选择

在前文对美国、欧盟、德国和日本等国家和地区的立法实践和司法实践进行全面考察和分析的基础之上，结合我国的国情，本书尝试提出我国专利间接侵权制度构建的路径选择。

一、修改《专利法》：在专利法中明确规定专利间接侵权

目前，世界各国只明文规定了知识产权间接侵权行为，并且尤为详细地规定了专利间接侵权制度，而未规定人身权间接侵权行为、物权间接侵权行为、债权间接侵权行为，其理由正是基于专利权的法律特性。与其他知识产权一样，专利权是一种特殊的民事权利，其本质属性在于客体的非物质性。它不具有有形的物质形态，不占有一定的空间，人们通过感官并不能直接感受到它的存在，而必须通过抽象思维才能加以认识、感受与消费。专利权客体的这种非物质性不但决定了它和有形财产权的区别，而且决定了专利权其他一切形式上的特性，如专利权的无形性、不可消耗性以及边界的难以界定性。

（一）无形性

专利权的无形性，使得其客观上缺乏专有性、排他性的"占有"特征，因此也就缺乏公示效果，所以必须借助一种外在的力量赋予其专有性、排他性"占有"的外部特征，并相应地使其具有公信力，从而使其财产化。这种强制的外部力量不可能来源于享有私权的个人或团体，而只可能来源于使知识产品专有性、排他性"占有"的外部特征以及相应的公信力具有普遍意义和强制效果的国家和法律。❶ 因此在知识产权领域，各种权利保护必须依托制

---

❶ 李扬，等. 知识产权基础理论和前沿问题［M］. 北京：法律出版社，2004：12.

定法才得以实现。专利间接侵权制度同样需要采用法律明确规定的方式，才能实现保护专利权人利益的目的。

（二）不可消耗性

无形财产具有非物质属性，对其使用不会引起物理意义上的"消耗"，所以一般来说，人们可以通过众多的使用方式对无形财产进行无限制的利用。相应地，专利权的不可消耗性特性，使得侵权行为具有极大隐蔽性，权利保护更加不易。侵权人不需要花费昂贵的开发成本就可以获得侵权成果所带来的利益。而间接侵权较直接侵权而言，更显得隐秘与曲折，不易为专利权人直观发现，但是间接侵权者提供的专利产品的零部件或专用于实施专利方法的机器设备或原材料却实际占了专利权人的市场，减少了专利权人的获利机会，损害了其通过知识产权可以获得的市场利益，因此，必须对这种行为予以法律制裁。

（三）边界的难以界定性

知识产权客体的非物质性决定了作为这种客体的知识产品的边界具有很大的模糊性。知识产权的对象依赖概念的界定，而概念需要解释，解释又必然引入新的概念。正是因为专利权内容边界的模糊性，决定了许多侵权行为看似并没有直接侵犯专利权，但是在本质上已经切切实实侵犯了专利权人的利益。这种模糊性又进一步决定了法律在界定专利权时，不可能像物权法那样针对权利对象界定权利本身，而只能根据行为人的行为来界定知识产权的范围。也就是说，法律以禁止性规定限定特定行为以控制间接侵权来保证专利权人享有垄断权。

因此，为了避免遇到纠纷时在法律的适用方面出现矛盾，长久之计还是通过专利法的完善，合理构建符合我国国情的"专利间接侵权制度"。这样既有利于司法实践中准确适用法律，也有利于对专利权人专有权利的保护，还有利于社会公众利益的保障。总而言之，在《专利法》中规定专利间接侵权有利于知识产权利益平衡功能的实现。

二、类型选择：我国专利法应仅规定"帮助型"间接侵权

（一）域外专利间接侵权范围之比较

日本的法律只规定了"帮助型"侵权❶这一种间接侵权，其立法采取的是纯客观主义与主客观相结合主义的二元模式。而我国范围最小的间接侵权则是"专用品+主观故意"模式。两者看似都是只规定帮助型侵权的一种，但仍有不同之处：首先，我国的"专用品+主观故意"模式虽然在物品要件上与日本纯客观主义的"专用品"相同，但增加了主观要件；其次，我国的"专用品+主观故意"模式虽然在主观要件上与日本主客观相结合主义相同，但对物品的要求又更加严格。因此，我国这种最小范围的间接侵权与日本法的规定是不同的。

欧美各国界定的间接侵权包括"引诱型"侵权❷和"帮助型侵权"两种，但是其范围和前述我国学者界定的适中范围也是不同的。不同之处在于：对于引诱型侵权，欧美各国并不考虑是否提供用于实施专利的物品，而是要求有实质性的诱导行为。也就是说，欧美各国立法中的引诱型侵权没有物品要件，只是在实际案件中被控侵权人提供某种物品的情况经常发生而已。然而，我国范围适中的间接侵权都限定必须提供"某种在专利中使用的物品"。

我国学者界定的范围更广、更加开放的间接侵权则明显超出了国外间接侵权的范围。这主要是由认为间接侵权从性质上就是共同侵权，或是认为不符合直接侵权就应划入间接侵权的观点造成的。

（二）我国专利间接侵权范围之选择

"帮助型"侵权相比"引诱型"侵权更契合大部分实践领域中的专利间接侵权行为。因此，采取规定"帮助型"侵权的立法模式更适合我国目前的现实需要。由于引诱型侵权有着一定的错综复杂性，目前仅有少数国家对引诱侵权有规定，其在司法实践层面也存在着一定的适用难度，因此，在我国专利法引入间接侵权制度时，为维护公众利益与专利权人利益之间的平衡，

---

❶ 又称"辅助侵权"。
❷ 又称"诱导侵权"。

尚不宜将引诱型侵权认定为间接侵权。具体理由如下：

1. 催生专利间接侵权立法的是"帮助型"专利间接侵权

前文阐述过的"太原重型机器厂诉太原电子系统工程公司案"❶❷ 就是关于辅助侵权的案例，在此不再赘述。在"西安西电捷通无线网络通信股份有限公司（以下简称西电捷通公司）诉索尼移动通信产品（中国）有限公司（以下简称索尼中国公司）发明专利侵权案"❸ 中，作为原告的西电捷通公司享有一项名为"一种无线局域网移动设备安全接入及数据保密通信的方法"发明专利，其专利号码为 ZL02139508. X。

北京市中级人民法院认为，"被告被控共同侵权行为不能成立、被控帮助侵权行为成立。"理由是：涉案专利需要通过终端 MT，接入点 AP 和认证服务器 AS 3 个物理实体方能实施，被告作为 MT 一方，与 AP、AS 各方的行为均未独立构成侵害涉案专利权。据此，原告主张被告构成《侵权责任法》第12 条意义上的共同侵权行为不能成立。《侵权责任法》第 9 条第 1 款规定："教唆，帮助他人实施侵权行为的，应当与行为人承担连带责任。"一般来说，间接侵权应以直接侵权的存在为前提。但是，这不意味着专利权人应该证明有另一主体实际从事了直接侵权行为，而仅需证明有一个最终主体按照被控侵权产品的预设方式进行使用，就已满足全面覆盖专利权的技术特征的条件，至于该最终主体是否要承担侵权责任，与间接侵权的成立无关。被告明知被控侵权产品中内置有 WAPI 功能模块组合，且该组合系专门用于实施涉案专利方法设备，未经原告许可，为生产经营目的将该产品提供给他人实施涉案专利的行为，已经构成帮助侵权行为。

2. "引诱型"专利侵权可由共同侵权条款规制

"引诱型"专利侵权与一般的"引诱型"侵权并没有实质的差别，其实质均为"共同侵权"。《侵权责任法》第 9 条关于"教唆、帮助"侵权的规定仍然可以用来规制这种专利侵权行为。引诱型侵权认定的依据是行为人客观上有教唆、帮助的行为，主观上有教唆、帮助他人实施直接侵犯专利权的故意，与行为人是否提供特定"物品"无关，不涉及技术要素的判断。因此，其包括的内

---

❶　山西省太原市中级人民法院（1993）法经初字第 27 号民事判决书。
❷　山西省高级人民法院（1993）晋经终字第 152 号民事判决书。
❸　北京知识产权法院（2015）京知民初字第 1194 号民事判决书。

容不可穷尽，既可能是对直接侵权人犯意之引起的教唆行为，也可能是提供厂房、资金、仓库、员工等物质帮助行为。这完全包含于民法上的教唆、帮助行为之中，如果符合教唆、帮助侵权的成立要件，则应成立"共同的专利直接侵权"。引诱型侵权也有可能涉及提供可实施于专利中的一般物品的行为，但是这一行为本身也是服务于引诱型侵权判定的，没有独立的意义，在此情形下，我们判定引诱型侵权的依据主要是行为人有没有介绍、指导用该物品作实施专利的使用，进而符合教唆、帮助行为的要件。因此，在共同侵权制度足够规制引诱型侵权的情况下，将其交由侵权责任法这个上位法调整，是符合大陆法系国家的传统和特点的，而德国法之所以没有将引诱型侵权交由其民法典调整，主要是为了与《欧共同体专利公约》保持一致。所以在引诱型侵权上，我们应该更注重借鉴同为民法法系国家日本的做法。

3. "引诱型"专利侵权不涉及技术要素的判断

从间接侵权需要进行技术判定看，引诱型侵权不应纳入间接侵权。本质上，无论帮助型侵权还是引诱型侵权，其行为都符合共同侵权的特点，都可以交由民法共同侵权条款规制。但是，与引诱型侵权不同，帮助型侵权中行为人所提供物品的技术性因素是导致直接侵犯专利权发生的原因力，也是司法实践中判定是否构成侵权的关键点，由于其技术因素显著、技术性判断很强、形成了独有的构成要件等原因，不再适合由共同侵权条款调整，这可以从美国 Wallace 案后判例法不再运用普通法上的共同侵权人（joint tortfeasors），而是运用帮助型侵权（contributory infringement）的概念和要件构成看出，也可以从日本立法者考虑借鉴美国间接侵权时，将引诱型侵权交由民法共同不法行为处理，而仅规定帮助型侵权这一种。

三、效力范围：我国专利法不应规定专利间接侵权具有域外效力

专利间接侵权的域外效力，是指当专利直接侵权行为发生在国外时，也应该追究境内相关专利间接侵权人的法律责任。此前，北京市高级人民法院发布的《专利侵权意见》曾有过这种规定。❶ 《美国专利法》第 271 条（f）（1）款也有类似的规定。❷

---

❶ 《专利侵权判定若干问题的意见（试行）》第 80 条。
❷ 35 U.S.C. § 271 (f) (1).

虽然我国在曾经的司法实践中曾出现过"专利间接侵权具有域外效力"的案例❶，但是我国在将来的《专利法》中不应该规定专利间接侵权具有域外效力。原因如下：

第一，我国产业政策的考量。包括专利法在内的知识产权法具有很强的政策属性，其目的是激励国内相关产业的发展和进步。"专利间接侵权处于专利保护和专利滥用的中间地带，稍有不慎就会破坏知识产权人和社会公众之间的利益平衡，甚至会阻碍产业的发展。"❷ 目前我国作为一个发展中国家，不应该效仿美国的做法采取高水平的保护。此外，美国之所以在《美国专利法》第 271 条（f）（1）款规定专利间接侵权制度的域外效力，其出发点更多地是"考虑到其自身强大的科技实力，从而在全世界范围内推行其高水平的专利规则，而并没有多少理论的内涵"❸。

第二，知识产权的地域性。不论是从理论上还是从实践中看，包括专利权在内的知识产权都具有地域性的特点。此外，从公平原则的角度出发，在发生专利侵权情形时，不追究直接侵权人的侵权责任，反而要求间接侵权人承担侵权责任是不公平的。

综合所述，如果将专利间接侵权的法律效力无限制地扩大至国外领域，就目前国际实践层面的具体运作来看，对我国专利权保护并没有任何实质意义上的制度价值。

四、间接侵权构成要件：主观、行为与对象

（一）专利间接侵权的主观要件

1. 域外专利间接侵权主观要件之比较

《美国专利法》第 271 条（c）款规定行为人应当"明知其部件、材料或装置……"，《美国专利法》第 271 条（b）款规定"该人主动诱导……""该人明知这样的部件是……"；《欧共体专利公约》第 26 条规定的"明知或者实际情况明显应知……"都表明：根据欧盟和美国的规定，专利间接侵权行为

---

❶ 山西省高级人民法院（1993）晋经终字第 152 号民事判决书。

❷ 杨萌，郑志柱. 专利间接侵权与专利侵权判定原则 [M]. 北京：中国法制出版社，2011：16-24.

❸ 汪中良. 专利间接侵权制度的立法构造：兼评《专利法修订草案（送审稿）》第 62 条 [J].
黑龙江省政法管理干部学院学报，2017（2）：81-84.

只能出于故意。《日本专利法》认为间接侵权的客体是"仅仅只能用于实施专利技术的物品"。《日本专利法》采用的一种推定的原则，即只要未经许可，提供该物品的人诱导他人进行直接侵权行为的意图是显而易见的，就可直接认定行为人构成间接侵权。通过比较可以发现，域外一般都将间接侵权行为人的主观要件限定于"故意"。

2. 我国专利间接侵权主观要件之选择

虽然我国诸多知识产权学者也认为专利间接侵权需要以"故意"为要件❶，但是，笔者认为应当根据涉案物的不同类型加以区别。之所以如此，是由于专利间接侵权具有与专利直接侵权完全不同的法律特征，其行为对象既有可能是仅可用于实施专利技术的"专用品"，也有可能是具有其他用途并且尚未广泛进入流通领域的"非常用品"。

"专用品"应当限于在专利技术被公开之前未进入流通领域，而且在专利技术被公开之后也未出现新用途的物品。此类物品的用途仅仅表现在专利技术实施过程中的利用，在未经专利权人或其被许可人授权同意的情况下，无侵权故意的第三人不会擅自制造并提供此类物品。因此，除非行为人能够证明其已经获得专利权人或其被许可人明示或暗示的同意，否则其行为即构成专利侵权行为，行为人应当停止侵权并承担损害赔偿责任。但是，若行为人能够证明自己在主观上无侵权故意，其行为虽然也构成对专利权的侵犯，应当停止侵权，但可免除承担损害赔偿责任。这里的侵权"故意"是指被控侵权人知道或应当知道相关物品可用于实施专利技术、该物品与专利技术的实质性要素相关、该物品未广泛进入流通领域并且该物品可能被用于实施专利技术。

"非常用品"是指具有其他用途，但与专利技术实质性要素相关，并且尚未广泛进入流通领域的物品。这些物品的提供可存在两种目的，一是提供给他人实施专利技术，二是提供给他人适用于其他用途。前一种情形即构成专利间接侵权行为，而后一种情形并未影响专利权人经济利益的实现，专利权人无权要求行为人停止提供该物品或支付损害赔偿金。在认定"非常用品"的提供是否构成专利间接侵权行为时宜采用过错责任原则，专利权的效力不

---

❶ 张玉敏. 知识产权法［M］. 北京：法律出版社，2005：281.

应当及于主观上无过错的"非常用品"的提供者。

（二）专利间接侵权的物品要件

1. 域外专利间接侵权物品要件之比较

专利间接侵权的客体是产品，即某种行为要构成专利间接侵权，那么，这种行为涉及的必须是一种特定的产品。不论是《美国专利法》还是《日本专利法》关于专利间接侵权的规定都可以提供强有力的证明。比如，美国立法规定的间接侵权的客体是"专利产品的部件……材料或装置"；日本立法规定的是"物件"。如果说美国、日本立法例的规定都非常明确的话，那么，欧盟的立法规定则相对比较模糊，欧盟规定的是"手段"。单纯从字面意思而言，"手段"既可以指代"某种产品"，也可以指代"方法步骤"。但是，如果从《欧共体专利公约》第 26 条第 1 款的整个条文的内容分析来看，此处的"手段"不可能将"方法步骤"包括在内，毕竟向某人"提供方法步骤"给人的感觉与逻辑不符。此外，《欧共体专利公约》第 26 条第 2 款还将提供或者许诺提供常用商品的行为也纳入可能构成间接侵权的范围。不过，欧盟对"常用商品"进行了范围限制：首先，"常用商品"除是一种常用的基本商品，还需具有其他的多种用途。此外，罕见的化学物质、特定的催化剂、微生物等即使具有其他用途也不会被认为是"常用商品"。其次，"常用商品"应当容易在市场上获得。如果这种商品仅仅在有限的几个范围才能够获得，则这种商品通常也不会被认为是"常用商品"。

2. 我国专利间接侵权物品要件之选择

对于专利间接侵权的客体，特别是辅助侵权的客体上，我国未来立法中不应该借鉴日本模式，对辅助侵权的客体进行严苛限制，即仅仅限定在用于实施专利技术的产品这一范围之内。至于是借鉴美国来强调行为人提供产品的非用途的专有性方面，还是按照《欧共体专利公约》之规定把重心集中在该产品对专利技术的贡献和作用方面，本书认为，应该采取欧洲的做法，把我国的专利间接侵权的客体限定在行为人是"与专利发明的实质性特征有关的产品"。在辅助侵权中应该考虑行为人提供的产品在专利产品中的贡献和重要作用。对于那些仅仅在专利产品或实施方法专利的专用设备中起到很小的辅助作用、占据很次要地位的零部件要排除在间接侵权的考虑范围之外。前述美国的这种考虑产品用途的角度存在两个方面的问题：第一，"常用商品"和"具有实质性的非侵权用途"这些术语都无法明确界定，需要根据个案认定。赋予法官过大的自由裁量权会导致判决的不确定性，造成当事人无法通过合理预期来对自己的行为作出最佳选择（包括救济方式的选择等）。第二，若某个行为人提供了一种只能用于专利权人的专利产品且仅仅在整个专利组成中的地位或作用是那么微不足道的零部件，那么对这种行为进行规制，似乎有些过分和不合常理。因为这时对于专利权人来说，这种产品根本不足以使他人制造出整个专利产品并实施直接侵权，况且行为人考虑到经济效益、回报率也不会做这样的傻事。由此，只要我们对那些提供"与专利发明的实质性特征有关的产品"的行为进行规制，就能达到对专利权人有效保护的目的，我们的立法并不需要面面俱到，达到无孔不入的境地。

（三）间接侵权的行为要件

1. 域外专利间接侵权行为要件之比较

《美国专利法》规定的"辅助型专利间接侵权"和"教唆型专利间接侵权"的行为方式是："许诺销售""销售"和"进口"等。《美国专利法》第271条（c）款规定的专利间接侵权的行为方式仅仅包括"提供……"根据《美国专利法》第271条（c）款以及第271条（f）款（2）的规定可以发现，这里的"提供"行为包括"许诺销售和销售"行为以及"出口"行为，而"制造"行为和通常意义上的"使用"行为则不包含于其中。

《日本专利法》规定的专利间接侵权的行为方式不仅包括"销售、许诺销售、进口"行为，还包括为生产经营目的"制造"专利技术的"专用品"或"制造"未在日本国内广泛流通的、在实施专利技术时不可或缺的"非专用品"行为。

《德国专利法》并未按照产品专利与方法专利将专利间接侵权行为的不同方式区别开来，而"提供或许诺提供"应理解为包括相关物品的转让、出借、使用方法的说明等行为方式，但不包括相关物品的制造行为或内部使用行为。至于该行为是否必须属于一种商业经营行为，该专利法中并未作出明确规定。

2. 我国专利间接侵权行为方式之选择

在决定我国的专利间接侵权行为究竟应该采用何种具体行为模式时，我们不应该将视野局限在"制造""销售"等细节方面，而应该在所有这些具体的行为方式之前加上"以生产经营的方式"这样的术语。需要注意的是，"以生产经营的方式"并不完全等同于我国现行《专利法》第11条规定的"为生产经营目的"。我国现行《专利法》第11条规定的"为生产经营目的"将"生产经营"纳入主观要件的讨论，"生产经营"实为客观事实，而非侵权归责中的主观错误范畴，纳入主观判定要件中，与实际情况、侵权理论不符。

在前述论证的基础之上，笔者认为，日本的"许诺转让等""转让等"应该反映在我国的专利间接侵权制度之中。需要注意的是，"许诺转让等""转让等"的范围要更加的广泛，而不是仅限于"许诺销售""销售"。理由在于，我国《专利法》第11条在直接侵权行为模式中规定的"许诺销售""销售"过于狭小，从市场分析的角度，"出租""出借"等行为在对专利权人的损害上亦与"许诺销售""销售"效果相同。❶故我国间接侵权的行为模式应为"许诺转让等""转让等"，这两种具体含义与日本法相同。当然，在用语上可以将"许诺转让等""转让等"替代性地表达为"许诺供应等""供应等"。

五、直接与间接的关系：原则上不以直接侵权为必要但有例外

1. 域外专利间接侵权行为与专利直接侵权行为关系之比较

《美国专利法》第271条（b）款与271（c）款是从共同侵权行为发展出来的。在共同侵权行为的各种类型中，不论是"教唆型专利间接侵权"，还是"帮助型专利间接侵权"，都要有直接侵权行为人的存在，否则即难称"共同侵权"。因此，虽然条文未明定，但案例法明确指出，"无直接侵权的存在即无间接侵权"❷。但是，这种状况随着美国在20世纪80年代在专利法中增加第271条（f）款而出现了松动的迹象。

---

❶ 张玉敏，等. 专利间接侵权问题［M］//国家知识产权局条法司. 《专利法》及《专利法实施细则》第三次修改专题研究报告（下卷）. 北京：知识产权出版社，2006：1595-1646；程永顺，等. 关于间接侵权专利权的问题［M］//国家知识产权局条法司. 《专利法》及《专利法实施细则》第三次修改专题研究报告（下卷）. 北京：知识产权出版社，2006：1647-1684；王兵旭，等. 专利间接侵权问题［M］//国家知识产权局条法司. 《专利法》及《专利法实施细则》第三次修改专题研究报告（下卷）. 北京：知识产权出版社，2006：1685-1728.

❷ Aro Mfg. Co. v. Convertible Top Replacement Co. , 377 U. S. 476（1964）.

德国、欧盟规定构成专利间接侵权行为原则上应该以存在专利直接侵权行为为前提条件❶，但是存在着诸多的例外。

2. 专利间接侵权行为与专利直接侵权行为关系之选择

关于专利间接侵权的成立是否必须以直接侵权为前提，我国多数学者和法院持肯定观点。王利明等教授认为，"专利间接侵权行为与直接侵权行为的结合，才构成侵害专利权的因果关系。仅仅是单一的间接行为，不构成侵害专利权的行为。"❷ 杨立新教授认为，"在间接侵害专利权的行为中，这种行为是侵害专利权的直接行为的必要条件，它与直接行为相结合，构成了侵害专利权的直接因果关系，仅仅单一的间接行为，不构成侵害专利权的行为。"❸ 北京市高级人民法院认为，"间接侵权的成立一般以直接侵权的成立为前提。如果不存在直接侵权行为，或者直接侵权行为只是权利人臆造的，则一般不宜判定间接侵权成立。"❹

对此，本书认为，不应把直接侵权的实际发生作为间接侵权认定的前提。专利直接侵权是一般侵权行为，专利间接侵权是特殊侵权行为，后者是一种独立的侵权行为状态，有其自身独立的制度价值、归责原则、构成要件。专利间接侵权中，行为人提供实施专利技术的特定物品，为直接侵权创造了条件，但是，直接侵权行为不一定实际发生。因此，只要存在直接侵权发生的可能，而不需要有实际的直接侵权行为，即可认定间接侵权的成立。如此考虑，也与法律规定许诺销售权出于同样的立法目的。许诺销售权使得专利权人能够把真正的销售侵权行为消灭在萌芽中，从而使专利侵权产品不能扩散到市场中。在时间顺序上，专利间接侵权发生在专利直接侵权之前，是后者的预备阶段，如果将前者单独认定为侵权，就可以遏制相应的直接侵权行为的发生，从而保护专利权人的利益。

六、网络间接侵权：细化《送审稿》的第 63 条

虽然《送审稿》第 63 条的内容没有被我国现行《专利法》所完全采纳，

---

❶ 程永顺，罗李华. 中美两国对专利侵权行为的规定比较（下）[J]. 电子知识产权，1998（6）：2-7.

❷ 王利明，杨立新，王轶，等. 民法学 [M]. 4 版. 北京：法律出版社，2015：778.

❸ 杨立新. 类型侵权行为法研究 [M]. 北京：人民法院出版社，2006：304.

❹ 北京市高级人民法院知识产权庭. 2007 年知识产权审判新发展 [EB/OL]. http: www. chinaiprlaw. cn file 2008082213504. html.

但这一条还是给我们提供了讨论的空间，以便为我国《专利法》的下一次修改提供理论准备。《送审稿》第 63 条所存在的问题，如前文所述，主要就是"必要措施"不够明确和"通知—删除"规则不完善。对于这些问题，可以从如下方面努力：

（一）明确必要措施

在"删除、屏蔽、断开侵权产品链接"等必要措施之外，还需要明确地规定其他方面的必要措施。虽然社会物质生活是丰富多彩的，网络服务提供者在为网络用户提供网络服务的时候会涉及各种具体的行业，行业的具体内容不一样，网络服务提供者的水平也参差不齐，但是通过实践中发生的大量的具体纠纷，还是可以将网络服务者在接收到权利人的通知时所采取的具体行动类型化的。这些类型化的措施最开始可以作为法院的指导意见，条件成熟的时候可以被吸纳进法律之中。这样就可以在一定程度上弥补实务中网络服务提供者的水平不一时，遇到权利人的通知该采取何种措施才是"必要措施"的困惑。

（二）完善"通知—删除"规则

如前面所述，我国既没有关于通知错误时权利人的责任，也没有"反通知—恢复"规则。因此，完善"通知—删除"规则可以从两个方面进行努力和尝试：第一，参考《信息网络传播权条例》的规定加入"反通知—恢复"规则。"网络用户、网络服务提供者和权利人"在互联网责任这个维度实现了结合，在这种特殊的关系中，"网络服务者可以通过采取必要措施的办法进入避风港"，"权利人可以通过'通知—删除'规则来维护自己的权益"，可以考虑令网络用户加入进来。具体的措施是：如果网络服务提供者在接收到权利人的通知后采取必要措施，那么可以考虑给网络用户一个反通知的机会来证明自己并没有侵犯权利人的权利，网络服务提供者如果认为网络用户提供的证据有足够的理由就可以撤回之前采取的"必要措施"。第二，参考《信息网络传播权条例》的规定增加关于"权利人通知错误"的责任。因为权利人在采取通知的办法来中止网络用户的行为时，其所考虑的有时候并不一定是自己的权利被侵犯了，那么，在发生权利人恶意利用"通知—删除"规则时，可以考虑对权利人科以一定的责任。

本章小结

理论与实践密不可分，理论阐述的最终目的也必定是促进实践。因此，本章在论证专利间接侵权制度所蕴含的重要意义的基础上，提出我国专利间接侵权制度构建的路径选择。

就专利间接侵权制度所蕴含的价值而言，主要包括两个方面：一方面，在专利法已经存在规制专利直接侵权行为规则的情况之下，专利间接侵权制度的出现可以给予专利权人更全面的保护；另一方面，专利间接侵权制度兼顾了不同当事人之间的利益，合理平衡了专利权人与社会公众之间的利益。从世界主要国家和地区的立法现状而言，构建专利间接侵权制度是社会经济发展的必然要求，是专利保护的必然趋势。

就具体的制度构建而言，大致分为以下六点：第一，修改《专利法》，在《专利法》中明确规定专利间接侵权。第二，关于专利间接侵权的类型选择，我国《专利法》应仅规定"帮助型专利间接侵权"。第三，关于专利间接侵权的效力范围，我国《专利法》不应规定专利间接侵权具有域外效力。第四，关于间接侵权构成要件，主要从主观要件、客体要件与行为要件3个方面进行论证。第五，关于专利直接侵权与专利间接侵权的关系，原则上不以直接侵权为必要但有例外。第六，关于互联网络空间中的网络间接侵权规则的完善，针对"必要措施"不够明确和"通知—删除"规则不完善，可以从如下方面努力：在"删除、屏蔽、断开侵权产品链接"等必要措施之外明示其他必要措施；完善"通知—删除"规则。

结　语

　　专利权与技术的发展之间存在着某种程度的紧张关系。作为知识产权法领域的一项基本原则，利益平衡原则在这种紧张关系中发挥着重要的调节功能。每当专利权人、专利利用者与社会利益的平衡遭到破坏时，这一原则必然在专利权人的权利范围方面有所体现，并通过权利的扩大或者缩小而重新达到新的平衡。

　　对专利权提供有效的保护是专利制度的核心。2015 年 12 月 2 日，原国务院法制办公室就《送审稿》向社会公开征求意见。《送审稿》在第 62 条明确规定了专利间接侵权的归责情形、归责要件以及责任承担方式。虽然对于专利侵权领域来说，该项规定具有极其重要的意义，但是该条规定不仅意味着间接侵权行为在专利领域得到了认可，同时也意味着间接侵权制度在我国法律制度内开始扎根。最新的《专利法》已于 2020 年 10 月 17 日颁布，并于 2021 年 6 月 1 日实施。遗憾的是，专利间接侵权规则并没有被现行《专利法》所采纳。在专利技术日益成为核心竞争力的同时，如何对专利进行全面保护，以及如何对侵犯专利权的行为进行规制也日益成为评判一国专利保护水平，甚至知识产权保护水平的重要标准。因此，对我国专利间接侵权进行深入讨论和制度化研究也就具有了必要性和紧迫性。

　　本书以"专利间接侵权制度"为主线，以"专利法第四次修改"为背景，根据"共同侵权制度—专利间接侵权对共同侵权制度的冲击—专利间接侵权制度的构建"为逻辑进行组织。它有一系列相互联系的问题组成：专利直接侵权与专利间接侵权的关系是什么？专利共同侵权的规则是什么？专利间接侵权如何对共同侵权制度进行冲击？专利间接侵权制度该怎么构建？由此形成本书的总体思路是：对我国的专利间接侵权制度进行总体的概述—探讨专利间接侵权制度背后的理论基础—专利间接侵权制度比较研究—反思我国专利间接侵权制度—我国专利间接侵权制度的具体构建。

"间接侵权"的概念起源于民法法系，而"专利间接侵权"的概念则起源于英美普通法法系。虽然诸多学者在对专利间接侵权行为下定义的过程中所使用的具体表述不一样，但是，其核心意思是一致的，即专利间接侵权行为的出现与专利直接侵权行为之间有着很紧密的联系，但是，二者不可等同视之。一般认为，"违法行为、损害事实、因果关系和过错"是侵权责任构成的4个要件。通过对已有文献的比较分析可以发现，对专利间接侵权制度而言，"违法行为"和"过错"两个构成要件，尤其是"违法行为"这一要件在实践中引发的讨论最多。本书的讨论也集中于这两个构成要件，即"违法行为"和"过错"。我国的专利间接侵权大致经历了"未涉及专利间接侵权""专利间接侵权的首次热议""专利间接侵权""专利间接侵权纳入修正草案"等几个重要的阶段。目前，我国在司法实践中主要依靠共同侵权规则来应对各种类型的专利间接侵权，比如"生产或销售专用于产品专利的关键部件""分别实施方法专利的部分步骤"等具体类型。在网络环境下，我国的专利间接侵权也表现出了一些新的趋势。

法律的构建需要坚实的理论基础，专利间接侵权制度也不例外。首先，专利间接侵权制度的法哲学阐释。专利间接侵权制度建立的初衷就是保护专利权人的专有权利。这是因为，在社会中有很多可以依据自然规律产生的潜在的方法发明或产品发明，某一个专利权人以对自己的人身拥有所有权作为一个前提，这个专利权人从事的创造性劳动当然属于他自己，正是专利权人的创造性劳动将其成果从公有领域中发掘出来，经过国家相关机关的程序之后，该专利权人就取得了一个独占性的专利权。当然，这个专利权人在取得专利权之后还留下了足够好、同样多的东西给他人，毕竟这个专利权人在从公有领域取得一部分划归己有之后又把更大一个部分放进了公有领域之中。国家授予一个人专利权也是出于节约资源和提高效率的目的，因此，这个人取得财产所有权以不造成浪费。其次，专利间接侵权制度的法经济学解读。知识产权激励理论的运行机理一般是这样的，即国家通过专利而授予权利人一定时间和一定空间合法的垄断权，这是一种必要的刺激，这种刺激对鼓励发明创造者的发明创造活动非常有必要；同时，国家通过对发明创造者发明创造的最终成果授予专有性的财产权，也可以激励发明创造者尽可能早地将其发明创造向社会公开，从而可以减少重复开发，对社会资源的节约也是必要的手段。可以说，专利法正是对技术方案公开"对价"的衡平机制。这种制度设计的最终目的也是在鼓励更多的发明创造者将其聪明才智贡献在对社会整体有更大帮助的先进技术之上，并且通过对其发明以公开的途径让公众尽早获悉这些发明的内容，并使得这些技术在一定期限经过之后进入共有领域，进而公众可以自由地进行利用。最后，专利间接侵权制度的民法学思考。专利间接侵权行为是一种侵权行为，这是对专利间接侵权行为的基本定性。侵权行为就是侵害他人受保护的民事权益，依法应承担侵权责任的行为。专利间接侵权行为的来源就是专利共同侵权。无论是在各种法律文件中还是在司法实践中，专利共同侵权在专利间接侵权行为中都发挥着重要的作用。专利间接侵权对共同侵权进行了适度突破。

专利间接侵权制度在世界范围内都广泛存在。从比较法的视野来看，在专利间接侵权制度的构建上，美国、欧盟、德国、日本以及我国台湾地区均规定专利间接侵权行为人的主观过错必须是故意，间接侵权行为的对象必须是特定的产品。但是在专利间接侵权的立法模式和专利间接侵权与直接侵权的关系上，这些国家的规定又各不相同。在专利间接侵权立法模式这一点上，德国专利法和美国专利法均采用二元立法模式，即具体规定了"辅助侵权"和"引诱侵权"两种间接侵权的行为类型。而《日本专利法》则采用一元立法模式，即仅规定了"帮助侵权"这一类型，而将"引诱侵权"纳入"共同侵权"的规制范畴中。我国台湾地区则一并将专利间接侵权纳入"共同侵权"的规制范围。就专利间接侵权与直接侵权的关系而言，《美国专利法》规定专利间接侵权的成立，需要以专利直接侵权行为的存在为前提要件；《日本专利法》认为专利间接侵权行为的成立，并不需要以专利直接侵权行为的存在为前提要件。《德国专利法》的司法实践亦未将专利间接侵权与专利直接侵权行为挂钩。

我国的专利间接侵权制度还存在着许多需要反思的问题。我国目前对专利间接侵权行为的法律规制主要通过《民法典》第一编"总则"第 176 条到

第 178 条；《民法典》第七编"侵权责任"第 1168 条到第 1172 条；北京市高级人民法院的《专利侵权意见》第 73 条到第 80 条；《专利纠纷解释（二）》第 21 条的规范性文件予以规定。同时，司法实践中对专利间接侵权的裁判案例也可划分为"帮助型专利间接侵权"和"教唆型专利间接侵权"两种侵权行为类型。但是这些规范性法律文件以及司法裁判规则还不足以充分地保护专利权人的利益，法律规定和司法实践也存有诸多问题：第一，我国立法文件中未规定专利间接侵权的规则。现有调整专利间接侵权纠纷的文件中，法律位阶最高的是《专利纠纷解释（二）》第 21 条，但其效力层级不高。第二，《专利法》并未规定专利间接侵权也引发了一系列的问题，比如专利间接侵权并非一个法定概念。现有"专利间接侵权"的概念仅是学者们的一种理论概括，正式的立法文件和司法解释并无此概念。第三，我国的专利间接侵权范围尚存在争议。首先，《专利纠纷解释（二）》全面规定了"教唆侵权"和"帮助侵权"。其次，部分司法案例中承认了专利间接侵权的域外效力。第四，专利间接侵权构成要件不明确而引发的裁判结果不一。专利间接侵权构成要件不明确主要体现在两个方面：首先，专利间接侵权行为与专利直接侵权行为之间的关系问题，即在判断是不是专利间接侵权的时候是否需要首先对专利直接侵权作出判断；其次，提供"专用部件"是否需要认定主观过错。第五，"共同侵权规则"并不能完全适用于"专利间接侵权"纠纷。在目前的司法实践中，法院在很多时候都运用"共同侵权规则"来应对"专利间接侵权纠纷"。客观来说，共同侵权规则虽然在专利间接侵权纠纷中发挥了重要的作用，但是因为专利间接侵权与共同侵权之间在侵权行为的认定因素诸如主观状态等方面存在诸多差异，共同侵权规则并不能完全适用于专利间接侵权。

面对互联网环境下专利间接侵权的新发展，《送审稿》第 63 条在适用中就至少有以下问题：第一，网络服务提供者除了条文中明示的"删除、屏蔽、断开链接"等必要措施之外还可以采取哪些措施；第二，权利人通知有错误时，可以为网络服务提供者和网络用户提供什么样的补救措施。

专利间接侵权制度可以弥补直接侵权制度的不足，更充分地保护专利权人的合法权益；另外，专利间接侵权制度兼顾了不同当事人之间的利益，合理平衡了专利保护与社会公众之间的利益。从世界主要国家的立法现状而言，构建专利间接侵权制度是社会经济发展、专利保护的必然趋势。我国当前频繁的司法纠纷也反映了构建专利间接侵权制度的客观需求。

我国需要构建符合我国实际情况的专利间接侵权制度。就具体的制度构建而言，大致分为以下几点：第一，明确专利间接侵权的概念。第二，我国专利法应仅规定"帮助型"专利间接侵权。"帮助型"专利侵权更符合主流语境下的专利间接侵权，仅采取帮助侵权的一元立法模式，更具备合理性和紧迫性。第三，我国专利法不应规定专利间接侵权具有域外效力。第四，关于互联网空间中的网络间接侵权规则的完善，针对"必要措施"不够明确和"通知—删除"规则不完善。本书认为可以从如下方面努力：在"删除、屏蔽、断开侵权产品链接"等必要措施之外明示其他必要措施；完善"通知—删除"规则。

到目前为止，我国的专利制度已经进行过四次的修改，这些都对现实中出现的新问题予以了及时的回应。随着我们加强知识产权强国建设，深入实施国家知识产权战略，我们在取得成绩的过程中也还有一些问题依然存在。比如，在专利保护领域出现了新的矛盾和新的问题，这些问题主要集中表现在专利保护和专利运用等方面，这些现象影响了企业创新的积极性，因此，有必要从法律的层面上进一步地规范。为了满足知识产权保护的需要，我国应该尽早建立符合我国实际情况的专利间接侵权制度。对于国外在构建专利间接侵权制度过程中的不足，我们应该予以批判；同时，国外许多国家和地区在构建专利间接侵权制度过程中积累的丰富经验，我们应该积极地借鉴和吸收。我国构建的专利间接侵权制度应该符合我国国情，满足专利权人与社会公众的利益之间平衡的需要，达到既能激发专利权人创新的积极性，又能不妨碍社会公众对于专利产品的合法使用，更要有助于维护技术市场竞争秩序。

诚然，法律制度的移植是需要建立在极其全面的本土考察和研究基础上的。受制于种种主客观因素，本书关于专利间接侵权制度的研究仍然存在诸多瑕疵，例如实证调研不足、理论研究不够深入、域外研究不够全面以及对具体制度的结构设计不甚合理等。但希望本书的出版，能够带动更多有关专利间接侵权的研究，也希望能有更多的专家、学者能够投入专利间接侵权的研究中，以促进我国专利事业的不断进步与发展。

参考文献

一、中文类

（一）专著

[1] 曹新明，张建华. 知识产权法典化问题研究［M］. 北京：北京大学出版社，2010.

[2] 曹新明. 知识产权保护战略研究［M］. 北京：知识产权出版社，2010.

[3] 曾陈明汝. 两岸及欧美专利法［M］. 北京：中国人民大学出版社，2007.

[4] 陈聪富. 因果关系与损害赔偿［M］. 北京：北京大学出版社，2006.

[5] 程啸. 侵权责任法［M］. 2版. 北京：法律出版社，2015.

[6] 程永顺，罗李华. 专利侵权判定：中美法条与案例比较研究［M］. 北京：专利文献出版社，1998.

[7] 程永顺. 中国专利诉讼［M］. 北京：知识产权出版社，2005.

[8] 程永顺. 专利侵权判定实务［M］. 北京：法律出版社，2002.

[9] 崔国斌. 专利法［M］. 2版. 北京：北京大学出版社，2016.

[10] 董安生. 民事法律行为（修订版）［M］. 北京：中国人民大学出版社，2002.

[11] 范长军. 德国专利法研究［M］. 北京：科学出版社，2010.

[12] 冯晓青. 知识产权法哲学［M］. 北京：中国人民公安大学出版社，2003.

[13] 冯晓青. 专利侵权专题判解与学理研究［M］. 北京：中国大百科全书出版社，2010.

[14] 冯玉军. 法经济学范式［M］. 北京：清华大学出版社，2009.

［15］关淑芳，惩罚性赔偿研究［M］．北京：中国人民公安大学出版社，2008．

［16］国家科学技术委员会．中国知识产权制度蓝皮书［M］．北京：科学技术文献出版社，1992．

［17］国家知识产权局条法司．《专利法》及《专利法实施细则》第三次修改专题研究报告（下卷）［M］．北京：知识产权出版社，2006．

［18］韩赤风，冷罗生，田琳，等．中外专利法经典案例［M］．北京：知识产权出版社，2010．

［19］胡波．专利法的伦理基础［M］．北京：华中科技大学出版社，2011．

［20］冷耀世．两岸专利法比较［M］．新北：全华科技图书股份有限公司，2006．

［21］李明德．美国知识产权法［M］．2版．北京：法律出版社，2014．

［22］李亚虹．美国侵权法［M］．北京：法律出版社，1999．

［23］李扬，等．知识产权基础理论和前沿问题［M］．北京：法律出版社，2004．

［24］梁慧星．法学学位论文写作方法［M］．北京：法律出版社，2006．

［25］梁慧星．中国民法典草案建议稿附理由（侵权行为编和继承编）［M］．北京：法律出版社，2004．

［26］梁慧星．中国民事立法评说：民法典．物权法．侵权责任法［M］．北京：法律出版社，2010．

［27］梁治平．法辨：中国法的过去现在与未来［M］．北京：中国政法大学出版社，2002．

［28］刘士国．现代侵权损害赔偿研究［M］．北京：法律出版社，1998．

［29］龙文懋．知识产权法哲学初论［M］．北京：人民出版社，2003．

［30］孟祥娟．版权侵权认定［M］．北京：法律出版社，2001．

［31］彭丽静．伦理视野中的知识产权［M］．北京：知识产权出版社，2010．

［32］史尚宽．债法总论［M］．台北：荣泰印书馆，1980．

［33］万勇，刘永沛．伯克利科技与法律评论：美国知识产权经典案例年度评论［M］．北京：知识产权出版社，2013．

［34］王伯琦．民法债编总论［M］．台北："国立"编译馆，1997．

［35］王洪亮．债法总论［M］．北京：北京大学出版社，2016．

［36］王军．侵权损害赔偿制度比较研究［M］．北京：法律出版社，2011．

[37] 王利明，公丕祥. 人身损害赔偿司法解释若干问题释评 [M]. 北京：人民法院出版社，2005.

[38] 王利明，杨立新，王轶，等. 民法学 [M]. 4 版. 北京：法律出版社，2015.

[39] 王利明. 侵权责任法研究（下卷）[M]. 北京：中国人民法学出版社，2010.

[40] 王利明，周友军，高圣平. 中国侵权责任法教程 [M]. 北京：人民法院出版社，2010.

[41] 王利明. 民法 [M]. 北京：中国人民大学出版社，2010.

[42] 王迁，王凌红. 知识产权间接侵权研究 [M]. 北京：中国人民大学出版社，2008.

[43] 王胜明. 中华人民共和国侵权侵权责任法解读 [M]. 北京：中国法制出版社，2010.

[44] 王泽鉴. 民法学说与判例研究（4）[M]. 北京：中国政法大学出版社，1998.

[45] 王泽鉴. 民法学说与判例研究（重排合订本）[M]. 北京：北京大学出版社，2015.

[46] 王泽鉴. 侵权行为 [M]. 北京：北京大学出版社，2009.

[47] 王泽鉴. 民法总则 [M]. 北京：中国政法大学出版社，2001.

[48] 吴汉东. 知识产权国际保护制度的发展与变革 [M]. 北京：知识产权出版社，2014.

[49] 吴汉东. 著作权合理使用制度研究（修订版）[M]. 北京：中国政法大学出版社，2005.

[50] 吴汉东. 知识产权法 [M]. 6 版. 北京：法律出版社，2014.

[51] 吴汉东. 知识产权制度基础理论研究 [M]. 北京：知识产权出版社，2009.

[52] 吴汉东. 知识产权中国化应用研究 [M]. 北京：中国人民大学出版社，2014.

[53] 吴汉东. 知识产权总论 [M]. 北京：中国人民大学出版社，2013.

[54] 吴汉东. 积极实施知识产权战略 [M]. 北京：人民日报出版社，2014.

[55] 徐国栋. 民法哲学 [M]. 北京：中国法制出版社，2009.

[56] 薛波. 元照英美法词典（缩印版）[M]. 北京：北京大学出版社，2013.

[57] 杨立新. 类型侵权行为法研究 [M]. 北京：人民法院出版社，2006.

[58] 杨立新. 侵权法论（上册）[M]. 5 版. 北京：人民法院出版社，2013.

[59] 杨立新. 侵权责任法原理与案例教程 [M]. 北京：中国人民大学出版社，2008.

[60] 杨萌，郑志柱. 专利间接侵权与专利侵权判定原则 [M]. 北京：中国法制出版社，2011.

[61] 尹新天. 专利权的保护 [M]. 2 版. 北京：知识产权出版社，2005.

[62] 尹新天. 中国专利报告 [M]. 北京：知识产权出版社，2014.

[63] 尹新天. 中国专利法详解 [M]. 北京：知识产权出版社，2011.

[64] 张广良. 知识产权侵权民事救济 [M]. 北京：法律出版社，2003.

[65] 张文显. 法理学 [M]. 北京：高等教育出版社，2003.

[66] 张玉敏. 知识产权法 [M]. 北京：法律出版社，2005.

[67] 赵晋枚，等. 智慧财产权入门 [M]. 台北：元照出版公司，2000.

[68] 朱谢群. 创新性智力成果与知识产权 [M]. 北京：法律出版社，2004.

[69] 最高人民法院侵权责任法研究小组. 中华人民共和国侵权责任法条文理解与适用 [M]. 北京：人民法院出版社，2010.

（二）译著

[1] ［澳］彼得·德霍斯. 知识财产法哲学 [M]. 北京：周林，译. 商务印书馆，2008.

[2] ［德］鲁道夫·克拉瑟. 专利法——德国专利和实用新型法. 欧洲和国际专利法 [M]. 单晓光. 张韬略，等译. 北京：知识产权出版社，2016.

[3] ［德］迪特尔·梅迪库斯. 德国民法总论 [M]. 北京：邵建东，译. 北京：法律出版社，2013.

[4] ［德］黑格尔. 法哲学原理 [M]. 北京：范扬，张企泰，译. 北京：商务印书馆，1961.

[5] ［德］克尼佩尔. 法律与历史：论《德国民法典》的形成与变迁 [M]. 朱岩，译. 北京：法律出版社，2005.

[6] ［古希腊］亚里士多德. 政治学 [M]. 吴寿彭，译. 商务印书馆，1965.

[7] ［美］A. L. 科宾. 科宾论合同（上、下册）[M]. 王卫国，等译. 北京：中国大百科全书出版社，1997.

[8] ［美］A. 米切尔·波林斯基. 法和经济学导论 [M]. 郑戈，译. 北京：法律出版社，2009.

[9] ［美］阿瑟·刘易斯. 经济增长理论 [M]. 周师铭，沈丙杰，沈伯根，译. 北京：商务印书馆，2010.

［10］［美］安守廉. 窃书是雅罪：中华文化中的知识产权法［M］. 李琛，译.
北京：法律出版社，2010.

［11］［美］奥利佛·威廉姆森，斯科特·马斯滕编. 交易成本经济学［M］. 李
自杰，蔡铭，等译. 北京：人民大学出版社，2008.

［12］［美］保罗·戈斯汀. 著作权之道：从谷登堡到数字点播机［M］. 金海军，
译. 北京：北京大学出版社，2008.

［13］［美］本杰明·A. 卡多佐. 法律的成长［M］. 李红勃，等译. 北京：北京
大学出版社，2014.

［14］［美］波林斯基. 法律经济学导论［M］. 3 版. 郑戈，译. 北京：法律出
版社，2009.

［15］［美］博登海默. 法理学：法律哲学与法律方法［M］. 邓正来，译. 北京：
中国政法大学出版社，2004.

［16］［美］格瑞尔德. J. 波斯特马主编. 陈敏. 云建芳：哲学与侵权行为法
［M］. 北京：北京大学出版社，2005.

［17］［美］哈特. 法律的概念［M］. 2 版. 许家馨，李冠宜，译. 北京：法律
出版社，2011.

［18］［美］理查德·A. 波斯纳. 公共知识分子：衰落之研究［M］. 徐昕，译.
北京：中国政法大学出版社，2002.

［19］［美］曼昆. 经济学原理［M］. 5 版. 梁小民，梁砾，译. 北京：北京大
学出版社，2009.

［20］［美］威廉·M. 兰德斯，理查德·A. 波斯纳. 知识产权法的经济结构
［M］. 金海军，译. 北京：北京大学出版社，2005.

［21］［美］谢尔登·W. 哈尔彭，等. 美国知识产权法原理［M］. 宋慧献，译.
北京：商务印书馆，2013.

［22］［美］约翰·罗尔斯. 正义论［M］. 何怀宏，何包钢，廖申白，译. 北京：
中国社会科学出版社，1988.

［23］［美］约瑟夫·阿洛伊斯·熊彼特. 经济发展理论［M］. 叶华，译. 中国
社会科学出版社，2009.

［24］［日］冈田全启. 专利·商标侵权攻防策略［M］. 詹政敏，杨向东，付文
君，译. 北京：知识产权出版社，2005.

［25］［日］鸿常夫. 日本专利判例精选［M］. 张遵逵，郝庆芬，等译. 北京：

专利文献出版社，1991.

[26] ［日］吉藤幸朔. 专利法概论 ［M］. 宋永林，魏启学，译. 北京：专利文献出版社，1990.

[27] ［日］青山纮一. 日本专利法概论 ［M］. 聂宁乐，译. 北京：知识产权出版社，2014.

[28] ［日］田村善之. 日本知识产权法 ［M］. 4 版. 周超. 李雨峰，李希同，译. 北京：知识产权出版社，2011.

[29] ［日］我妻荣. 我妻荣民法讲义Ⅰ新订民法总则 ［M］. 于敏，译. 北京：中国法制出版社，2008.

[30] ［日］增井和夫，田村善之. 日本专利案例指南 ［M］. 李扬，等译. 北京：知识产权出版社，2016.

[31] ［日］竹中俊子编. 专利法律与理论：当代研究指南 ［M］. 彭哲，等译. 北京：知识产权出版社，2013.

[32] ［意］罗道尔夫. 萨科. 比较法导论 ［M］. 费安玲. 刘家安，贾婉婷，译. 北京：商务印书馆，2014.

[33] ［英］F.H.劳森，B.拉登. 财产法 ［M］. 2 版. 施天涛，等译. 北京：中国大白科全书出版社，1998.

[34] ［英］彼得·德霍斯. 知识财产法哲学 ［M］. 周林，译. 北京：商务印书馆，2008.

[35] ［英］弗里德利希·冯·哈耶克. 自由秩序原理 ［M］. 邓正来，译. 上海：上海三联书店，1997.

[36] ［英］约翰·洛克. 政府论（下篇）［M］. 叶启芳，霍菊农，译. 商务印书馆，1964.

[37] ［英］史蒂文·卢克斯. 个人主义 ［M］. 阎克文，译. 南京：江苏人民出版社，2001.

（三）期刊论文

[1] 蔡元臻. 何星星. 美国专利间接侵权主观要件评析 ［J］. 知识产权，2017（9）.

[2] 蔡元臻. 3D 打印冲击下专利间接侵权制度研究 ［J］. 科技与法律，2014（1）.

［3］蔡元臻. 论日本专利间接侵权构成要件及其对我国的启示［J］. 河北法学，
　　2017（1）.

［4］曹新明. 知识产权理论法哲学反思［J］. 法制与社会发展，2004（6）.

［5］曹新明. 知识产权制度的中国特色与国际化之思辨［J］. 法制与社会发展，
　　2009（6）.

［6］曹新明. 知识产权制度伦理性初探［J］. 江西社会科学，2005（7）.

［7］车辉. 无意思联络数人侵权之因果关系与责任［J］. 新疆社会科学，2014（4）.

［8］陈武，胡杰. 专利间接侵权制度初论［J］. 知识产权，2006（1）.

［9］程啸. 论意思联络作为共同侵权行为构成要件的意义［J］. 法学家，2003（4）.

［10］程永顺，罗李华. 中美两国对专利侵权行为的规定比较（下）［J］. 电子知
　　识产权，1998（6）.

［11］程永顺.《专利法》第三次修改留下的遗憾：以保护专利权为视角［J］. 电
　　子知识产权，2009（5）.

［12］邓宏光. 我国专利间接侵权之制度选择［J］. 西南民族大学学报（人文社
　　科版），2006（4）.

［13］冯晓青. 激励论：专利制度正当性之探讨［J］. 重庆工商大学学报（社会
　　科学版），2003（1）.

［14］冯晓青. 试论以利益平衡理论为基础的知识产权制度［J］. 江苏社会科学，
　　2004（1）.

［15］冯晓青. 知识产权法目的与利益平衡研究［J］. 南都学坛：南阳师范学院
　　人文社会科学学报，2004（3）.

［16］管育鹰. 专利侵权损害赔偿额判定中专利贡献度问题探讨［J］. 人民司法，
　　2010（23）.

［17］贺桂欣. 论司法实践中专利间接侵权的界定与处理［J］. 河北职业技术师
　　范学院学报，2000（1）.

［18］和育东. 美国专利侵权的禁令救济［J］. 环球法律评论，2009（5）.

［19］和育东. 专利侵权赔偿中的技术分摊难题［J］. 法律科学. 2009（3）.

［20］和育东. 专利侵权损害赔偿计算制度：变迁、比较与借鉴［J］. 知识产权，
　　2009（9）.

［21］胡开忠. “避风港规则”在视频分享网站版权侵权认定中的适用［J］. 法
　　学，2009（12）.

[22] 黄玉烨，戈光应. 非法实施专利行为入罪论 [J]. 法商研究，2014 (5).

[23] 黄玉烨. 知识产权利益衡量论：兼论后 TRIPs 时代知识产权国际保护的新发展 [J]. 法商研究，2004 (5).

[24] 贾小龙. 专利法需要怎样的"间接侵权"：专利间接侵权若干基本问题探讨 [J]. 电子知识产权，2008 (9).

[25] 姜丹明. 关于间接侵权 [J]. 专利法研究，1999 (2).

[26] 康添雄，田晓玲. 美国专利间接侵权的判定与抗辩 [J]. 知识产权，2006 (6).

[27] 李晓秋. 客观认识专利法"通知—删除"规则 [N]. 中国知识产权报，2016-8-26 (008).

[28] 李扬. 帮助型专利权间接侵权行为的法律构成 [J]. 人民司法，2016 (16).

[29] 龙卫球.《侵权责任法》的基础构建与主要发展 [J]. 中国社会科学，2012 (12).

[30] 梅术文. 当知识产权遇上禽流感 [J]. 中国发明与专利，2006 (1).

[31] 南京市中级人民法院知识产权庭. 专利侵权案件赔偿适用的标准 [J]. 人民司法，1997 (7).

[32] 宁立志. 专利辅助侵权制度中的法度边界之争 [J]. 法学评论，2010 (5).

[33] 汪中良. 专利间接侵权制度的立法构造：兼评《专利法修订草案（送审稿）》第62条 [J]. 黑龙江省政法管理干部学院学报，2017 (2).

[34] 王利明. 侵权行为概念之研究 [J]. 法学家，2003 (3).

[35] 王利明. 我国侵权责任法的体系构建：以救济法为中心的思考 [J]. 中国法学，2008 (4).

[36] 王凌红. 我国专利间接侵权制度的立法方向：以利益平衡为视点求解《专利法》第三次修改的未决立法课题 [J]. 电子知识产权，2009 (6).

[37] 王铁雄. 财产法：走向个人与社会的利益平衡：审视美国财产法理念的变迁路径 [J]. 环球法律评论，2007 (1).

[38] 魏征. 我国不应该有专利间接侵权理论的应用空间 [J]. 中国专利与商标，2008 (1).

[39] 翁强，闫媛媛. 我国建立专利间接侵权制度的必要性和可行性 [J]. 郑州航空工业管理学院学报（社会科学版），2014 (2).

[40] 吴广海. 美国专利侵权损害赔偿中的分摊规则问题 [J]. 知识产权，2012 (6).

[41] 吴汉东. 法哲学家对知识产权法的哲学解读 [J]. 法商研究，2003 (5).

[42] 吴汉东. 知识产权的私权与人权属性 [J]. 法学研究, 2003（3）.

[43] 吴汉东. 国际变革大势与中国发展大局中的知识产权制度 [J]. 法学研究, 2009（2）.

[44] 吴汉东. 试论知识产权的"物上请求权"与侵权赔偿请求权：兼论《知识产权协议》第 45 条规定的实质精神 [J]. 法商研究, 2011（5）.

[45] 吴汉东. 知识产权的私权与人权属性：以《知识产权协议》与《世界人权公约》为对象 [J]. 法学研究, 2003（3）.

[46] 吴汉东. 知识产权多元属性及研究范式 [J]. 中国社会科学, 2011（5）.

[47] 吴汉东. 知识产权理论的体系化与中国化问题研究 [J]. 法制与社会发展, 2014（6）.

[48] 吴汉东. 知识产权侵权诉讼中的过错责任推定与赔偿数额认定：以举证责任规则为视角 [J]. 法学评论, 2014（5）.

[49] 吴汉东. 中国知识产权法制建设的评价与反思 [J]. 中国法学, 2009（1）.

[50] 熊文聪. 被误读的专利间接侵权规则：以美国法的变迁为线索 [J]. 东方法学, 2011（1）.

[51] 徐晓颖. 试论专利间接侵权的独立性：兼评《专利法修订草案（送审稿）》第 62 条 [J]. 广西政法管理干部学院学报, 2016（2）.

[52] 徐媛媛. 专利间接侵权制度的辅助侵权：元立法论 [J]. 知识产权, 2018（1）.

[53] 闫刚. 浅析专利间接侵权 [J]. 中国发明与专利, 2008（9）.

[54] 闫文军. 金黎峰. 专利间接侵权的比较与适用：兼评 2016 年最高人民法院司法解释的相关规定 [J]. 知识产权, 2016（7）.

[55] 姚强, 王丽平. "万能制造机"背后的思考：知识产权法视野下 3D 打印技术的风险分析与对策 [J]. 科技与法律, 2013（2）.

[56] 于立彪. 关于我国是否有专利间接侵权理论适用空间的探讨 [J]. 专利法研究（2007）.

[57] 喻嵘. 也谈专利间接侵权：中华全国专利代理人协会会议论文集 [C]. 北京：知识产权出版社, 2013.

[58] 张成龙. 专利间接侵权国际立法比较 [J]. 江西社会科学, 2000（6）.

[59] 张航. 专利间接侵权制度研究 [D]. 北京：中国青年政治学院, 2017：21.

[60] 张玲. 我国专利间接侵权的困境及立法建议 [J]. 政法论丛, 2009（2）.

[61] 张其鉴. 我国专利间接侵权立法模式之反思：以评析法释〔2016〕1 号第

21 条为中心［J］. 知识产权，2017（4）.

［62］张通，刘筠筠. 我国专利间接侵权规则审视与思考［J］. 中国发明与专利，2012（2）.

［63］赵元果. 回顾：中国专利法的孕育与诞生［J］. 中国发明与专利，2007（2）.

［64］张玉敏. 邓宏光. 专利间接侵权制度三论［J］. 学术论坛，2006（1）.

［65］郑悦迪. 电子商务平台专利间接侵权责任研究［J］. 当代经济，2017（32）.

［66］朱冬. 知识产权间接侵权中停止侵害适用的障碍及克服［J］. 法学家，2012（5）.

［67］朱丹. 关于建立我国专利间接侵权制度的思考［J］. 人民司法，2009（1）.

［68］朱雪忠，李闯豪. 美国专利间接侵权默示许可抗辩的反思与借鉴［J］. 法律科学（西北政法大学学报），2018（2）.

（四）裁判文书

［1］北京市第一中级人民法（2002）一中民初字第 3255 号民事判决书.

［2］北京市第一中级人民法院（1998）一中知初字第 47 号民事判决书.

［3］北京市第一中级人民法院（2002）一中民初字第 3258 号民事判决书.

［4］北京市高级人民法院（2003）高民终字第 503 号民事判决书.

［5］北京市顺义区（2001）顺民初字第 406 号民事判决书.

［6］北京知识产权法院（2015）京知民初字第 1194 号民事判决书.

［7］北京知识产权法院（2016）京 73 民初 276 号民事判决书.

［8］常州市中级人民法院（2016）苏 04 民初 73 号民事判决书.

［9］福建省高级人民法院（2010）闽民终字第 726 号民事判决书.

［10］福建省高级人民法院（2016）闽民终 877 号民事判决书.

［11］济南市中级人民法院（2001）济知初字第 29 号民事判决书.

［12］江苏省高级人民法院（2005）苏民三终字第 014 号民事判决书.

［13］江苏省高级人民法院（2016）苏民终 168 号民事判决书.

［14］江苏省南京市中级人民法院（2003）宁民三终字第 245 号民事判决书.

［15］辽宁省高级人民法院（2013）辽民三终字第 79 号民事判决书.

［16］山东省高级人民法院（2001）鲁民三终字第 2 号民事判决书.

［17］山东省高级人民法院（2001）鲁民三终字第 2 号民事判决书.

［18］山西省高级人民法院（1993）晋经终字第 152 号民事判决书.

［19］山西省太原市中级人民法院（1993）法经初字第 27 号民事判决书.

［20］陕西省西安市中级人民法院（2006）西民四初字第 019 号民事判决书.

［21］陕西省西安市中级人民法院（2015）西中民四初字第 00112 号民事判决书.

［22］上海市第一中级人民法院（1998）一中知初字第 47 号民事判决书.

［23］上海市第一中级人民法院（2003）沪一中民五（知）初字第 212 号知识产权判决书.

［24］上海市第一中级人民法院（2005）沪一中民五（知）初第字 365 号民事判决书.

［25］上海市第一中级人民法院（2013）沪一中民五（知）初字第 2 号民事判决.

［26］上海市第一中级人民法院（2015）沪一中民五（知）初字第 136 号民事判决书.

［27］上海市高级人民法院（2013）沪高民三（知）终字第 133 号民事判决书.

［28］上海市高级人民法院（2013）沪高民三（知）终字第 85 号民事判决书.

［29］四川省成都市中级人民法院（2004）成民初字第 942 号民事判决书.

［30］西安市中级人民法院（2006）西民四初字第 019 号民事判决书.

［31］浙江省高级人民法院（2015）浙知终字第 186 号民事判决书.

［32］浙江省金华市中级人民法院（2015）浙金知民初字第 148 号民事判决书.

［33］浙江省义乌市（2015）金义知民初字第 535 号民事判决书.

［34］重庆市第一中级人民法院（2005）渝一中民初字第 133 号民事判决书.

［35］重庆市第一中级人民法院（2008）渝高法民终字第 230 号民事判决书.

［36］最高人民法院（2012）民提字第 1 号民事判决书.

［37］最高人民法院（2014）民申字第 1036 号民事判决书.

二、外文类

（一）专著

［1］Authur R. Miller，Michael H. Davis. *Intellectual Property：Patents，Trademarks，and Copyright*. 3rd ed. Law Press，2004.

［2］B. Zorina Khan. *The Democratization of Invention，Patents and Copyrights in American Economic Development*. Cambridge University Press，2005.

［3］Donald S. Chisum. *Chisum on Patents（VOLUME 7 Chapter 20 Remedies）*. LexisNexis Matthew Bender，2005.

［4］ Janice M Mueller. *Patent Law （Fourth Edition）*. Wolters Kluwer，2012.

［5］ John Braithwaite and Peter Drahos. *Global Business Regulation*，Cambridge：Cambridge University Press，2000.

［6］ Lawrence M. Sung. *Patent Infringement Remedies*. BNA Books，2004.

［7］ Paul W Taylor. *The Moral Judgement：Readings in Contemporary Meta-Ethics Englewood Cliffs*. N. J.：Prentice-Hall，1963.

［8］ Peter Drahos. *A Philosophy of Intellectual Property*. Dartmouth Publishing Company，1996.

［9］ Richard A. *Epstein. Torts*. CITIC Publishing House，2003.

［10］ R. Palan，J. Abbott，P. Deans. *State Strategies in the Global Political Economy*. London：Pinter 1996.

［11］ Robert P. Merges，Peter S. *Menell& Mark A. Lemly. Intellectual Property in the New Technological Age*（5th edition），Aspen Publishers，2010.

［12］ Robert P. Merges，Jane C. Ginsburg. *Foundations of Intellectual Property*. Foundation Press，2004

［13］ Roger D. Blair，Thomas F. *Cotter. Intellectual Property，Economic and Legal Dimensions of Rights and Remedies*. Cambridge University Press，2005.

［14］ Roger E. Schechter，John R. Thomas. *Principles of Patent Law*. West，2004.

［15］ Russell L. Parr. *Intellectual Property Infringement Damages：A Litigation Support Handbook*，John Wiley & Sons，2002.

［16］ Susan K. Sell，Private Power，*Public Law：The Globalization of Intellectual Property Rights*，Cambridge University Press 2003.

［17］ Terence P. Ross. *Intellectual Property Law：Damages and Remedies*，Law Journal Press，2000.

［18］ Pound. *Interpretations of Legal History*，Cambridge：Cambridge University Press，1923.

（二）期刊论文

［1］ Jeremy Waldron. From Authors to Copiers：Individual Rights and Social Values in Intellectual Property. 68 Chi-Kent Law Review，1993.

［2］ Meredith Kolsky Lewis，The Trans-Pacific Partnership：New Paradigm or Wolf in Sheep's Clothing?，34 B. C. Int'l & Comp. L. Rev. 2011.

［3］ Amiram Benyamini Patent Infringement in the European Community IIC Studies Vol. 13, p. 229, 235.

［4］ Andrew Ward. Inducing Infringement: Specific Intent And Damages Calculation ［J］. Journal of the Patent and Trademark Office Society, 2012 (5): 1.

［5］ Audra Dial, Betsy Neal. Proving Patent Damages is Getting Harder. North Carolina Journal of Law & Technology, 2011 (6).

［6］ Charles R. Macedo, Reena Jain and Michael Sebba. US Supreme Court: no induced patent infringement without direct infringement. Journal of Intellectual Property Law & Practice (2014). Carbice Corporation of America v. American Patents Development Corporation, 283 U. S. 27 (1931).

［7］ Charles W. Adams, a Brief History of Indirect Liability for Patent Infringement, 22 Santa Clara Computer & High Tech. L. J. 369 (2006).

［8］ Christian Hilti. Future European Community Patent System and Its Effects on Non-EEC-Member-States. 18 AIPLA Q. J. 289 (1990).

［9］ Cuido Calabresi, A. Douglas Melamed. Property Ruls, Liability Rules, and Inalienability: One View of the Cathedral. 85 Harvard Law Review 1972. David L. Schwartz. Analyzing the Role of Non-Practicing Entities in the Patent System. Cornell Law Review, Vol. 99, Issue 2, pp. 425-456 (2014).

［10］ Damon Gupta, Virtually Uninfringeable: Valid Patents Lacking Protection Under the Single Entity Rule, 94 J. Pat. & Trademark Off. Soc'y 61, 61 (2012).

［11］ David L. Schwartz. Analyzing the Role of Non-Practicing Entities in the Patent System. Cornell Law Review, Vol. 99, Issue 2, pp. 425-456 (2014).

［12］ David Nilsson, Timo Minssen. What Intent, Whose Intent, and to What Extent? The Knowledge Requirement in Indirect Patent Infringement Journal of Intellectual Property Law&Practice ［J］. 2012, 7 (6): 437. 448.

［13］ Dennis S. Corgill. Competitive Injury and Non-Exclusive Patent Licensees. University of Pittsburgh Law Review, 2010.

［14］ Dmitry Karshtedt. Damages for Indirect Patent Infringement. 91 Washington University Law Review, No. 4, pp. 911-977 (2014).

［15］ DSU Medical Corporation & Medisystems Corporation v. JMS Co. , LTD, 471 F. 3d 1293 (Fed. Cir. 2006).

［16］ Jeanne C. Fromer, Mark A. Lemley. The Audience in Intellectual Property Infringement. Michigan Law Review, Vol. 112, p. 1251 (2014).

［17］ Edward Torous. Patent Law: Unknotting Uniloc. Berkeley Technology Law Journal, Annual Review, 2012.

［18］ Jay P. Kesan & Andres A. Gallo. Why "Bad" Patents Survive in the Market and How Should We Change? The Private and Social Costs of Patents, 55 Emory L. J. 61, 69 (2006).

［19］ Jean Beetz. Reflections on Continuity and Change in Law Reform. 22 University of Toronto Law Journal. 129, (1972).

［20］ John M. Golden, Robert P. Merges and Pamela Samuelson. The Path of IP Studies: Growth, Diversification, and Hope. Texas Law Review, Vol. 92, No. 1757–1768 (2014).

［21］ John M. Golden. Litigation in the Middle: The Context of Patent–Infringement Injunctions. Texas Law Review, Vol. 92, No. 7, 2014.

［22］ John R. Allison, Mark A. Lemley, David L. Schwartz. Understanding the Realities of Modern Patent Litigation. 92 Texas Law Review 1769 (2014).

［23］ Josh Rychlinski, Indirect Infringement of a Patent, 20 Mich. Telecomn. &Tech. L. Rev. 215, (2013).

［24］ Keith E. Maskus. Intellectual Property Right in the Global Economy. Institute for International Economics, 2000.

［25］ Kevin M. Littman, and Lucas Silva, The Changing Landscape of Joint, Divided and Indirect Infringement–The State of the Law and How to Address It》

［26］ Larry Coury, A Comparison of Patent Infringement Remedies Among the G7 Economic Nations, 13 Fordham Intel. Prop. Media &Ent. L. J. 2003.

［27］ Laurence R. Helfer. Regime shifting: The TRIPs Agreement and New Dynamics of International Intellectual Property Lawmaking, 29 Yale Journal of International Law, 2004.

［28］ M. Gadbaw. Intellectual Property and International Trade: Merger or Marriage of Convenience? 22Vanderbilt Journal of Transnational Law, 1989.

［29］ Mark A. Lemley, Jamie Kendall and Clint Martin. Rush to Judgment? Trial Length and Outcomes in Patent Cases. AIPLA Quarterly Journal, Vol. 41, No. 2,

Spring 2013.

[30] Mark A. Lemley. IP in a World Without Scarcity. Stanford Public Law Working Paper No. 2413974, March 24, 2014.

[31] Mark A. Lemley. Property, Intellectual Property, and Free Riding, 83 Tex. L. Rev. 2005.

[32] Mark A. Lemley. Should a Licensing Market Require Licensing? Law and Contemporary Problems, Vol. 70, No. 2 (2007).

[33] Mark A. Lemley. Taking the Regulatory Nature of IP Seriously. Stanford Law and Economics Olin Working Paper No. 455, January 31, 2014.

[34] Mathew Lowrie, Kevin M. Littman, and Lucas Silva. The Changing Landscape of Joint, Divided and Indirect Infringement-The State of the Law and How to Address It, 12 J. High Tech. L. 65 (2011).

[35] Mathew Lowrie, Kevin M. Littman, and Lucas Silva, The Changing Landscape of Joint, Divided and Indirect Infringement-The State of the Law and How to Address It, 12 J. High Tech. L. 65 (2011).

[36] Matthew D. Powers, Steven C. Carlson. The Evolution and Impact of the Doctrine of Willful Patent Infringement. Syracuse Law Review, 2001.

[37] MyrlL. Duncan, Property as A Public Conversation, Not A Lockean Soliloquy: A Role For Intellectual and Legal History In Takings Analysis, EnvironmentalLaw of Northwestern School of Law of Lewis& Clark College, W inter1996, p. 1108.

[38] Nancy T. Gallini. The Economics of Patents: Lessons from Recent U. S. Patent Reform. The Journal of Economic Perspectives, Vol. 16, No. 2 (Spring, 2002), pp. 131-154.

[39] Parker Kuhl. The Attack on Settlement Negotiations After ResQNet v. Lansa. Berkeley Technology Law Journal, Annual Review, 2011.

[40] Patrick E. King, Timothy T. Lau, & Gautam V. Kene, Navigating the Shoals of Joint Infringement, Indirect Infringement, and Territoriality Doctrines: A Comparative Analysis of Chinese and American Patent Laws, 25 Colum. J. Asian L. 275, (2012).

[41] Paul M. Janicke. Contemporary Issues in Patent Damages. 42 Am. U. L. Rev., 1993.

［42］ Reto Hilty, Thomas Jaeger, Matthias Lamping, Roberto Romandini and Hanns Ullrich. Comments on the Preliminary Set of Provisions for the Rules of Procedure of the Unified Patent Court. Max Planck Institute for Intellectual Property & Competition Law Research Paper No. 13-16, October 1, 2013.

［43］ Reto Hilty. The Role of Patent Quality in Europe. Technology and Competition: Contributions in Honour of Hanns Ullrich, pp. 91-121, 2009.

［44］ Reto M. Hilty, Thomas Jaeger. Legal Effects and Policy Considerations for Free Trade Agreements: What Is Wrong with FTAs? Intellectual Property and Free Trade Agreements in the Asia-Pacific Region MPI Studies on Intellectual Property and Competition Law Volume 24, 2015, pp 55-84.

［45］ Robert P. Merges. Economics of Intellectual Property Law. Oxford Handbook of Law and Economics, March, 2014.

［46］ Robert P. Merges. Intellectual Property and the Costs of Commercial Exchange: A Review Essay. Michigan Law Review, Vol. 93, No. 6, 1995.

［47］ Robert P. Merges. Introductory Note to Brief of Amicus Curiae in eBay v. MercExchange. 21 Berkeley Tech. L. J. 997 (2006).

［48］ Roger D. Blair & Tomas F. Cotter, Rethinking Patent Damages, 10 Tex. Intell. Prop. L. J. 1.

［49］ Ronald H. Coase. The Problem of Social Cost. Journal of Law and Economics, 1960.

［50］ STEPHEN W. MOORE, A Last Step Rule for Direct Infringement of Process Claims - Clarifying Indirect Infringement and Narrowing Joint Infringement, 61 Clev. St. L. Rev. 827 (2013).

［51］ Ted M. Sichelman. Purging Patent Law of "Private Law" Remedies. Texas Law Review, Vol. 92, pp. 516-571, 2014.

［52］ Ted M. Sichelman. The Vonage Trilogy: A Case Study in "Patent Bullying". Notre Dame Law Review, Vol. 90, No. 2, pp. 543-577, 2014.

［53］ Tejas N. Narechania, Jackson Taylor Kirklin. The Use of Settlement-Related Evidence for Damages Determinations in Patent Litigation. University of Illinois Journal of Law, Technology & Policy, 2012.

［54］ Thomas A. Hemphill. Patent assertion entities: do they impede innovation and technology commercialisation?

[55] Thomas F. Cotter. A Research Agenda for the Comparative Law and Economics of Patent Remedies. Minnesota Legal Studies Research Paper No. 11-10, February 15, 2011.

[56] Tim Carlton. The Ongoing Royalty: What Remedy Should a Patent Holder Receive When a Permanent Injunction is Denied? Georgia Law Review, 2009.

[57] Tom Jansson. Barriers to Injunctions in Patent Infringement Cases. IPRinfo 2/2014.

[58] Tony V. Pezzano and Jeffrey M. Telep. Latest Developments on Injunctive Relief for Infringement of FRAND-Encumbered SEPs. Intellectual Property & Technology Law Journal, Vol. 2, 2014.

(三) 司法判例

[1] Adams v. Burke, 84 U. S. 453 (1873).

[2] Aro Manufacturing Co., Inc. v. Convertible Top Replacement Co., 119 U. S. P. Q. 122 (Massachusetts 1956).

[3] Aro Manufacturing Co., Inc. v. Convertible Top Replacement Co., 270 F. 2d 200 (1st Cir.).

[4] Aro Manufacturing Co., Inc. v. Convertible Top Replacement Co., 377 U. S. 476 (1964).

[5] Aro Manufacturing Co., Inc. v. Convertible Top Replacement Co., 365 U. S. 336 (1960).

[6] Aro Mfg. Co. v. Convertible Top Replacement Co., 377 U. S. 476 (1964).

[7] Aro Mfg. Co. v. Convertible Top Replacement Co., 377 U. S. 488-490 (1964).

[8] Baut v. Pethick Const. Co., 262 F. Supp. 350 (1966).

[9] Broadcom Corp. v. Qualcomm Inc., 543 F. 3d 683 (Fed. Cir. 2008).

[10] DSU Medical Corporation & Medisystems Corporation v. JMS Co., LTD, 471 F. 3d 1293 (Fed. Cir. 2006).

[11] Florence Porter, Executrix of the Estate of Wellington W. Porter, and Porterway Harvester Manufacturing Co., Inc. v. FARMERS Supply Service, Inc., 790 F. 2d 882 (Fed. Cir. 1986).

[12] Henry v. A. B. Dick Co., 224 U. S. 1 (1912).

[13] Hewlett-Packard Co. v. Bausch & Lomb Inc., 909 F. 2d 1464 (Fed. Cir. 1990).

[14] Hussey v. Bradley et al., 5 Blatchf. 210 (1864).

[15] Lummus Industries, Inc., v. D. M. & E. Corporation, 862 F. 2d 267 (Fed. Cir. 1988).

[16] Mach. Co. v. Maimin, 161 F. 748, 750 (E. D. Pa. 1908).

[17] Mercoid Corp. v. Mid-Continent Co., 320 U. S. 667 (1944).

[18] Met-Coil Systems Corp. v. Korners Unlimited, Inc., 803 F. 2d 684 (Fed. Cir. 1986).

[19] Motion Picture Co. v. Universal Film, 243 U. S. 502 (1917).

[20] National Brake & Elec. Co. v. Christensen, 38 F. 2d 721 (7th Cir. 1930).

[21] Pennock & Sellers V. Dialogue, 27 U. S. 1 (1829).

[22] Reed Roller Bit Co. v. Hughes Tool Co., 12 F. 2d 207, 211 (5th Cir. 1926).

[23] [279] Ro Manufacturing Co., Inc., et al., petitioners, v. Convertible Top Replacement Co., Inc., 375 U. S. 804 (1963).

[24] Sage Products, Inc., v. Devon Industries, Inc., 45 F. 3d 1575 (Fed. Cir. 1995).

[25] Sandvik Aktiebolag v. E. J. Co., 121 F. 3d 669 (Fed. Cir. 1997).

[26] Serrano v. Telular Corp., 111 F. 3d 1578, 1583 (1997).

[27] Thomson-Houston Elec. Co. v. Ohio Brass Co., 80 F. 712, 721 (6th Cir. 1897).

[28] Wallace v. Holmes. 29Fed. Cas. 74. No. 17, 100 (C. C. D. Conn. 1871)

[29] Water Technologies Co. v. Calco, Ltd., 850 F. 2d 660 (Fed. Cir. 1988).

[30] Williams & Wilkins v. United States, 487 F. 2d 1345 (Ct. Cl. 1973).

附录 1
我国《专利法》中专利间接侵权条款的修订建议

第一章　总则

第 12 条【专利间接侵权】

【第一款】发明和实用新型专利权被授予后，除本法另有规定的以外，任何单位或者个人未经专利权人许可，以生产经营的方式，向未经权利人授权的第三人许诺供应、供应用于实施专利的关键物品（广泛流通的除外），如果行为人知道或者应当知道专利的存在、物品受让人未获得专利权人实施专利的授权、物品受让人在交易时有利用物品实施专利侵犯专利权的意图，虽不符合"全面覆盖原则"、"等同原则"，亦负有间接侵权的责任。

【第二款】间接侵权不考虑直接侵权是否发生，但被控侵权人能证明直接侵权仅发生在境外的除外。

附录 2

重要法律规范（节录）

《中华人民共和国民法典》

《中华人民共和国民法典》已由中华人民共和国第十三届全国人民代表大会第三次会议于 2020 年 5 月 28 日通过，现予公布，自 2021 年 1 月 1 日起施行。

第一编 总则

第八章 民事责任

第一百七十六条 民事主体依照法律规定或者按照当事人约定，履行民事义务，承担民事责任。

第一百七十七条 二人以上依法承担按份责任，能够确定责任大小的，各自承担相应的责任；难以确定责任大小的，平均承担责任。

第一百七十八条 二人以上依法承担连带责任的，权利人有权请求部分或者全部连带责任人承担责任。

连带责任人的责任份额根据各自责任大小确定；难以确定责任大小的，平均承担责任。实际承担责任超过自己责任份额的连带责任人，有权向其他连带责任人追偿。

连带责任，由法律规定或者当事人约定。

第七编　　侵权责任

第一章　一般规定

第一千一百六十八条　二人以上共同实施侵权行为，造成他人损害的，应当承担连带责任。

第一千一百六十九条　教唆、帮助他人实施侵权行为的，应当与行为人承担连带责任。

教唆、帮助无民事行为能力人、限制民事行为能力人实施侵权行为的，应当承担侵权责任；该无民事行为能力人、限制民事行为能力人的监护人未尽到监护职责的，应当承担相应的责任。

第一千一百七十条　二人以上实施危及他人人身、财产安全的行为，其中一人或者数人的行为造成他人损害，能够确定具体侵权人的，由侵权人承担责任；不能确定具体侵权人的，行为人承担连带责任。

第一千一百七十一条　二人以上分别实施侵权行为造成同一损害，每个人的侵权行为都足以造成全部损害的，行为人承担连带责任。

第一千一百七十二条　二人以上分别实施侵权行为造成同一损害，能够确定责任大小的，各自承担相应的责任；难以确定责任大小的，平均承担责任。

第三章　责任主体的特殊规定

第一千一百九十七条　网络服务提供者知道或者应当知道网络用户利用其网络服务侵害他人民事权益，未采取必要措施的，与该网络用户承担连带责任。

《中华人民共和国专利法》

1984 年 3 月 12 日第六届全国人民代表大会常务委员会第四次会议通过　根据 1992 年 9 月 4 日第七届全国人民代表大会常务委员会第二十七次会议《关于修改〈中华人民共和国专利法〉的决定》第一次修正　根据 2000 年 8 月 25 日第九届全国人民代表大会常务委员会第十七次会议《关于修改〈中华人民共和国专利法〉的决定》第二次修正　根据 2008 年 12 月 27 日第十一届全国人民代表大会常务委员会第六次会议《关于修改〈中华人民共和国专利法〉的决定》第三次修正　根据 2020 年 10 月 17 日第十三届全国人民代表大会常务委员会第二十二次会议《关于修改〈中华人民共和国专利法〉的决定》第四次修正

第十一条　发明和实用新型专利权被授予后，除本法另有规定的以外，任何单位或者个人未经专利权人许可，都不得实施其专利，即不得为生产经营目的制造、使用、许诺销售、销售、进口其专利产品，或者使用其专利方法以及使用、许诺销售、销售、进口依照该专利方法直接获得的产品。

外观设计专利权被授予后，任何单位或者个人未经专利权人许可，都不得实施其专利，即不得为生产经营目的制造、许诺销售、销售、进口其外观设计专利产品。

第七十五条　有下列情形之一的，不视为侵犯专利权：

（一）专利产品或者依照专利方法直接获得的产品，由专利权人或者经其许可的单位、个人售出后，使用、许诺销售、销售、进口该产品的；

（二）在专利申请日前已经制造相同产品、使用相同方法或者已经作好制造、使用的必要准备，并且仅在原有范围内继续制造、使用的；

（三）临时通过中国领陆、领水、领空的外国运输工具，依照其所属国同中国签订的协议或者共同参加的国际条约，或者依照互惠原则，为运输工具自身需要而在其装置和设备中使用有关专利的；

（四）专为科学研究和实验而使用有关专利的；

（五）为提供行政审批所需的信息，制造、使用、进口专利药品或者专利医疗器械的，以及专门为其制造、进口专利药品或者专利医疗器械的。

《最高人民法院关于审理侵犯专利权纠纷案件
应用法律若干问题的解释（二）》

《最高人民法院关于审理侵犯专利权纠纷案件应用法律若干问题的解释（二）》已于 2016 年 1 月 25 日由最高人民法院审判委员会第 1676 次会议通过，现予公布，自 2016 年 4 月 1 日起施行。

第二十一条　明知有关产品系专门用于实施专利的材料、设备、零部件、中间物等，未经专利权人许可，为生产经营目的将该产品提供给他人实施了侵犯专利权的行为，权利人主张该提供者的行为属于侵权责任法第九条规定的帮助他人实施侵权行为的，人民法院应予支持。

明知有关产品、方法被授予专利权，未经专利权人许可，为生产经营目的积极诱导他人实施了侵犯专利权的行为，权利人主张该诱导者的行为属于侵权责任法第九条规定的教唆他人实施侵权行为的，人民法院应予支持。

后　记

为了实现心中的梦想，我一直坚持行走在求学这条漫漫人生之路上，这其中充满了各种各样的人生经历，有痛苦，也有欢笑，可以说，痛并快乐着。在知识产权出版社韩婷婷编辑的鼎力帮助下，我的博士毕业论文终于付梓出版了。

在本书的写作过程中，恩师吴汉东教授、彭学龙教授、黄玉烨教授、曹新明教授、胡开忠教授、赵家仪教授、马一德教授从选题论证、篇章结构、主要观点等各方面授业解惑，都提出了非常重要的指导意见和完善建议，为论文增色不少，在此表示衷心感谢。感谢中南财经政法大学知识产权研究中心2015级知识产权法学博士研究生班的所有同学们——武善学、周尧、崔逢铭、何蓉、乔宜梦、郭雨洒、谭东丽、杨晓丽、何荣华、沈成燕、许文智、苏崑和鲁甜，如果没有你们的友谊相伴，我想博士学位论文的顺利完成肯定是难以想象的。感谢你们在论文的写作过程中给我的数不尽的鼓励和帮助；感谢你们三年来对我的爱护、包容和帮助，愿友谊长存！感谢中心郭谦博士、张继文博士、张大成博士、贺鸣博士、孙松博士等各位师兄弟姐妹。他们都一直给予了我最耐心和最无私的帮助，我的论文离不开他们对我的关心。感谢西北政法大学的孙昊亮教授、王瀚教授、刘亚军教授、张光教授、潘俊武教授、马海涛副教授、刘学文副教授时时关心文章进度，并提出宝贵的修改意见。

感谢好朋友韩娜、张磊、刘雪峰、石荣广、张倩、刘宝林、左昆、闫涛、马志超、张恒宁、吴涛、郭莉、张喆、张凯和陈刚；你们在我获得成功的时候，为我而高兴；在我遇到不幸或悲伤的时候，及时给我支持和鼓励；在我有缺点可能犯错误的时候，总是正确地批评和帮助我。

最后，我要感谢的就是一直默默给予我关心和支持的家人。父母上学不多，但是多年来含辛茹苦、始终不渝地支持我和弟弟读书学习，坚信知识改变命运。父母年迈体弱，感谢弟弟弟妹替我照顾老人，使我有时间写作论文。感谢两个侄女，她们天真烂漫的淘气总是给我和全家人带来欢笑。

谨以此论文献给所有关怀、帮助、支持、鼓励我的亲人、师长、学友和朋友们！